高等院校 “十二五”工商管理规划教

现代公共关系学 (第三版)

张岩松 李健 刘众 乌玉洁 编著

经济管理出版社
ECONOMY & MANAGEMENT PUBLISHING HOUSE

图书在版编目（CIP）数据

现代公共关系学/张岩松等编著. —3 版. —北京：经济管理出版社，2013.12
ISBN 978-7-5096-2840-9

Ⅰ. ①现… Ⅱ. ①张… Ⅲ. ①公共关系学—高等学校—教材
Ⅳ. ①C912.3

中国版本图书馆 CIP 数据核字（2013）第 286321 号

组稿编辑：王光艳
责任编辑：邱永辉 吴 蕾
责任印制：杨国强
责任校对：陈 颖

出版发行：经济管理出版社
（北京市海淀区北蜂窝 8 号中雅大厦 A 座 11 层 100038）
网 址：www. E-mp. com. cn
电 话：(010) 51915602
印 刷：北京银祥印刷厂
经 销：新华书店
开 本：720mm×1000mm/16
印 张：17.75
字 数：348 千字
版 次：2014 年 4 月第 3 版 2014 年 4 月第 1 次印刷
书 号：ISBN 978-7-5096-2840-9
定 价：38.00 元

前言

公共关系学是一门集知识与技能为一体的应用性边缘学科，是一门理论性与实践性、系统性与实用性相结合的科学与艺术，同时，现代公共关系又是一项青春的事业、智慧的事业、富有的事业、未来的事业！目前，中国已进入公共关系时代，公共关系已成为当今社会经济、政治、科学与文化发展中的重要组成部分。有人把公共关系等同于人才、资金、设备，将其视为现代企业的支柱，也有人把以现代公共关系为代表的科学管理效能，同以计算机为代表的科学技术水平以及以旅游为代表的富裕生活程度连在一起，统称为衡量一个国家或地区发达程度的标志。由此可见，公共关系已成为当今时代竞争的焦点，不论是政府、企业还是个人，在生存发展的过程中都离不开公共关系，都必须加倍重视公共关系！

正是基于以上原因，本书应运而生，自2006年首版以来，深受广大读者欢迎，此次我们在前两版的基础上进行了修订，与国内同类书相比，本书的特色更加鲜明。它以全新的思维方式和现代意识构筑了公共关系理论与实践的基本框架。在对公共关系基本原理进行阐述时，吸收了国内外最新研究成果，力求在理论上不断创新。

本书特别注重理论联系实际，紧紧抓住公共关系是一门应用性学科的特点，对理论问题以简练、通俗的语言阐述，用充足的篇幅介绍了操作性的方法和技巧，尽量做到具体、细致、实用，使读者能理解并会运用；每章开始设计了“学习目标”和“案例导入”，让读者从典型案例切入，明确本章学习重点和核心内容。每章后所附的“案例讨论”、“实训项目”栏目将公共关系最新典型案例、新颖实用的实训项目呈现给读者，大大增强了启发性和可操作性，便于读者更好地把握公共关系的最新操作方式，引发读者更深层的思考。在每章最后所附的“课后练习题”，能使读者在消化基本知识的基础上，动手、动脑模拟和训练，使自身的综合素质和实践能力得到提高。总之，本书事理兼顾、和谐统一、内容翔实、体例新颖、深入浅出，加之新知识、新观点、新方法、新材料、新案例的大量运用，更加引人入胜。

没有哪一个事业成功者不具备现代公共关系意识，也没有哪一个获得成功的社会组织不谙熟公共关系之真谛。本书是公共关系爱好者的必备读物，是提高读者公共关系综合素质的好教材，它可作为本科、应用型本科、高职高专院校以及成人院校、党校等相关专业的教科书，同时它还是公共关系人员、广告策划人员、市场营销人员、行政管理人员、商务服务人员以及广大公务员的培训用书和难得的优秀读物。

本书由张岩松、李健、刘众、乌玉洁编著。具体分工如下：张岩松编写第一章；李健编写第四章、第五章；刘众编写第二章、第三章；乌玉洁编写第六章和第七章。穆秀英、高琳、王允、张言刚、包红君、高琳、陈百君、刘桂华、王芳、周宏波、马蕾、王又昀、王艳洁负责全书的资料整理工作、文字录入工作以及本书各章“课后练习”的编写工作。刘众、李健对全书进行了统稿。

本书在编写的过程中，集采众家之说，参考颇多，限于篇幅仅列出了主要参考书目，在此，向各位专家、学者深表谢意。有些资料是参考互联网上发布或转发的信息，其中有些已经无法查明出处，在此亦向各位原作者所付出的辛勤劳动表示衷心的感谢。本书的出版得到了经济管理出版社的大力支持和帮助，在此一并致谢。

因水平有限，书中不当之处，恳请各位读者批评指正。

作者

2013 年 12 月

目　录

第一章 公共关系概述

公共关系是这样一种管理职能，它能建立和维持组织与公众之间互惠互利的关系，而一个组织的成功或失败取决于公众。

——【美】斯各特·卡特里普

公共关系是一种运用科学的艺术——社会科学，其中首先要考虑的是公众利益，而不是金钱方面的东西。

——【美】爱德华·伯内斯

【学习目标】

- 深刻把握公共关系的内在含义；
- 明确公共关系的基本要素；
- 掌握公共关系的基本观念和工作原则；
- 明确公共关系人员的素质要求。

【案例导入】

法国白兰地的精彩“亮相”

1957年某日，美国首都华盛顿。主要干道上竖立着巨型彩色标牌：“欢迎您，尊贵的法国客人!”“美法友谊令人心醉!”整洁的售报亭悬挂着一长列美法两国的小国旗，它们精致玲珑，在微风中轻柔地飘拂，传递着温馨的情意。报亭主人特意设计绘制的“今日各报”的广告牌上，最鲜艳夺目的是美国鹰和法国鸡干杯的画面和“总统华诞日，贵宾驾临时”及“美国人醉了!”等大标题，它们吸引着络绎不绝的路人光临。

马路上，许多轿车、摩托车、自行车涌向白宫……

白宫周围已是人山人海。人们满面笑容，挥动法兰西小国旗，期待着贵宾的出场。

贵宾是谁呢？不是政府要员，不是社会名流，在美国总统艾森豪威尔诞辰日，光临华盛顿的法国特使却是两桶法国白兰地!

这是怎么回事？原来，这是法国公共关系专家精心策划的一幕公共关系杰作。

白兰地当时在法国国内已享盛誉，畅销不衰。厂商的目光开始瞄向美国市场。为此，他们邀集了几位公共关系专家，慎重研讨公共关系方案。

受聘请的专家们通过调查，搜集了有关美国的大量信息，并经仔细斟酌，提出了一项颇具新意的设计，其要点如下：

公共关系宣传的基点是法美人民的友谊，整个规划的主题是“礼轻情义重，酒少情意浓”。择定的宣传时机是美国总统艾森豪威尔67岁寿辰。要求公共关系活动尽可能广泛地利用法美两国的新闻媒介，赠送的是两桶窖藏长达67年的白兰地酒。贺礼由专机送往美国，酒桶特邀法国著名艺术家特别设计制作。然后于总统寿辰日，在白宫的花园里举行隆重的赠送仪式，由四名英俊的法国青年身穿法兰西传统的宫廷侍卫服装抬着这两桶白兰地正步前行，进入白宫。

这项公共关系规划立即得到公司最高决策者的批准，并且获得法国政府的赞赏和支持，外交渠道的绿灯也亮了。

这样，美国公众在总统寿辰一个月之前就分别从不同的传播媒介获得了上述信息。一时间，法国白兰地成了新闻报道、街谈巷议的热门话题。千百万人都翘盼着这两桶名贵的白兰地的光临。

于是，便出现了前面所述的万人空巷的盛况。当这两桶仪态不凡的美酒亮相时，群情沸腾，欢声四起，有些人甚至大声唱起了法国国歌《马赛曲》。此刻，美国公众似乎已经闻到了清醇芬芳的酒香，更由此而品尝到了友谊佳酿的美味。

从此，法国白兰地就昂首阔步地迈进了美国市场，国家宴会和家庭餐桌上几乎都少不了它的倩影！

（资料来源：曾琳智. 新编公关案例教程.上海：复旦大学出版社，2006.）

公共关系是一种科学的现代管理方法，是协调、处理现代社会组织与公众之间的各种关系，保证事业成功的一门不可缺少的学问。

国外学者将以电脑为代表的科学技术水平、以旅游业为代表的富裕生活程度、以公共关系为代表的经营管理效能并列为衡量一个国家发达程序的三大标志。公共关系作为一种管理职能、经营策略、传播行为和现代交往方式，被广泛地应用于整个社会的各个领域，在企业经营管理中更是得到了普遍的应用。

公共关系具有特定的理论和实务操作程序。这里我们在探讨现代公关礼仪之前，首先必须对公共关系最基本的理论问题有个全面的把握，这样才能自觉开展各类公共关系礼仪活动，为塑造良好的组织形象、实现组织的公共关系目标服务。

第一节　公共关系的含义

什么是公共关系，近百年来一直众说纷纭。在中国就有“形象说”、“传播说”、“管理说”、“协调说”、“功能说”等几种流派，分别从不同的角度对公共关系加以阐释。在此，我们将对公共关系作一个客观的科学阐释和辩证分析。

一、“公共关系”一词的来源

“公共关系”一词来自英语“Public Relations”，简称“P. R.”。由于它是由两个英文词汇组成，所以它包括两层含义：一层是“public”；另一层是“relations”。“public”以两种词性表现出来：一种是形容词，意为公众的、公共的、公众事务的，与“private”（私人）相对应，表明它是非私人的，非秘密性的；另一种是名词，意为公众、大众，表明它不是个体，而是集团、群体。“relations”为名词，意为关系、交往等。一般说来，简单的关系是以个体与个体的形式联系在一起并进行交往的，是一种简单的、直接的交往，这种关系我们称为“人际关系”。由于“relations”以特定的形式出现，其内涵更丰富，意义更深远。

首先，这种关系被复数所限定，表明它只能是在复杂的交往中体现出的多种关系。这种关系可能是直接关系，也可能是间接关系；可能是单向关系，也可能是双向乃至多向关系。

其次，这种关系被英语“public”所限定，表明它只能是社会组织在复杂的社会交往中与各类公众及公众群体之间所建立起来的非个体、非秘密、非私人的关系，这种关系具有公众性、公开性、群体性、社会性等特点。

综合两个英语词汇的内涵和特点进行分析，将“Public Relations”译为“公众关系”更为确切，因为它是站在一个固定的角度——社会组织来分析其所面临的各种关系。不同的社会组织，由于其业务特点、工作对象不同，因而会面临不同的公众对象，从而形成不同的公众关系。同一个社会组织，由于不同时期工作的重点不同，也会面临不同的公众，形成不同的公众关系。这说明“公众关系”并不具有“公共”性，它不可能像“公共电话”、“公共汽车”、“公共图书馆”、“公共浴室”和“公共厕所”那样具有普遍意义，但是因“公共关系”已经约定俗成并广为流传，这里也就将其叫做“公共关系”，以便容易被更多的读者所接受。

二、公共关系的表现形式

关于对“公共关系”概念的理解，还可以从不同的角度去分析其表现出的不同形式。

1. 公共关系状态

从静态公共关系的角度来看，公共关系首先是一种社会状态，即一个组织所处的公众关系状态和社会舆论状态。社会组织的公共关系状态是无形的，但是是客观的，无论是有意还是无意的，任何社会组织都处在一定的公共关系状态之中，这种状态是与任何社会组织相伴的一种客观存在，是不以社会组织的意志为转移的。因此，就任何社会组织而言，都不存在有无公共关系状态的问题，而是存在良好的或不良的、自觉的或自然的公共关系状态的区别。这种客观存在着的公共关系状态形成了对社会组织有利的或不利的内外环境，对组织的生存和发展起着积极的或消极的作用。

2. 公共关系活动

从动态公共关系的角度来看，公共关系又是一种活动或工作。当一个组织通过自己的努力来改善自身的公共关系状态时，就是在从事公共关系活动和开展公共关系工作。这是主观见诸客观的一种实践过程。其实，任何一个组织，为了生存和发展，为了实现自己的目标和责任，总要处理方方面面的关系，这实际上就是进行公共关系活动和开展公共关系工作。在这方面同样不存在有无的差别，而只是可以区分为自觉的或自发的、出色的或不力的、有效的或无效的、专门的或兼及的罢了。当然，只有自觉地、有计划地、创造性地开展有效的公共关系活动才能积极构建组织良好的公共关系状态。一个组织也只有自觉地、有计划地进行公共关系活动，才能事半功倍。因此，公共关系活动又被称为“公共关系艺术”。另外，随着公共关系活动专业化的需要，公共关系成为一项职业，有其专门的组织、机构及人员。

3. 公共关系意识

公共关系也是一种意识、观念，它是现代组织及其人员对公共关系客观状态的自觉认识和理解，是对公共关系活动经验的能动反映和概括。例如，塑造形象意识、服务公众意识、传播沟通意识、真诚互惠意识、广结良缘意识、立足长远意识、创新审美意识、危机忧患意识等。公共关系意识来源于公共关系实践活动，因而对后者有明显的依赖性；公共关系意识一经形成，就具有相对的独立性和能动性，从而对公共关系实践活动具有指导意义。对任何组织来说，要构建良好的公共关系状态，必须开展有效的公共关系活动，而这些活动又必然是在一定的公共关系意识指导下进行的。反之，没有正确的公共关系意识，就不可能自觉地进行公共关系活动，因而也不会形成良好的公共关系状态。可以说，公共关系意识是自觉构建良好的公共关系状态的思想基础和开展有效的公共关系活动的行动指南，是现代组织及其人员的必备素质。不同的社会组织及人员有无自觉的和正确的公共关系意识，行为的确有天壤之别，而且其结果也大不一样。人们谈论公共关系，往往津津乐道那些匠心独具的各种手段和技巧，而忽视其中包含的公共关系意识和思想，这是公共关系不能上层次、上水平的关键所在。其实，公共关系本质上是一种思想、文化，是一种战略，只有在正确的思想和战略的基础之上，公共关系才能有精彩的运作和闪光的创造。

4. 公共关系学

公共关系学是一门新兴的软管理学科，它以公共关系活动及其规律性为研究对象，既是一门多学科交叉并具有自己的概念、范畴及其系统的理论科学，又是一门具有明显的可操作特征的应用科学。这门学科在公共关系实践活动中受到社会重视，客观上需要在系统总结和理论升华的基础上建立和发展起来，同时又成为强化公共关系意识和推动公共关系实践的指南。学习和普及公共关系学，增加社会组织及其人员的公共关系意识，并且研究和应用公共关系学的基本理论指导企业和其他各类社会组织的公共关系工作，对于促进企业经营管理水平的全面提高乃至整个社会的和谐与发展，都具有重要的意义。当今世界电子计算机技术的发展和在社会各个领域的广泛普及，已经极大地推进了整个社会物质和精神的文明与进步；公共关系学理论的发展和为各类社会组织的普遍应用，同样必然造就整个社会精神和物质的文明与进步。

公共关系的上述主要层次是互相区别又互相联系的。这些层次在认识和说明公共关系概念时应当弄清。

三、公共关系的内在含义

公共关系是社会关系的一种管理职能，反映的是事物之间的相互联系、相互作用的机制和状态。所谓公共关系，就是社会组织为了适应并改变环境，树立良好的社会形象，通过开展传播沟通活动使与其相关的公众彼此真诚合作、互惠互利、相互适应的一种状态。公共关系的基本含义应从以下几个方面加以把握：

1. 公共关系——塑造形象的艺术

形象就是某一事物或人在公众心目中的印象，或者说是公众对某一事物或人的总体评价。"形象"一词的内涵和外延都很大。从构成社会的主体来说，有国家形象、城市形象、地区形象、组织形象和个人形象；就一个具体的企业来说，有企业形象、产品形象、商标形象、环境形象、领导形象和员工形象等。形象有好坏优劣之分。影响形象的因素纷繁复杂，一个不利的因素就可能导致形象不佳，而最佳形象的获得容不得任何不利的因素。因此，公共关系特别强调：组织必须时刻注意建立和维护良好的社会形象，否则将会直接影响到目标的实现。

今天，形象已引起了人们的重视，我们常说"维护祖国尊严"、"珍视企业信誉"、"创建文明城市"、"给人留下美好的'第一印象'"等，都是要求人们注重形象。1960 年和 1968 年，美国政客尼克松两次竞选总统由不注重形象到注重形象，结果一败一胜，其经验教训告诉我们：注重形象是十分重要的，它关系到组织的生存与发展，关系到事业的成败，关系到目标的实现。

2. 公共关系——建立和谐友善的关系

关系是人和人之间或事物之间通过人的相互作用、相互影响而形成的具有某种联系的状态。公共关系的定义强调公共关系是组织与其相关公众相互适应的状态。这种相互适应的状态就是指要形成一种和谐友善的关系状态。

人类自诞生开始，就与自然界产生了一定的联系，人与人进行交往就产生了关系。随着人类的增多，关系愈加复杂。人们由于共同目标的需要聚集在一起，形成一定的群体或组织时，因人的作用和影响，这个群体或组织之间也产生了关系，进而形成了邻里关系、组织与组织关系、社会关系、城乡关系和国际关系等。关系也具有双维性：一方面，关系具有客观性；另一方面，关系又具有动态性。正是基于关系的双维性，公共关系强调要利用传播沟通、相互协调、真诚合作、互惠互利等改善组织与公众之间的关系。公共关系界有一句俗话："公共关系不能树立敌人。"公共关系要广结善缘、广交朋友，只有与社会公众形成一种和谐友善的关系，组织才能与公众相互适应、协调发展。

3. 公共关系——强调真情的沟通

所谓“沟通”是指社会组织、公众运用信息符号进行的思想、观念、情感或信息交流的过程。一个组织要想在公众中树立良好的形象，先必须把组织的有关信息告诉公众，让公众了解组织的想法、意见、建议等，组织同时还必须了解公众的想法、意见、建议等。要做到这一点，组织与公众必须进行沟通，否则就会出现信息阻塞，造成误解、偏见，出现矛盾，从而影响到组织与公众之间建立良好的关系。

只有真情的沟通才能获得公众的理解、信任、支持与合作。在现实社会中解决矛盾和冲突的方法只有两个：要么战争，要么和平。当人们选择和平时，唯一的解决方法就是通过真情的沟通。公共关系强调运用真情的沟通和改善组织的对内、对外关系，为组织创造一个友善和谐的生存与发展环境。

4. 公共关系——利用传播媒介开展有效的传播

西方学者强调公共关系是90%靠自己做得好，10%靠宣传。公共关系要求社会组织不仅自身要努力工作，还要善于宣传自己及其已有的成果。这一点似乎与中国传统的价值观念相悖，实际上这是个观念问题。中国的改革开放政策正是转变传统观念的结果。我国的各行各业，尤其是企业必须学会传播并善于推销自己，否则必然在竞争中被淘汰；同时，还要利用传播媒介探究传播技巧，进行有效的传播。著名的日本精工表之所以誉满全球，与他们利用1964年东京奥运会成功地开展公关传播是分不开的。

1964年东京奥运会结束后不久，曾有日本人访问罗马。在一家餐厅里，当侍者看到这位日本人手腕上戴的是瑞士产品时，竟疑惑地问：“您真的是日本人吗？”侍者诧异日本人竟然没戴在东京奥运会上叱咤风云的国粹——精工表。侍者的态度不仅反映了公众对精工表的评价，实际上这也正说明精工计时公司借助奥运会开展的公共关系活动的成功。精工计时公司的公共关系传播是如何开展的呢？

首先，他们精心策划，运筹帷幄。精工表饮誉东京奥运会，其公共关系战略却要追溯到4年前。当奥运会一经宣布将在东京举行，日本主办单位决定的第一件事项，就是一改大会的计时装置几乎全部使用瑞士产品的状况，而使用日本国产的精工表。当东京奥运会决定首次使用日本国产表后，奥委会的有些人士曾深感不安，唯恐发生了故障使大会难堪。日本精工计时公司决心消除人们的种种顾虑，制定了“让全世界的人都了解精工的计时是世界一流的技术与产品”的公共关系计划，确立“荣获全世界的信赖”为公共关系目标，“世界的计时——精工表”作为公共关系活动的主题。为此，精工计时公司着手制订并实施了一项长达4年之久的整体计划，开始了一场史无前例的公共关系活动。

其次，他们巧妙实施，逐层推进。精工计时公司派遣本企业的公共关系人员到罗马奥运会现场，进行“欧米茄”计时装置的现状及设施使用情况的调查。根据调查结果，决定产品开发的程序，拟定全盘公共关系计划。同时，各公司也开始进行多种多样的计时装置技术开发工作。随着计时装置开发工作的顺利进行，精工计时公司的公共关系计划也已策划成熟。调查研究工作结束之后，整个公共关系计划便分为三个阶段实施。第一阶段，主要是全力以赴地开发计时装置技术并同时说服主办单位使用该企业的产品。另外，会场的布置也需要征得国立竞技场和东京都政府的认可。精工计时公司一方面积极从事游说工作，另一方面将新开发的计时装置提供给日本国内举办的各种运动会作为实验之用，其目的是为了向各委员会证明精工技术的可信度。真诚努力终结硕果，奥委会于 1963 年 5 月正式决定东京奥运会全部使用精工计时装置。第二阶段，在改进技术的同时，展开了以“精工的竞技计时表将被用于东京奥运会”为主题的公共关系活动。为了在世界范围内大造舆论，精工准备了奥运会预备会上所需的宣传手册，广告宣传也紧锣密鼓地开展。第三阶段，进入奥运会前公共关系的各种计划先后付诸实施，报纸、广播、电视等在报道与奥运会有关的消息时，都或多或少地涉及精工表，从而造成了“东京奥运会必须使用精工计时装置”的舆论。

由于精工与奥运会完美结合，公共关系活动收到了奇效。当东京体育馆室内比赛大厅的竞技计时装置完成后举行盛大的落成典礼时，精工的技术被夸耀为日本科学的精华，无与伦比的结晶，终于实现了“精工——世界的计时表”这一目标。精工计时公司为这次长达 4 年的公共关系战役投下的资本是：85 名技术员与 890 名作业员以及数百亿日元的财富。然而，公共关系成就的最好例证便是开篇的故事，在罗马人眼里，精工表可以跟瑞士表媲美。这足以说明精工计时公司此项公共关系活动的传播效果。

由此可见，积极主动地开展有效的传播是提升组织形象和产品形象的重要手段。

5. 公共关系——建立一流的信誉

信誉，通常指信用、名声。公共关系强调建立一流信誉，就是要为组织争取到公众的信任、赞美和支持，提高组织的美誉度。组织的良好信誉的建立，一方面需要组织的所有员工在日常性公共关系活动中遵章守纪、讲究社会公德、说到做到、善待公众；另一方面需要组织在开展专门性公共关系活动中有意识地为组织树立一个可信任的形象，在出现突发事件、意外事故的情况下更要坚持组织的基本宗旨，这是对组织信誉的考验。

英国航空公司对一次意外事件的做法颇值得借鉴。英国航空公司所属波音 747 客机 008 号班机飞行航线是伦敦—东京，因故障推迟起飞 20 小时，英国航空公司及时帮助在东京候此班机的 190 名乘客换乘其他飞机飞往伦敦。但是，有一位名叫大竹秀子的日本女子几经劝说，就是不肯换乘其他飞机，非要乘坐 008

号班机不可。英国航空公司紧急磋商，决定让008号班机只载1人飞回伦敦。这样，在长达7300公里的航线上，008号班机只载1名乘客，大竹秀子1人独享353个座位以及6位机组人员和15位服务人员的热情周到的服务。

有人估计，这次飞行英国航空公司至少损失10万美元。此事被许多新闻媒介竞相报道，广为传播。英国航空公司坚持“信誉第一”，顾客至上，其做法赢得了社会的普遍赞誉，受到了顾客的拥护和信任。英国航空公司损失的仅仅是10万美元，换来的却是用金钱买不到的信誉。信誉就是财富，信誉就是资源，建立一流信誉就是公共关系追求的目标和努力的方向。

第二节　公共关系的构成要素

公共关系是社会组织通过开展传播沟通活动协调和改善组织机构与其他相关公众的关系，是社会组织与公众真诚合作、互惠互利、彼此相互适应而形成的一种关系状态。由此，可以看出公共关系有三个构成要素：社会组织、公众、传播。社会组织是公共关系的主体要素，是公共关系工作的策动者、承担者、发起者；公众是公共关系的客体要素，是公共关系的对象和接受者；传播是公共关系的中介要素，是连结主体和客体的桥梁，也是公共关系工作的主要内容。

一、公共关系的主体——组织

组织，指各种类型的社会组织，包括政治组织、经济组织（企业）、文化组织、军事组织、宗教组织等，这些组织都是公共关系的活动主体。组织在自身的运作中，为树立良好的形象而直接进行着公共关系的操作工作。其操作内容主要有日常公共关系工作和专项公共关系活动。

组织要想在市场经济的大潮中立于不败之地，必须树立一种正确的公共关系观念，培养一支德才兼备的公共关系工作人员队伍，并根据组织目标的需要，踏踏实实地开展各项公共关系活动，使组织的全体员工共同为实现组织的目标而奋斗，使社会公众真正地热爱组织、支持组织的发展、接纳组织的一切。

组织目标的实现，尤其是公共关系战略目标的实现，主要依赖于组织内部公众的配合与支持和组织外部公众对组织各项方针、政策与行为的认可与接纳。没有组织内部全体员工的共同努力，组织就不会有凝聚力，各项公共关系工作也无法正常地开展，组织的公共关系目标就难以把握。为实现组织目标而建立的良好的内部条件和外部环境以及它们之间的相互联系和相互影响，构成了组织的战略三角。如果这三者之间能在动态中求得平衡，就能保证组织的公共关系战略目标得以实现。

组织的公共关系战略目标在一定时期内表现为公共关系战略目标体系。其主要内容有：保证组织不断发展壮大的经济利益目标和为承担社会责任、保持组织与社会生态平衡的社会效益目标。这两种目标的关系是经济利益目标的实现要依赖于社会效益目标的实现，社会效益目标的实现可以带动经济效益目标的实现。二者不具有可逆性。

任何一种类型的社会组织都是社会的细胞。尤其是经济组织——企业，不仅为社会提供物质财富，而且还必须改造自己所承担的各种社会责任，在对社会公众负责、有利于社会发展的前提下谋求企业的经济利益，从而保证企业的社会性与经济性的统一。

组织社会责任的承担与实现依赖于各项公共关系工作的开展，争取社会公众的了解、支持与爱戴，把组织的行为置于公众的监督之下，并以此为契机，为社会公众提供满意的产品和优良的服务。只有这样，才能创造一个有利于组织发展的社会环境。

二、公共关系的客体——公众

公共关系的“公众”是一个特定的概念，它并非是指人们头脑中所想象的那些“广大人民群众”、“普通老百姓”等，而是具有特殊意义的“公众”。

首先，它是因面临某个共同问题而形成的社会群体。同生产企业发生往来关系的公众，有企业原材料的供应者，面临的是向企业供应原材料的共同问题；还有产品的购买者，面临的是购买企业产品这一共同问题。同商业企业打交道的公众，有商品的供应者，面临的是向商业企业提供商品的问题。同高级宾馆打交道的公众是各种中外宾客，面临的是如何向他们提供满意服务的问题。同医院打交道的公众是各类患者，面临的是如何医治他们病症的问题……

其次，这些公众有着共同的利益。当今的社会组织在生存与发展过程中面临着许许多多的社会问题。这使公共关系从性质上来看不仅要为组织的目标服务，还要照顾到公众的利益。组织必须在力所能及的范围内保证特定公众的利益得以实现，如企业满足服务用户和消费者的利益、宾馆饭店满足宾客的利益、政府机关满足民众某一方面的利益、医院满足患者的利益等。只有公众的利益得到满足，组织的利益才能得以实现。

再次，这些公众为某一特定组织的工作产生互动的效应。组织机构的各项方针、政策、行为影响着某些特定公众，而这些特定公众的需求也对组织产生重要的影响。比如企业的方针、政策对职工、技术人员、领导干部有影响，可能激发也可能阻碍他们积极性和创造性的发挥；反之，这些人员自身利益的要求和行为也影响着企业制订下一步的方针、政策和计划。企业采取不同的经营方针对顾客公众、原材料供应者公众及其他各类公众都有着重要的影响，而这些公众的态度及他们所采取的行为对企业也起着制约的作用。这说明组织和公众时时刻刻都互相影响，从而产生一种互动效应。不能产生互动效应的社会群体就不能成为组织的特定公众。

综上所述，可将“公众”定义为：公众是任何因面临某个共同问题而形成的、有着某种共同利益并为某一特定组织的工作产生互动效应的社会群体。

三、公共关系的中介——传播

从词源上来说，“传播”（Communication）与“社区”（Community）来自共同的拉丁文词根（communis，意为“使共享”或“共享”），这绝非偶然，这是因为如果没有人类的传播行为就不会有社区；同样，没有社区也就不会有传播。

中国人把衣、食、住、行称为“人生的四大需要”。实际上，人类对传播的需要既是普通的又是迫切的。我们通常说人是社会性动物，实质上就是强调人的社会交往、交流的普遍性和重要性。一般说来，在现实生活中，一个人无论是学习和工作，都需要与周围的人和物打交道，都在进行着某种形式的传播活动，如听、说、读、写、看等。即使是默默不语，在他人看来，也传达了确切的含义。

那么，什么是传播呢？关于这个问题，由于研究者的角度不同，对传播作出的解释也存在着某种程度上的差异：传播学理论家威尔伯·施拉姆认为传播就是“对一组先知性符号采取同一意向”；西奥多森认为“传播是个人或团体主要通过符号向其他个人或团体传递信息、观念、态度或情感”；沃伦·韦弗则认为传播是“一个心灵影响另一个心灵的全部程序”；查尔斯·科利称传播是“全人类关系赖以存在和发展的机制，是一切智能的象征和通过空间传达它们和通过时间保存它们的手段”。这些定义揭示着传播要领的丰富内涵。在这里，我们并不奢望给出一个综合各种解释的传播定义，只指出传播的基本内涵是指信息的传递和交换过程，由传播者、接受者和传播媒介等要素构成。人们常说的交流、对话、宣传、沟通、交际等都是传播的具体形式。为了便于研究，人们又根据传播者、接收者和传播媒介的相互关系和特点，把传播分为四个基本类型：

1. 人际传播

人际传播又称“人际沟通”，是指人们之间直接传播或交换知识、意见、感情等社会行为，一般无需专门的传播媒介，并能立即得到反馈。例如在公共关系活动中，公共关系人员在很多场合下需要与顾客、专家、记者等进行直接的、小范围的接触。因此，它是开展公共关系活动的重要方式之一。

2. 组织传播

组织传播是指在一个正式的组织或机构内其成员之间进行信息或思想交流的

过程，目的是使全体成员达成共识，提高工作的效率。在公共关系学中常称之为“内部公共关系工作”。

3. 群体传播

群体传播是指某一社会组织或个人对具有一定数量、有共同目标和兴趣的公众在特定时间和场合进行的传播活动。如公共关系活动中的新闻发布会、展览会等。

4. 大众传播

大众传播是指特定的社会组织通过报刊、广播和电视等大众传播媒介，向广大而不确定的公众传播信息的过程。它越来越受到社会组织的重视，不少组织利用它树立形象和提高知名度，成为社会组织开展公共关系活动最为有效的方式之一。

总之，公共关系的三个基本构成要素是相互依存、缺一不可的。没有组织这个主体，就没有公共关系的对象。这里不存在没有主体的客体，同样不存在没有客体的主体。二者是对立统一的。传播是连结主体和客体的媒介，没有主体与客体之间的双向信息传播，公共关系的目标和计划就不可能实现和实施。因此，公共关系又是组织与其公众之间的传播关系和传播活动。

第三节　公关基本观念和工作原则

公共关系的基本观念是指人们在公共关系实践中逐渐丰富、不断完善所形成的对社会组织如何处理与其公众关系的基本认识，是如何开展公关工作的基本指导思想。公共关系工作的基本原则，则是在这种基本思想观念指导下，根据公关活动客观规律和要求而提出的基本的工作方法和准则。公共关系的基本工作原则是公共关系基本观念在公关实践中的具体化。

公共关系的基本观念一方面来自公关社会实践，是人们长期的公关实践经验和长期公关研究成果的结晶。另一方面，形成的观念也对组织的公关管理决策、公关工作产生直接的影响。它必然会引起组织行为，特别是组织的公关行为相应的改变。这一方面从公共关系的发展历史进程中就能很清楚地反映出来，由于各个时期特点不同，产生的效果不同，就是很好的证明。因此，正确掌握人类社会至今已经发展形成的公共关系基本观念，并在实践中不断丰富、完善这一思想观念体系，对现代组织管理、现代公共关系实践以及各类公共关系礼仪活动的开展都具有重要的现实意义。

纪华强教授在其所著的《公共关系的基本原理与实务》（高等教育出版社，

2006年）一书中对公关的基本观念和工作原则做了专门阐述，现编录于此，供参考。

一、体现公开性，坚持提高透明度原则

从现代组织管理和公共关系工作的角度看，公开性观念的基本内容就是要求组织让公众对组织机构的状况及其运作程序，特别是对涉及公众切身利益问题的决策及决策过程有知晓、了解、参与、评价的权利。树立公开性的管理观念对提高职工的主人翁精神、提高工作效率，对增强公众对组织的亲善感、向心力和忠诚态度；对引导公众参与组织管理、开发利用公众智慧，提高组织的竞争能力，对保证组织决策的民主化、科学性，提高公众对组织决策的接受程度，减少各种矛盾摩擦和冲突，保证组织各项方针、政策的实施都有很大的作用。

树立公开性的观念，其具体落实在公关工作中，就是要坚持增加透明度的工作原则。要真正做到这一点，必须做好以下几个方面的工作：

1. 转变经营管理方式

要改变过去把自己关在“象牙塔”内搞封闭管理的方式，代之以“玻璃屋”的经营管理方式。把管理者与公众隔开的重重障碍、关卡尽可能减少，敞开办公室的大门，拿下“非请勿进”的牌子，把组织办成开放型的、高透明度的组织。随时准备热情地接待一切公众的来访，随时准备给来访者的咨询以满意的回复，树立起为公众所乐意接受的亲近形象。

2. 让公众参与决策

组织决策过程要争取公众的参与。把决策的程序，做某项决策的原因、依据等信息公开，都让公众知道。在决策中随时听取公众对决策的意见，自觉地把自己置于公众的监督之下，这样不但有利于组织本身的完善，减少失误，而且可大大增加公众对决策的接受程度，人人改善决策层与公众的关系。

3. 正确处理“保密”问题

企业中对某些技术或情报进行保密仍是需要的。但是，作为一般经营活动、企业的基本情况，是没有什么密好保的。在现代社会里，值得保密的技术、工艺、经济情报已越来越少，大量的东西是要保密也保不住的。特别是组织的缺点和弊端最常被列为组织严格保密的范围，但俗话说“好事不出门，坏事传千里”，是家丑再保也难密，并且由于保密而造成的怀疑或猜测会造成更大的更坏的影响，而且一旦泄露出去，激怒了公众，场面就会难以收拾。如美国的尼克松总统因为“水门事件”而下台，究其原因，就在于他对此事件所采取的保密、回避等不妥当的公关处理所致。对此类事情，最好的方法莫过于主动公开示人以坦白，以表改善的决心来争取公众的谅解，赢得信任和好感，这样才能变被动为主动，变消极为积极。

二、珍视信誉，坚持真实传播原则

公共关系中的信誉观念是市场经济的产物。早在商品交换之时便已产生，并逐渐发展成为经营管理中的一个重要的观念。在市场经济高度发达中产生的公共关系继承、吸取了这种思想观念的精华，并把它在经营管理中的作用提高到一个前所未有的高度。珍视信誉的公关观念要求在具体的公关工作中必须坚持真实性的原则。所谓真实性原则，其内容有以下三个方面：

1. 传播的信息要完全真实

正如马克思所说的“要根据事实来描写事实”，即做到所传播的每条信息的具体事实要完全无误。如，信息中的时间、人物、事件、原因、过程、结果、思想、言语、行为、所引用的材料以及各细节的描写等全部要符合客观实际。决不可为了传播的公告性、趣味性或文艺性而伤害对事实真相的传播。也不可有合理想象，或根据希望来描写、虚构，更不能靠行政的力量，或以利诱、贿赂收买等不正当的手段搞虚假宣传。传播中对具体事实的概括也要完全真实、完全准确、客观地反映事实的全貌，决不可以点代面、以偏赅全。

2. 传播的信息与所反映事物一致

公共关系传播的每条具体信息都要和所反映的事物总体一致，公关传播应注意从事实的全部总和中去把握事实，决不可为某种政治需要或企业自身的目的，有意忽视或隐瞒某些事实或有意突出大肆宣扬某些事实，把树木讲成森林、滴水写成大海，混淆视听，欺骗公众，把公关传播变成粉饰组织门面的工具。这种行径不但与歪曲某些具体事实没有两样，而且手段更为恶劣，其欺骗性和危害性更大。一旦被识破，就会造成公众的信任危机。因此，公关传播应从事实总体出发，实事求是，让公众全面地了解本组织的长处和短处、优点和缺点，这才是取得公众最大的支持和信任的正道。

3. 传播的事实应符合本质上的真实

这是对公关传播真实原则的更高要求。所谓的本质真实，要求我们传播的事实不仅是具体事实的完全真实，与事实总体的一致，而且传播的事实要与我们所反映的事物的本质，我们所为之塑造的组织形象的本质相一致，要真正能反映我们所要报道的社会组织或事物的本质特征。检验这一标准是人们对某一事物或社会组织的总体的、相对稳定的、公认的本质认识。

三、树立制度化观念，坚持不懈努力原则

树立公共关系制度化的观念，在具体的公关工作中，就是要坚持立足于平时，靠长期努力的工作原则。平时长期的努力是形成良好公共关系的基础。从一般常识可知，一个组织与公众的良好关系是无法在几天或几周里建立起来的，有

时甚至一两年也很难根本改进彼此间的关系。善意和信任需要时间的培植，组织的形象、声誉也非唾手可得的东西。“一滴水，一粒沙，江成洋，堆成塔”，靠的是一点一滴积累。没有长期的努力，公关形象即使形成也难以维护，特别的公关活动也不易取得成功。平时长期不懈的努力能起到未雨绸缪的作用，是防患于未然的最好方法；平时长期的不懈努力是对付、解决突发事件的重要因素。如果平时我行我素，不与他人联系，一旦不测风云而至才临时抱佛脚，竭力拉拢、请求别人协助，就会事倍功半，甚至徒劳无益。反之，平时关系好，此时四方伸援手，容易化凶为吉。要做好平时长期公关的联系沟通工作应注意以下几个方面：

1. 普遍和平衡

对于各类公众对象，平时一般的联系沟通工作应注意普遍和平衡。一般讲对所有对象不许偏重，分等级对待，不要只对有利害关系的公众特别火热，而对他人采取视而不见或冷淡轻侮的态度。因为，这次轻视的人将来也可能正是我们有所求的对象。今日的忽视轻侮会增添将来公关工作的困难。

2. 自然而不露痕迹

平时一般的联系沟通工作要注意自然而不露痕迹。在建立这种联系时，不要让对方感到只是有所求而来，最好应自然与公众对象长期保持一份君子之交的情谊。这样，如遇有不测就会产生一种道义上的必予援助的感情，而不是一项利益的交易。

3. 放出交情

平时一般的联系沟通要注意放出交情。当别人有求于我时，要热情，并尽可能予以协助支持。平时多行善，多做好事，这是建立牢固的公共关系最容易的办法。如果平时是这样做的，一旦自身有事需要他人的帮助，别人自然会给予回报。

4. 手法翻新

平时一般的联系沟通要注意手法翻新。长期交往要有良好的效果，就应注意喜新厌旧的心理特点，长年累月老一套的联系方法会使公众产生厌烦，逐渐失去交往的兴趣。如招待记者老是用吃饭的方式，久而久之，记者也就不会来了。又如洽谈室、接待室、展览部、俱乐部等场所要不断更新布置，常给人耳目一新之感。交往的话题内容、交流的信息也要不断有新东西，才能起到良好的长期交往的效果。

四、平等沟通、坚持双向交流原则

要树立平等沟通的公关观念，最重要的问题是必须抛弃以自我为中心的旧的传播观念。如有的领导对下属或公众发表言行或讲话时常有着君临一切的气概，使得领导和被领导间的交流形成不平等的地位，甚至产生抵触对立情绪。又如，不少管理机构或企业常常各自称雄，互下命令，互不协作。有些独家经营的企业，更是我行我素，自吹自擂，不愿听取公众的意见。这种做法只会使与社会的摩擦、冲突加剧，对发展良好的公共关系是非常不利的。

树立平等沟通的公关观念，要求我们在具体的公关实践中要坚持双向传播的工作原则。坚持公共关系的双向传播工作原则，至少应做好以下几个方面的工作：

1. 建立双向平等的传播关系

双向平等的传播关系是全新的公关传播关系，它是指要在思想上充分认识传播中的了解和影响都是相互的。要充分尊重公众的权利，组织的意见要传达给公众，公众的意见也应传达给组织，组织要公众听从自己的意见，首先就要倾听公众的呼声，组织要影响别人，也要接受别人的影响。那种“以上对下”、“以我为中心”来看待、指导公关传播，都不可能真正实现双向传播。

2. 让公众的意见能够表达出来

在做自我传播的同时，也应广开渠道，提供足够的机会，良好的环境让公众的声音得以充分表现和传播。公众意见的表达常常要受各种客观条件的限制。因此，主动提供各种渠道和条件，防止出现倾斜，应是公关工作的责任。同时，要相信公众的大多数是出于友好的诚意，不论公众的意见是否正确，对公众的意见都要有耐心，要给予同情和理解，努力为公众创造良好的表达意见的环境。

3. 让公众的声音传到决策层

疏通组织信息收集、信息反馈的渠道，保证公众表达的意见能传到组织决策的最高层，保证公众意见能对组织的决策、组织的行为产生影响。

组织真正的双向传播关系的建立，一方面就是要能及时从公众中了解到他们的利益、意愿和要求，了解他们对组织政策、行为的意见、态度和好恶，并使之成为组织决策的依据。另一方面又能及时把组织所采取的政策、行动及时地传达给公众，让他们也能及时了解组织的情况，以减少双方的误解，保证组织的政策、行动得到公众的支持和理解，进而建立起良好的关系。就实际的情况看，前一方面的工作更值得公关人员注意，需要我们更有意识地去把它做好。

五、注重行为，坚持自我完善原则

注重行为的观念，其核心的内容就是要求把公关工作建立在健全的组织行为之上，要求公关工作应更注意调整组织的行为以适应自己的环境。对这一观念的强调其实也是对公关影响决策、真正行使起管理职能的注重。这一观念对现代公关活动的特点产生了十分重要的影响，后来成为1978年国际公关协会通过的公关定义的核心内容。该定义着重指出公关要“给组织领导人提供咨询和实施有计划的行动方案”。

树立公共关系注重行为的观念，要求我们在公关工作中要坚持首先自我完善的工作原则。坚持首先自我完善的工作原则应注意以下几点：一是在研究、制订公关工作计划时，首先要检查组织自身的政策、行为，要把最主要的精力放在如何改进组织行为上。二是在解决已出现的公关问题时，要首先考虑是否应对组织的政策、行为进行自我纠正或改进。三是坚持一切公关工作要首先从组织内部做起，只有健全的内部公关才有可能进一步图谋外部的发展。内部公关是外部公关的基础，内部公关的好坏直接影响到组织自我完善的程度。四是要注意公关活动本身的行为，公关人员要注重自身的形象，要切实体现高度的伦理道德准则、高度的社会责任感。

六、公众利益至上，坚持互惠原则

现代公共关系中公众利益观念的基本内容是要求组织时时处处考虑自己的行为对公众利益的影响，自觉地保持组织利益与公众利益一致的发展。如果离开这一前提，组织形象的建立、良好社会环境的形成、公关所有的努力就会成为一句空话。

公共关系强调公众利益的观念落实在具体的公关工作中就是要坚持互惠的工作原则。公关工作的互惠决不只是表面的金钱或物质利益上的礼尚往来。它的最基本的、最主要的衡量标准就是社会的整体效益。这是由于在现实的生活中，各类公众都生活在各自特定的社会环境中，都有着各自特定的利益要求。不同类型的公众团体在这些表面的利益上又常常相互矛盾、相互冲突。如价格低廉对消费者有利，但对生产者的收入、股东的红利、企业的利润都可能产生不利影响。单纯用马上可见的金钱、物质来衡量常常会顾此失彼。公共关系不能以满足一部分人的利益而牺牲另一部分人的利益来维系，更不能以组织的一己私利来划线，它需要有一种能符合各类公众根本利益的衡量标准，而社会整体效益的标准最能满足这一需要。这是因为，任何团体、公众的生存和发展，他们的利益的获得都离不开特定的社会环境，社会的发展、环境的改善才是大家根本利益之所在。作为社会组织只有用这一标准来认识和衡量互惠原则，才能使我们的决策、行为符合公众的根本利益。

坚持互惠的工作原则要求组织的决策、计划，以至所有经营管理行为，所有提供的产品、服务等都要以公众的需求、公众的利益为出发点，都要以社会整体效益的尺度来衡量。

坚持互惠原则要求组织在做任何决策时都要有很强的社会责任感，要考虑到对别人、对社会环境以及对后代可能造成的影响。

坚持互惠原则要求组织要有政治家的眼光，要看到社会整体发展、良好的社会环境对组织发展的重要性。对此，一方面要多行善事，尽自己所能关心社会公共事业，参与社会服务。如积极为地方创造就业机会，关心市政设施建设，关心公共卫生事业和环境保护，赞助各种社会福利、文化、慈善事业等。另一方面，当局部利益与全局利益、长远利益与短期利益发生冲突时，要敢于从社会整体利益出发，从事一些公众暂时不太理解或不太习惯的、不太喜欢的公关计划。如，维护城市建设规划、交通整治、物价控制，更多地承担企业对国家的义务等。对这些工作，一旦认为对社会整体有利，就要大胆推行。并运用各种传播手段对不理解的公众进行耐心的说服工作，以取得他们的支持与合作。

第四节　公共关系的组织机构

公共关系组织机构是指发挥公共关系的职能、专门从事公共关系工作的各类组织或部门。根据公共关系实践的历史和现状，公共关系组织可分为四类：一是组织内部的公共关系职能机构，即公共关系部（或称公共关系处、公共关系科）；二是社会上的各类公共关系专业组织，如：公共关系公司、公共关系事务所、公共关系广告公司、公共关系咨询服务公司、公共关系策划公司等；三是公共关系社团组织，如：公共关系协会、公共关系学会、公共关系教学研究会、公共关系专业委员会等；四是具有一定公共关系职能的其他各类组织或机构，如：宣传部、外交部、工会、广告公司、外联处、交际处、信访办等。就我国目前的公共关系现状来看，首先，组织内部的公共关系职能机构是公共关系事业的基层组织，它发挥的作用最大，也是公共关系事业的主体部分。其次，公共关系专业公司和各级各类公共关系社团组织，在社会主义物质文明和精神文明建设中也发挥了重要作用，也是公共关系事业发展的重要力量。下面我们着重介绍以下三类公共关系组织：

1. 公共关系部

公共关系部，简称公关部，是组织内部设置的专门从事公共关系业务工作的职能机构。其称谓多种多样，有的叫公共关系处、公共关系科，有的叫公共关系信息部、公共关系销售部、公共关系广告部、公共关系事务部。

在现代公共关系发展史上，第一个公共关系部设立于 1908 年美国电话电报公司。著名的新闻关系专家威尔担任该部的第一任经理，他出色的工作使该公司公共关系部闻名遐迩。此后，许多公司、政府等各类组织纷纷效仿，公共关系部的作用便得到充分发挥，地位也随之逐步提高。公共关系传入中国后，广东及东南沿海的一些三资企业率先成立公共关系部。这些组织的公共关系部门以其出色的公共关系工作赢得了社会公众的一致好评，提高了组织的知名度和美誉度。

(1) 公共关系部的设置。公共关系部如何设置，涉及组织的结构设计和职责分工，也直接影响到公共关系部在组织中的地位及其作用的发挥。

首先，从公共关系部的隶属关系来看，公共关系部的设置有以下四种模式：

①总经理直接负责型（见图 1–1）。这种类型的公共关系部，其领导人由总经理担任，明确了公共关系部在组织中的特殊地位，具有一定的权威性，有利于公共关系部充分发挥组织的整体效应，全面地、及时地、有效地开展公共关系工作。这是一种较为理想的公共关系部的设置模式。

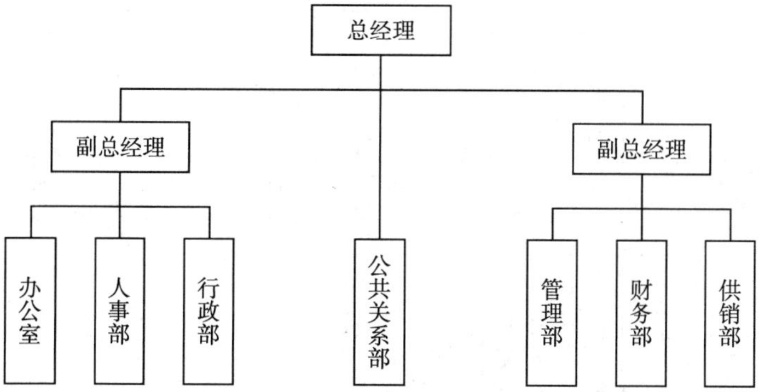

图 1–1　总经理直接负责型

②部门并列型（见图 1–2）。这种类型的公共关系部作为组织的二层机构，与其他职能机构地位平等，各司其职。

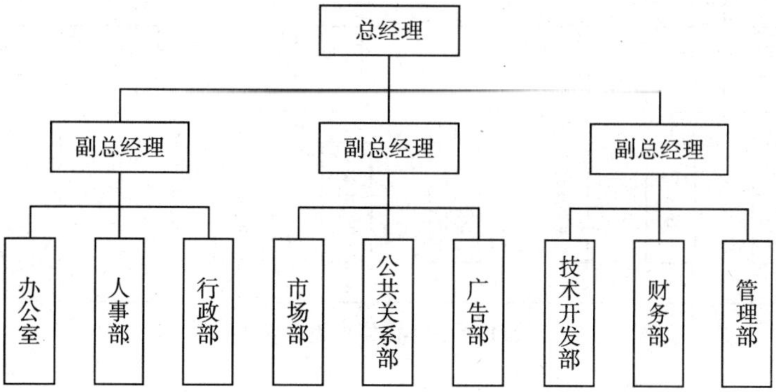

图 1–2　部门并列型

③部门所属型（见图 1–3）。这种类型的公共关系部设在某个职能机构（如办公室）之下，属三级机构，地位较低。

④公共关系委员会型（见图 1–4）。这种类型的公共关系部由组织的领导人

和各职能部门负责人组成，对各项公共关系工作统筹安排，分工负责，其权威性较大，但各种关系较为复杂，一旦出现矛盾，不易协调，会使各种关系变得更为复杂。它相当于组织的一个临时性机构，往往对公共关系工作缺乏长远规划，不能保持一贯性。

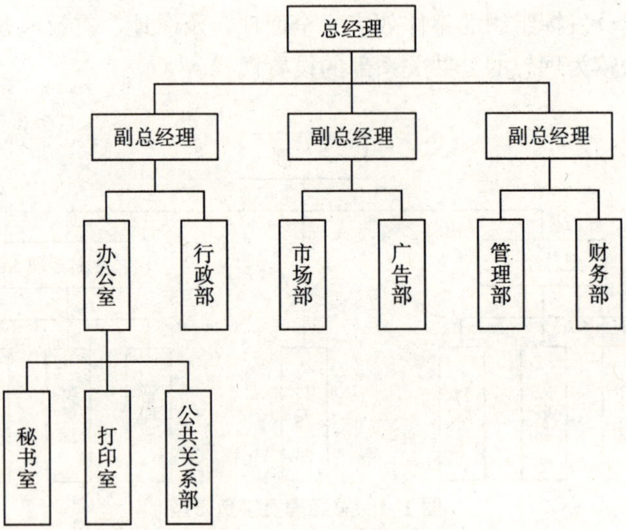

图 1–3　部门所属型

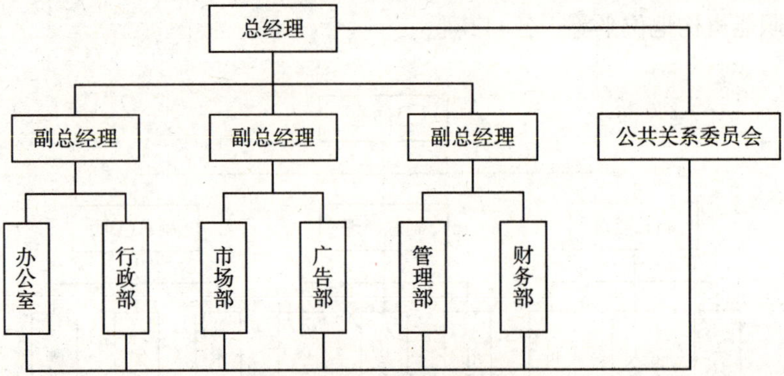

图 1–4　公共关系委员会型

其次，从公共关系部自身的机构设置来看，可以分为三种类型：

①公共关系手段型（见图 1–5）。它的特点是根据公共关系工作运用的手段来确定公共关系部所属机构的名称。

②公共关系对象型（见图 1–6）。它的特点是根据公共关系工作的主要对象来确定公共关系部的所属机构名称。

③复合型（见图 1–7）。它的特点是根据公共关系工作所运用的手段和对象来确定所属机构的名称。这是基于公共关系工作实际需要而采取的一种行之有效的方法。

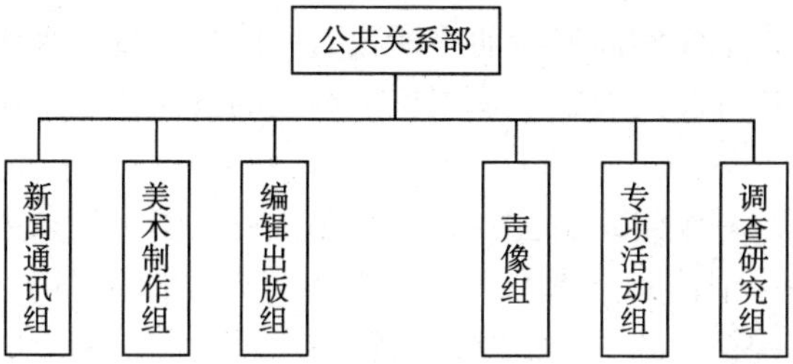

图 1–5　公共关系手段型

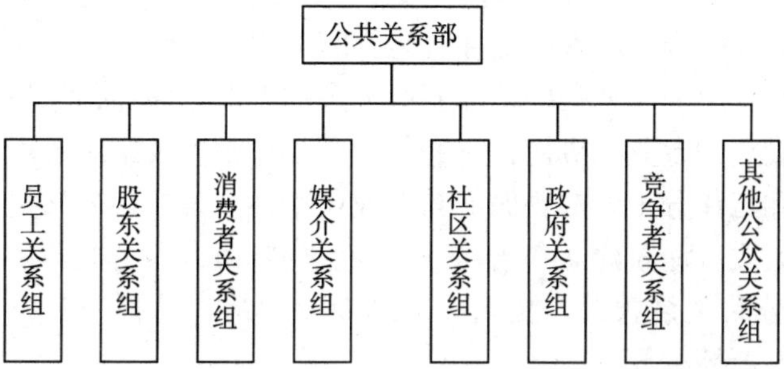

图 1–6　公共关系对象型

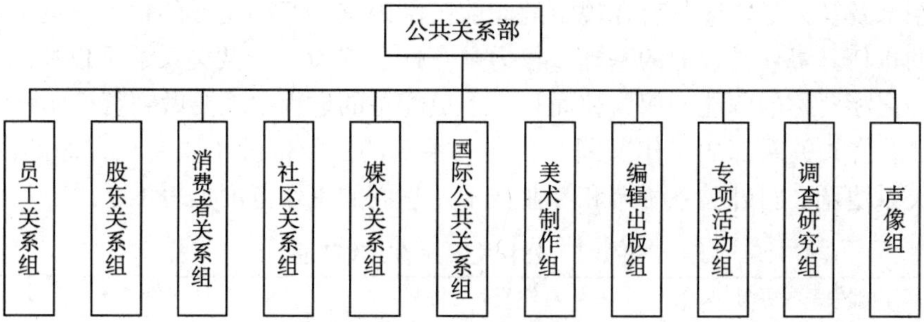

图 1–7　复合型

（2）组建公共关系部的原则。这主要包括如下几个方面：

必要性原则。任何一个社会组织都不可避免地要面对各种公共关系问题，是否一定要设置一个专门的部门来处理公共关系事务，这要视组织本身的规模和经济实力的大小、组织对公共关系部门作用的认识程度、组织现有的人才状况以及公共关系活动的业务量和复杂程度等问题来决定。如果组织的规模较大，设计公共关系活动量大，领导层对公共关系部门的作用充分重视和肯定，组织又有主持这项工作的合适人选，则组织就有必要成立公共关系部门。如果条件不成熟，则不必急于设立一个专门的公共关系部，可暂由其他职能部门（如办公室、宣传部等）监管，或聘请一家公共关系公司或几名兼职公共关系顾问来帮忙处理日常事务，如果遇到大型公共关系活动，则委托给某些专业公共关系公司代理。比如随着改革开放的进行，上海的涉外活动逐渐频繁、旅游业日益兴盛、餐饮旅店竞争加剧，锦江饭店的进一步发展越来越依赖于有效的公共关系工作，公共关系部的设立成为必然。

机构精简原则。一个组织的公共关系工作在业务量和复杂程度上通常具有很大弹性，而且维持一个较大公共关系部门也是一笔不小的费用支出，所以机构的精简是必须的。机构精简的关键是精，组织要尽可能聘请精干的专业人员到公共关系部门任职，努力做到将提高工作效率作为公共关系的首要任务。精简的主要标志为：部门员工精干、高效和经验丰富，配备的人员数量与所承担的任务相适应，机构内部分工适当，职责明确并有足够的工作量。

专业性原则。第一，公共关系部要有清楚的专业化职能，它是组织为开展公共关系工作而设立的专业化机构，它的每一项工作都涉及组织的声誉和影响。因此，在组织上和工作分工上都要保证其专业化特性。第二，公共关系部的工作人员要有专业化素质。注重建立和培养一只专业化队伍，即公共关系部的全体人员应具有强烈的公共关系意识、受到一定的专业训练、具有一定的专业水准和能力、具有开拓创新精神等。

权力与职责相适应原则。权利与职责相适应是一项组织分工的基本原则。公共关系部及其人员均应具有在规定的职能范围内从事某项工作的权力，同时承担相应的责任。责任是权力的基础，权力是责任的保障。公共关系部不仅在组织内要有与之相对称的职能和权力，而且在人员配备的过程中也要做到责权明晰。

（3）公共关系部的工作范围。公共关系部的工作范围主要有三方面的内容：对内关系协调、对外关系协调和专业技术。它们的工作范围见表 1–1。

表 1–1　公共关系部的工作范围

内部关系的协调	对外关系的协调	专业技术
• 利用各种内部媒介与员工沟通，做好内部宣传	• 向媒介和其他出版机构提供信息，并与之保持良好关系，做好与公众的沟通	• 写作并向报刊发布新闻、照片和特写、发布前编好报刊的名单
• 教育引导组织的全体员工，增加公共关系意识	• 搞好与社区的关系	• 组织记者招待会，为管理部门安排接见报刊、广播和电视记者的访问
• 编辑、出版内部刊物，搭建内部交流平台	• 负责协调与政府各个部门之间的关系	• 策划各种纪念活动
• 随时搜集企业员工的各种意见，做好信息反馈	• 搞好与消费者的关系，策划促销活动，处理各种投诉等	• 组织展览会、参观活动

续表

内部关系的协调	对外关系的协调	专业技术
• 参加董事会和其他主要部门负责人的会议	• 做好各种接待来宾的礼仪工作	• 编辑出版企业内外部的各种刊物
• 协助企业领导确定公共关系目标，为领导层提供方案、数据，并对其他决策提供参考意见和建议	• 代表企业出席行业性会议	• 负责民意调查和产品调研活动等
• 定期召开股东大会，发布企业经营信息，收集意见和建议		• 制作视听材料
• 编制年度报告		• 制作企业的识别系统
• 培训公共关系工作人员等		• 从外界媒介的报告中获取信息，进行信息整理
		• 分析反馈，评定计划的实现情况

资料来源：沈杰、方四平. 公共关系与礼仪. 北京：清华大学出版社，2006.

2. 公共关系公司

公共关系公司是指依法存在的、由熟谙公共关系业务的公共关系专家和业务人员组成、专门从事客户委托的各种公共关系业务的服务性社会组织。公共关系公司的种类较多，有公共关系顾问公司、公共关系咨询公司、公共关系广告公司、公共关系形象策划公司、公共关系事务所等。公共关系公司最早诞生于1903年，美国的艾维·李首创了具有公共关系性质的公共关系事务所。1920年，N.W.艾尔正式开办了公共关系公司。由于他们出色的公共关系工作，赢得了客户的信赖，公共关系公司便逐渐发展壮大起来。公共关系公司的出现，不仅促进了公共关系职业化的发展，提高了公共关系的专业化水准，推动了公共关系事业的发展，而且还优化了社会环境，协调了社会关系和社会行为，提高了社会效益。

（1）公共关系公司的优势。公共关系公司作为社会的经济实体，具有社会性、服务性、盈利性等特征。它向客户提供信息、咨询服务、中介服务、制作广告、策划专题性公共关系活动等。公共关系公司之所以能在竞争激烈的市场中站稳脚跟，赢得客户的信赖与支持，主要是由于其自身存在着比公共关系部及其他类似组织机构难以比拟的优势。

信息比较灵通。公共关系公司的客户来自各行各业，其需求也多种多样，因此，公共关系公司要为客户提供服务，必须拥有各种信息。现代的公共关系公司大多利用电脑存储和处理信息，建立完善的信息网络。公共关系公司耳目灵敏，信息来源广泛、及时，因此，任何新的情况、新的消息的出现以及信息的微小变化，公共关系公司都能随时整理归档，这样就能及时高效地满足客户的需要。

观察分析问题比较客观。公共关系公司是受客户委托来从事或代理公共关系业务，因此，它往往站在公正客观的立场上来观察分析处理问题，而不必像公共关系部那样顾及组织内部的各种错综复杂的矛盾或利害关系。这就是为什么有的组织已设立公共关系部，还要聘请公共关系公司为其代理公共关系业务的重要原因。

趋势判断比较准确。公共关系公司大多是由熟谙公共关系业务、具有丰富社会实践的公共关系专家和业务人员组成，他们占有大量的信息，加之强烈的公共关系意识，凭借现代科学技术和方法，因此，对客观事物的发展趋势判断一般比较准确。

职业水准比较高。公共关系公司不仅要向客户提供信息服务，而且还要向客户提供咨询服务和大型的高层次的公共关系活动策划等。这样其工作人员职业素养、技术水平、策划能力必须有高人之处，否则，公共关系公司就没有存在的必要。

（2）公共关系公司的经营方式。从目前国际国内的实际情况来看，公共关系公司的经营方式大致有三种：与广告公司合营；单独经营，综合服务；单独经营，专项服务。

公共关系公司与广告公司合营。这是目前最为流行的经营方式。公共关系公司兼做广告业务，广告公司兼做公共关系业务，这类公司业务范围较广，生存能力较强，也符合各类客户的实际需要。

单独经营，综合服务。这类公司属专业公共关系公司，承担公共关系方面的各种业务，包括提供信息、咨询服务、策划活动、培训员工、设计制作、市场调研等。这类公司对公共关系人员素质的要求比较高，公司内必须具有各方面的专家，否则，有些业务则无法承接或完成。

单独经营，专项服务。这类公司一般是专门从事某一单项公共关系业务的公司，其规模一般都比较小。如形象策划公司、信息公司、CIS 策划公司、公共关系广告公司、公共关系培训公司、公共关系礼仪公司等。这类公司由于具有某项公共关系业务专长，因此，优势比较明显，工作经验比较丰富，服务质量也容易得到保证。

（3）公共关系公司的工作内容。公共关系公司的工作内容因其经营方式和经营范围的不同而有所不同。一般说来，公共关系公司的工作内容可归纳为如下方面：调查研究，确立目标；策划公共关系活动；处理突发性事件和公众关系纠纷；提供信息服务，咨询服务；制订各种公共关系计划；代理各种公共关系业务，如新闻代理、广告代理等；技术性业务工作服务；中介服务；礼宾服务；培训服务。

（4）公共关系公司的收费方式。公共关系公司在向委托人收取费用时，应该平等待客，控制成本并把握合理的收费标准。公共关系公司收费的方式主要有两种。一种是项目收费，另一种是计时收费。

项目收费。包括：①咨询服务费，包括委托项目期间工作小组全体成员的工资和与项目有关的高级管理人员、专家的工资；②行政管理费，包括公共关系公司在承担项目期间所需的房租费、水电费、取暖费、电话费等；③报酬，这指扣除各种税收后公共关系公司应得到的纯利润；④项目开支，这指承担项目期间所需要的印刷费、邮费、差旅费等。这些全部由委托人实报实销。项目收费既可一次性收取综合费用的总额，也可根据项目需要分项收费。

计时收费。计时收费即按参加工作的各级各类人员的不同标准，按工作时间收费。一般来说，每小时收取的费用是该人员每小时基本工资的二倍半到三倍。有的公司为了方便起见，采取每小时收取固定费用的办法。

3. 公共关系社团

公共关系社团是指专门从事公共关系工作的群众性社会团体。它一般是由具有共同意愿的热心公共关系事业的社会公众自发组织起来的。它不以营利为目的，专门从事公共关系理论研究、教育培训、宣传普及推广、咨询服务、组织开展公共关系专题活动、奖励评优、开展国际交往与合作。公共关系社团主要包括公共关系协会、公共关系学会、公共关系研究会、公共关系专业委员会、公共关系联谊会等，其中公共关系协会数量最多、影响力最大。

现代公共关系发展史上，第一个公共关系社团组织于 1915 年 7 月成立于美国的芝加哥，类属于世界广告协会。20 世纪初期，公共关系社团都属于某一行业社团组织，成立于金融界、教育界、新闻界等，逐步发展成为全社会的由各行各业人士参加的社团组织。我国第一个公共关系社团组织——中山大学公共关系研究会于 1986 年 1 月成立；同年 12 月，上海市公共关系协会成立；1987 年 5 月，中国公共关系协会成立。目前我国公共关系协会遍布于各大中小城市，甚至在高校等组织内也有公共关系协会。公共关系协会在中国公共关系事业发展史上功勋卓著，对推动中国公共关系事业的发展做出了突出成绩。

（1）公共关系社团类型。公共关系社团类型主要有如下几种类型：①综合型社团，包括国家和地方成立的各级公共关系协会；②学术型社团，包括公共关系学会、研究会、教学研究会、研究所等学术团体；③行业型社团，包括各行各业、各部门、各系统成立的公共关系社团；④联谊型社团，包括公共关系联谊会、公共关系俱乐部、公共关系沙龙等各种形式松散、以联谊为主的社团。

（2）公共关系社团的工作内容。各种类型的社团在成立时都明确了各自的任务或工作内容，如中国公共关系协会在章程中明确规定了其任务：①联络全国各地区、各企事业单位的公共关系组织和工作者，组织学术交流和经验交流，研究社会主义公共关系的理论与实践，推动社会主义公共关系事业健康深入发展；②制定和实践社会主义公共关系的职业道德准则；③培养、训练和造就公共关系的专业人才；④编辑出版有关公共关系的书籍、报刊，宣传普及公共关系学知识；⑤加强与海内外公共关系界的交流合作；⑥开展国内外公共关系事业的咨询服务工作；⑦维护公共关系组织和工作者的正当权益；⑧协调国内外公共关系组织的关系。

归结起来，公共关系社团的工作内容主要包括：联络发展会员；制定行业规范和职业道德准则；宣传普及公共关系知识；开展公共关系理论与技术的研究；培训专业人才；开展国内、国际间各项交流与合作；参与公共关系专题活动的策划、组织；编辑、印刷公共关系出版物等。

【案例讨论】

泸州老窖“国窖1573”喜迎新中国60华诞

在新中国60华诞之际，作为中国四大名酒之一的泸州老窖，专门为祖国60大庆特别打造限量珍品——定制国礼酒，国庆前在全球首发。如何借国庆之势帮助泸州老窖的高端旗舰品牌“国窖1573”进一步提升品牌形象，支持经销商开展客户关系管理，推动大众支持通路产品的拓展，成为巨大的挑战。

宣亚国际传播集团与泸州老窖股份有限公司成功合作，奉献出了一项颇具创意的大型公共关系活动。

1. 项目调研

近年来，消费升级导致国内白酒品牌升级，大量的品牌纷纷进军高端市场，产品本身实现差异化竞争的难度很大，许多企业高端白酒的营销仅诉诸高价和豪华包装，普遍缺乏有力的文化支撑，情感诉求苍白乏力。另外，白酒销售非常依赖各地经销商体系，多数经销商更看重品牌推广对产品短期销售业绩的直接推动，而提升整体长期利润的高端品牌塑造需要经销商的耐心、理解和支持。

高端白酒具有稀缺性和奢侈性。国窖1573在国庆前夕推出定制国礼酒，按照国际上奢侈定制酒的服务标准，向高端消费者提供“一对一”式的、完全私密性、唯一性和不可复制的定制酒产品及其个性化服务。

国庆活动众多，受众注意力分散，数以万计的品牌都推出了自己的国庆相关活动，媒体及公众对常规的国庆活动已经视觉疲劳，很难参与其中。

此外整个活动涉及包括港澳台地区总共60个地点，异型热气球的制造、热气球飞行员的挑选、线路的选择、热气球的运输、放飞地址报批、放飞活动组织、地方媒体的沟通等大量组织工作对项目也是巨大的考验。

2. 项目策划

项目组经过研究，决定在中华大地喜迎新中国成立60华诞之际策划一场盛大的天空行为艺术——“举杯同庆　辉煌60”国窖1573文化中国行活动。活动中巨大的热气球从中国60个标志性地点升上空中，巧妙将“国家上升、文化上升、品牌上升”寓意其中。2009 年国庆恰与中秋相逢，此次活动将高雅时尚的热气球运动、传统诗酒文化与国庆盛典三者巧妙融合，将 5000 年文化、60 载辉煌浓缩到升空向上的诗意表达之中，由此将成为 2009 年度中国酒业最辉煌的文化盛事、社会盛事与公众盛事，同时提升泸州老窖品牌腾飞的形象。如图 1–8 所示。

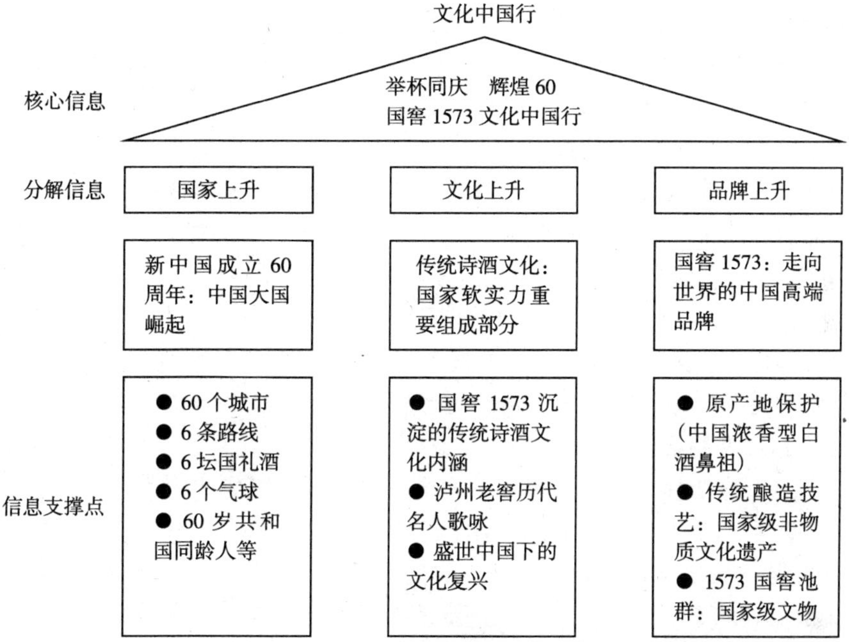

图 1–8　传播策略

传播策略上，活动以战略媒体为核心推动力，形成品牌传播的高度和声势，以各省、市电视为重点渠道，放大品牌在各地的传播效果；以主流平面和网络媒体为承载，加强覆盖并延续影响力。中央电视台的巨大影响力使得活动本身吸引来其他媒体的主动跟进与报道，比如在收官仪式上，有未经邀请的近十家地方电视媒体主动前往泸州报道。

另外，通过制造事件平台，策划“谁能上气球？”这一核心要点，选择国庆结婚的新婚夫妇、1949 年 10 月 1 日出生的共和国同龄人、老劳模等人物。由于话题新颖、新闻性突出，媒体主动参与其中，进行人物征集等相应选题策划，并相应连续报道。

3. 项目执行

（1）上海启动仪式。2009 年 9 月 19 日下午 6 时，六只巨大的热气球拉升着一面巨大的国旗，缓缓升上了黄浦江上空，伴随着巨型热气球的升空，历时一个月的“举杯同庆　辉煌 60”国窖 1573 文化中国行活动，正式拉开了全国热气球放飞活动的帷幕。

在上海启动仪式上，邀请复旦大学历史学系教授钱文忠、著名设计师深圳大学教授陈建军、泸州老窖股份有限公司董事长谢明与著名主持人窦文涛“铿锵四人行”，坐论中国儒家文化和诗酒历史。同时在活动上请嘉宾们共同启封六坛限量版国礼酒，充分体现国庆用酒、全民同欢的内涵。

这次活动吸引了新华社、中国新闻社、《人民日报》、《经济日报》、《第一财经频道》、《第一财经日报》、《中国证券报》、《中国经营报》、新浪网、腾讯网、新华网、北京电视台等 57 家媒体进行现场采访。其中《东方早报》、《第一财经日报》、《文汇报》、《新民晚报》、《青年报》、《中国证券报》、《北京青年周刊》、《国际金融报》、《竞报》等国内最具影响力的平面媒体，针对此次活动进行了大篇幅深入报道，百度新闻频道更是以头条刊登了此次活动的新闻，另有近百家媒体对此次事件予以报道。

(2) 文化中国行。9 月 19 日到 10 月 19 日一个月内，“举杯同庆　辉煌 60”国窖 1573 文化中国行活动分成 6 条线路，遍及全国 60 处文化名城和风景名胜。6 万公里的诗酒之路，喜庆祥和的巨型红灯笼状热气球飘扬在祖国的上空，使得全中国人民感受到国窖 1573 品牌的雅量高致以及新时代诗酒文化的清雅飘逸。

(3) 十一特别放飞活动。60 年一甲子，在中国传统文化中具有特殊意义。针对国庆 60 周年这一契机，专门进行了“十一”特别策划。10 月 1 日国庆当天，为隆重纪念缔造新中国的革命圣地，“举杯同庆　辉煌 60”国窖 1573 文化中国行在西柏坡、延安、南昌、井冈山、遵义、百色 6 地同时放飞巨型热气球，这一最具新意的民间庆祝方式迅速被媒体广为传播，形成了一波以国窖 1573 为主角的国庆传播浪潮。

国窖 1573 成为新华社、中央电视台、东方卫视、新浪、《人民日报》等战略性媒体传播平台的主角，《人民日报》、《中国青年报》分别在 10 月 3 日头版头条报道了此次事件。而新闻联播、新华社的报道更是让众多媒体纷纷跟进报道，在短时间内形成了全国性关注。

(4) 泸州收官仪式。10 月 19 日，“举杯同庆　辉煌 60——国窖 1573 文化中国行”在泸州举行了盛大的收官仪式，6 坛国礼酒进行了现场拍卖，随着热气球走遍祖国大好河山的国礼酒创下了一坛 101 万元的中国最高身价纪录。而拍卖所得的款额将被用于中国传统诗酒文化的传播。同日，一个容积 60 万立方英尺的超大异型热气球在 6 只热气球的簇拥下应声腾空而起，顿时令现场经销商和泸州市民热血沸腾，衷心为老窖的成就欢欣鼓舞。这一气球同时载入世界吉尼斯纪录。如图 1–9。

图 1-9　国礼酒拍卖现场及世界最大热气球放飞

19 日晚上，国窖 1573 文化中国行大型文艺晚会于当晚在泸州市百子图文化广场举行。泸州首次出现了万人空巷的场景，门票售价不菲，却一票难求。晚会上著名小提琴演奏家吕思清一曲《梁祝》荡气回肠，康巴汉子以一首粗犷豪迈的《风过泸州带酒香》带动起酒城观众的热情。孙楠、吕薇等著名歌手也纷纷登台倾情献唱。在全场观众的欢呼声中，身穿深紫色晚礼服的宋祖英缓缓登台令现场气氛达到了高潮。压轴出场的俄罗斯“海豚王子”维塔斯（Vitas）带来的经典歌曲以其异域风情让现场观众如痴如醉。此次晚会为国窖 1573 文化中国行画上了圆满的句号——国窖升空，势不可当。

4. 项目评估

（1）媒体传播效果。截至 2009 年 11 月 5 日，“举杯同庆　辉煌 60——国窖 1573 文化中国行”活动媒体发布共计 429 家，其中电视媒体 58 家、平面媒体 266 家、网络媒体 105 家，发布率超过 112%，创造了累计超过 3 亿元的传播价值，整个活动新闻性极强，引起了大量媒体的关注并转载，转载媒体共计 469 家。此次活动对新闻媒体资源进行了创造性的应用，网络传播中，专门为此次活动制作的 3 段视频吸引了全网的热烈关注，取得了共 35 家主流视频媒体 215 次首页推荐，获得了相当于 300 余万元的媒体推荐价值。

此次传播战役中，以中央电视台、《人民日报》、新华社、东方卫视、旅游卫视、新浪网等覆盖中央、省级电视、主流平面媒体和重点门户的战略性媒体平台发挥了举足轻重的作用。截至 2009 年 11 月 5 日，一个多月的时间内，“举杯同庆　辉煌 60——国窖 1573 文化中国行活动”电视媒体发布新闻多达 58 条。电视报道也带动了网络视频转载的浪潮，在优酷、酷6等国内领先视频网站都能搜索到本次活动的相关视频新闻。

(2) 第三方评估。第三方调研公司摩瑞咨询公司分别在北京、上海、广州、武汉、成都、沈阳、西安等城市进行，采用的调查方式为问卷调查和拦截调查结合，对本次活动进行了效果评估，发现目前有超过80%的目标消费者知晓国窖1573品牌，品牌知名度提升了10%以上，这表明活动很好地将国窖1573的“高档次”、“知名”、“有历史文化”等健康而鲜明的品牌形象特征成功传达给了目标受众。同时活动还提高了消费者尝试饮用国窖1573的意愿和推荐率。

（资料来源：中国国际公共关系协会. 最佳公共关系案例［M］. 北京：企业管理出版社，2010.）

讨论题：

1. 泸州老窖“国窖1573”本次大型公共关系活动有何特点？其成功创意表现在哪些方面？

2. 要保证该项大型公共关系活动的成功，泸州老窖股份有限公司需要事先做哪些工作？请为其制定一份本次公共关系活动的危机管理计划。

3. 试从网上搜集泸州老窖集团的相关信息，向全班同学做题为《“泸州老窖”的公共关系》的演讲。

【实训项目】

进行某企业公共关系工作总结

一、实训目的

通过总结某企业近三年来公共关系工作的开展情况，进一步把握公共关系的内涵、特征、构成要素、功能及作用。

二、实训要求

(1) 通过互联网、报纸、杂志等形式收集目标企业的资料。

(2) 拟定调查提纲，用走访的方式进一步了解这家企业对公共关系的认识及公共关系工作的开展情况的第一手资料，发现其公共关系的成功做法和案例。

(3) 撰写《××企业公共关系工作总结》。

三、实训组织

(1) 将全班同学分成若干各小组，每组5~6人，并选出小组长，与组员一起做好分工写作工作。

(2) 以小组为单位收集资料，讨论后完成调查提纲。

(3) 以小组为单位撰写出《××企业公共关系工作总结》，并在全班交流。

(4) 老师对各组进行指导。

四、实训考核

（1）学生自我总结占30%。

（2）同学互相评价占30%。

（3）教师总结指导占40%。

五、实训手记：

通过训练，我的收获是：____。

【课后练习】

一、名词解释

1. 公共关系意识
2. 公众
3. 公共关系
4. 传播
5. 公共关系的基本观念

二、单选题

1. 公众是公共关系的（　）。

A. 客体要素　　B. 主体要素

C. 中介要素　　D. 传播要素

2. 公共关系活动的根本目的是（　）。

A. 塑造组织形象　　B.追求组织利益

C. 为了推销产品　　D. 建立关系网

3. 公共关系专门运用各种传媒沟通媒介来处理（　）。

A. 下级和上级之间的关系　　B. 个人和个人之间的关系

C. 组织与公众之间的关系　　D. 企业与组织之间的关系

4. 公共关系的实质是（　）。

A. 组织与公众之间的信息交流关系　　B. 组织与组织之间的行政关系

C. 组织与公众之间的经济关系　　D. 组织与组织之间的经济关系

5.（　）是公共关系学知识和工作技能在组织情境中的具体运用，是该学科的知识源泉和直接目的。

A. 公共关系　　B. 公共关系工作

C. 公共关系学　　D. 公共关系状态

三、多选题

1. 公共关系的构成要素是：（　　）。

A. 社会组织　　B. 公众

C. 传播　　D. 信息

E. 时间

2. 社会组织是公共关系的主体要素，是公共关系工作的（　　）。

A. 策动者　　B. 承担者

C. 发起者　　D. 组织者

E. 实施者

3. 公共关系中的真实性原则有：（　　）。

A. 传播的信息要完全真实　　B. 传播的信息与所反映事物一致

C. 传播的事实应符合本质上的真实　　D. 传播的事实不得有任何的美化

E. 传播的所有环节都要真实

4. 要做好平时长期公关的联系沟通工作应注意以下几个方面：（　　）。

A. 普遍和平衡　　B. 自然

C. 放出交情　　D. 手法翻新

E. 不露痕迹

四、简答题

1. 简述传播的基本类型。

2. 简述公共关系人员的能力结构。

3. 公共关系中自我完善的工作原则应包括哪些内容？

4. 公共关系中的互惠原则有哪些？

5. 公共关系的基本工作原则是什么？

6. 公共关系部的设置有哪些模式？设置的原则有哪些？

7. 公共关系部的基本职能有哪些？

8. 公共关系公司与公共关系部相比较有哪些优势？客户应该如何选择公共关系公司？

五、论述题

1. 结合你对公共关系的认识谈谈公共关系人员的素质要求。

2. 试论述公共关系的“公众”概念。

六、实操题

1. 有人说，拉关系、走后门也是为组织广交朋友、开拓生存空间，这与公共关系的目的是相同的，你认为呢？

2. 试举两个所见所闻的实例，说明当前我国公关“误区”仍未消除。

3. 你准备在公关工作中怎样体现公共关系的基本观念和工作原则？

4. 公共关系工作究竟是男士合适还是女性合适？请阐明理由。

5. 在一些企业中，公共关系部是作为一个三级机构而存在的，你认为公共关系部应属于哪一个部门呢？是办公室、宣传部、营销部、人力资源部，还是市场开发部？为什么？

6. 案例分析：

服务无小事

日本东京一家贸易公司有一位秘书小姐专门负责为客商购买车票。客商中有一位德国大公司的商务经理经常请她购买来往于东京—大阪之间的车票。不久，这位经理发现每次去大阪，座位总在右窗口，返东京时又总坐在左窗口。经理问小姐其中有什么缘故，秘书小姐笑着答道："从东京去大阪时，富士山在您的右边；返回东京时，山又到了您的左边。我想，外国人都喜欢日本富士山的壮丽景色，所以我替您买了不同位置的车票。"就是这样一桩不起眼的小事，使这位德国经理大为感动。他想："在这样一些微不足道的小事上，这家公司的职员都能做得这么周到，那么跟他们做生意有什么不放心的呢！"于是决定将同日本公司的贸易额由400万马克提到1200万马克。无独有偶，法国巴黎有一家里兹大饭店，如果顾客在这家大饭店预订了房间，乘出租车去饭店时，车刚在饭店门口停下，就会有看门人及时帮助顾客打开车门，待客人下车后，又马上会记下出租车的号码。饭店看门人解释说："巴黎共有14500辆出租车，如果客人有物品遗忘在车上，这是帮助客人找回遗失物品的最有效、最简捷的方法。"

请你分析一下以上事例反映出了这两家公司及其工作人员怎样的公共关系观念，并以此说明一下公共关系观念的含义和作用。

第二章

公共关系公众

一个典型的组织要面对许多异常挑剔但又极为重要的公众，组织必须与他们进行直接而频繁的沟通。组织必须对各类公众的私人利益、需要和关注点都保持相当的敏感度。

——【美】弗雷泽·西泰尔

投公众所好。

——【美】爱德华·伯尼斯

【学习目标】

- 深刻把握公众的本质；
- 能够对组织的公众进行分类；
- 能够对公众进行心理分析；
- 掌握员工关系、消费者关系、社区关系、政府关系、新闻媒介关系、名人关系的策略。

【案例导入】

把意见放进牢骚箱

“公司最近开发的新产品太集中了，后方供给可能会有一定的困难。应该让公司在产品开发上作一些调整。”小张和车间几个同事商量之后，决定把想法告诉公司高层。

小张是宁波市安通机械有限公司一名普通员工。一个普通员工能将自己的想法及时告知管理层，在别人看来很难。但小张要做的，却很简单。将意见写在一张纸条上，放进被公司称作“牢骚箱”的箱子里。

下午，公司董事长童伟义看到了小张写的字条：“他们的反映很及时，公司会好好商讨这个问题。”

一开始只想让员工发发牢骚

安通机械有限公司的“牢骚箱”一共有4个，从2003年起就被摆在公司大楼的走廊和吸烟室里。

“再好的企业，员工总有自己的看法，对环境、条件的不满，发发牢骚也难免。”但实际情况是，很多员工即使有想法不方便跟顶头上司说，有的员工顾忌其他人说闲话，碰到高层也不说真心话。“这种情绪在心里放久了，对健康不好，也影响工作状态。”

邮箱投递让童伟义得到了灵感。“放个箱子，有意见就写成文字，既不影响他人，又保护了意见人的隐私。”

没想到挽回公司上千万损失

“食堂的菜花色品种少、口味差、价格贵，希望公司关注员工的饮食问题。”今年1月，一张纸条令童伟义惊讶。

经调查属实，公司把食堂管理人员辞退，并重新制定新的食堂制度。

刚开始，员工们发的“牢骚”大多是生活琐事，慢慢地，“牢骚箱”里有关企业发展的“牢骚”也多了起来。

“这是我没想到的。”但更让童伟义没想到的是，一个小小的建议让自己的企业挽回了不可估量的损失。

一个员工在“牢骚箱”反映，部分车间存在螺丝散落的现象，浪费原材料比较严重。

童伟义知道，一两颗螺丝不是问题，但数量多了价值也很高，而且最让人担心的是，生产消毒碗柜、电烤箱、电压力锅等器材的车间环境都很精密，一个小小的配件散落或被磁力吸引到流水线上，将造成很大的破坏。

“以电烤箱生产流水线为例，价值高达上千万。”

给所有员工一个沟通的机会

“‘牢骚箱’让员工和公司管理层的沟通顺畅了很多，很多问题都得到了很好的解决。而现在，员工大多反映的问题也都集中在公司发展上，真是出乎我的意料。”童伟义说。

现在，员工的意见和建议每周由专人负责收集交给童伟义。如果员工反映的意见与实际有出入，或是因自己的误解而引起的不满，也会由专人负责向员工做好解释工作。

童伟义说，在保持“牢骚箱”制度的同时，以后公司规定，每个月开一次“阳光检讨会”，只要员工愿意都可以参加。只要有意见，无论中层还是基层员工，都可以在会上直接向管理层反映。

（资料来源：马钧应，李军. 从发牢骚到关心企业发展，http://www.foodmate.net/hrinfo/yuangong/20589.html，2007-09-30.）

公共关系是一种组织与公众之间的双向关系，研究“公众”的理论便构成公共关系学的重要内容。只有了解公众，才能真正了解公共关系的对象和内容，才能制定正确的目标、策略和方法，从而使公共关系工作建立在科学的基础之上。这一章主要介绍“公众”的含义、公众分类的方法、影响公众行为的心理因素以及公共关系工作常见的目标公众对象。

第一节　公众与公众分类

公众是组织公共关系工作的对象，为了取得公共关系工作的理想效果，必须首先把握公众的含义，明确公众的分类。

一、公众及其性质

公共关系的“公众”是一个特定的概念，它与一般意义上的“群众”、“大众”等概念有着明显的不同。如前所述，公共关系的公众是指任何因面临某个共同问题而形成的、有着某种共同利益，并与某一特定组织的工作产生互动效应的社会群体。它具有同质性、群体性、可变性、多样性、相关性等特性。

1. 同质性

公众的形成是因为面临某个共同问题，而且“问题”将对公众成员产生影响，使得原本不属于某一社会群体和社会组织的若干人成为一个组织的公众，不同组织有不同的公众。一个组织可能有许多问题同时出现，从而涉及各种不同的公众，所以将形成若干类不同质的公众，这些不同质的公众是相对不同问题而言的，而由某一问题所引起的公众其本身却是同质的。因此，没有这种同质的内在基础便无所谓公众。

2. 群体性

公共关系既然是一种公众关系，就不仅仅与一个人或几个人发生关系，公众往往是一批人，是面临共同问题的特定的社会群体。这些群体的共同利益为某一个组织机构的行动和政策所影响；反之，这些群体的行动和意见也影响着这个组织机构。

公众的群体性包含三类群体关系：社会组织、初级社会群体组合以及其他同质群体。

社会组织是一个社会或一个团体内各个部分相互关系的总体，是人们为了合理、有效地达到自己的目标，有计划、有组织地建立起来的一种社会机构。一般来说，社会组织就是公共关系的主体，但是社会组织又是相对而言的，某个社会组织可以是某些公众的主体，也可以成为另外社会组织的公共关系客体，可以当作“公众”来对待。因此，社会组织是公共关系要处理的第一类群体关系。

初级社会群体是指人们在生长过程中最初加入直接形成的人际关系密切的社会群体，如家庭邻里等。由于初级社会群体构成人数较少（一般家庭只有几个人），因此，不能单独构成公共关系对象，只有初级社会群体组合以后（初级社会群体组合）才可以构成“公众”，成为公共关系要处理的第二类群体关系。

除了上述两种群体关系，还有与社会组织面临共同问题而形成的同质群体。同质群体既不是一般社会组织群体，也不是初级社会群体组合的群体。从社会学角度看，按年龄、性别、肤色或居住区域来划分的人不被认为是社会群体。因为他们不因存在某些社会关系而被联结在一起，而仅仅是根据人的特征来划分的。但是从公共关系角度看，人口学、种族学范畴可以转换成公众范畴。因为，只要在特定的条件下，这些不同性别、年龄以及不同地域或不同肤色的人，面临着需要共同解决的问题（同质群体），就可以构成公共关系的对象。如在同一列火车上的旅客，他们并不是在社会交往中结合在一起的群体，只是在上了火车之后面临需要解决的相同问题而形成“公众”的，因此，同质群体也是需要公共关系处理的第三类群体关系。

3. 可变性

公众不是封闭僵化、一成不变的对象，而是一个开放的系统，处于不断变化发展的过程之中。任何组织的公众对象的性质、形式、数量、范围等均会随着主体条件、客观环境的变化而变化：有的关系产生了，有的关系消失了；有的关系不断扩大，有的关系可能缩小；有的关系越来越稳固，有的关系越来越动荡；有的关系甚至发生性质上的变化——竞争关系转化成协作关系，友好关系转变成敌对关系等。公众环境的变化必将导致公共关系工作目标、方针、策略、手段的变化。反过来，组织自身的变化也会导致公众环境的变化，如组织的政策、行为、产品的变化，使公众的意见、评价、态度或行为发生相应的变化，这种变化的结果又可能反过来对组织产生影响、制约作用。可见，必须以动态的、发展的眼光来认识自己的公众对象。

4. 多样性

公共关系的公众复杂多样。“公众”是个统称，具体的公众可根据不同的角度、不同的层次、不同的标准划分为若干种类型。公众可以是个人，也可以是群体、团体或社会组织。例如一个企业的公众可包括内部员工、股东，也包括消费者、新闻界公众、政府公众、社会公众等。顾客还可分为国内消费者、国外消费者，国内消费者和国外消费者还可划分为若干种不同类别。日常公关工作对象包括各种不同类型的公众。即使是同一类型的公众对象也有不同的存在形式。由于公众对象的多样性决定了公共关系工作的复杂性、方式方法的多样性，也为公关工作增加了难度。

5. 相关性

社会组织在生存发展过程中面临着许许多多的社会问题。公共关系不仅要为组织的目标服务，还要照顾到公众的利益。一方面组织必须在力所能及的范围内保证特定公众的利益得以实现。如企业满足用户和消费者的利益、宾馆饭店满足宾客的利益、政府机关满足民众某一方面的利益、医院满足患者的利益等。只有公众的利益得到满足，组织的利益才能得以实现。另外，这些公众与某一特定组织的工作产生互动的效应。组织机构的各项方针、政策、行为影响着某些特定公众，而这些特定公众的需求也对组织产生重要的影响。比如，企业的方针、政策对职工、技术人员、领导干部有影响，可能激发也可能阻碍他们积极性和创造性的发挥；反之，这些人员自身利益的要求和行为也影响着企业制定下一步的方针、政策和计划。企业采取不同的经营方针对顾客公众、原材料供应者公众及其他各类公众都有着重要的影响，而这些公众的态度及他们所采取的行为对企业也起着制约作用。这说明组织和公众时时刻刻都互相影响，从而产生一种互动效应。不能产生互动效应的社会群体就不能成为组织的特定公众。这种相关性便是组织与公众形成关系的关键。

二、公众的分类方法

对复杂多样的公众进行必要的分类，把握其内在规律性是公共关系人员必须掌握的基本功。一个组织常面临复杂而又广泛的公众，可以根据不同的需要，用不同的标准进行分类。常见的公众分类方法如下：

1. 内外关系分类法

按照公众与组织的内外关系可将组织的公众分为内部公众和外部公众。

（1）内部公众。指组织内部的各类公众，如企业内部的职工公众、干部公众、技术人员公众、股东公众、董事公众、离退休人员公众；医院内部的医生公众、护士公众及各级行政人员公众；学校的教师公众、学生公众及各级行政、后勤人员公众等。

（2）外部公众。指组织以外与组织在经济业务、外事往来等方面有密切联系的公众，诸如企业的客户公众（其中包括用户公众、消费者公众、旅客公众等）、原材料供应者公众、代销者或中间商公众、社区公众、政府公众、新闻界公众、金融界公众等；医院的药品供应者公众、患者公众、患者家属公众等。

2. 公众状态分类法

按照公众的组织状态可将组织的公众分为个体公众和组织公众两类。

（1）个体公众。个体公众是形式上分散，以个人作为意见、态度和行为的表达者，以个体形式与公共关系主体发生联系的公众对象。如竞选过程中面对的选民、酒店或商场中的散客等。

（2）组织公众。组织公众是以一定的组织或团体形式出现，以组织团体作为意见、态度和行为的表达者，并与公众关系主体相互交往的公众对象集团，如竞选过程中面对的各种助选团体，工商企业面对的集团消费者、订购者等。

3. 组织需求分类法

根据组织的要求，依照公众对组织的重要性不同，可以将公众划分为首要公众、次要公众和边缘公众。

（1）首要公众。指组织最重要的公众，如工业企业的员工、技术人员、管理人员、股东、董事，商业企业的顾客，医院的患者等。首要公众的态度如何直接影响组织的生存和发展，组织同他们的关系处理得好坏直接关系到组织前途。为此，几乎所有的组织在开展公众关系工作时，都集中人力、物力、财力来维持或改善同首要公众之间的关系，创造一种和谐的气氛。

（2）次要公众。指组织次重要的公众。如与组织建立往来关系的金融、财政、税收、社区、新闻等部门。这些部门对一个组织的生存和发展不直接产生影响，但它们可能间接地制约组织的发展。金融部门可能通过扩大或缩小贷款来控制企业，新闻单位可以实事求是地反映公众对组织的态度、看法等。因此，一个组织仅仅做好首要公众的工作是不够的，一定要在条件允许的情况下调整好组织与次要公众的关系，为组织的发展创造一个有利的环境。

(3) 边缘公众。指距组织各项工作更远一层的公众。如某项特定发明造成一定的影响，如果企业重视这项发明，那么，这个发明单位就成为这个特定企业的边缘公众，同时该发明单位也是其他有关企业的边缘公众，它徘徊在各个有关企业的边缘，一旦其中某家企业购买了这项发明专利或发明成果，并准备付诸于研制和试生产，则该发明单位就成为该企业的首要公众，而不再是其他企业的边缘公众了。边缘公众的特点具有边缘性，它既可以是这个组织的边缘公众，同时也可以是其他组织的边缘公众；边缘公众还具有不稳定性，由于它同时成为几个组织的边缘公众，有些组织可能与它建立联系，而有些组织或许由于条件所限只好放弃和它的联系。

4. 公众态度分类法

根据公众对组织的态度可将组织公众分为顺意公众、逆意公众和中立公众。

(1) 顺意公众。也称支持公众，是指对组织的政策和行为持赞赏和肯定态度的公众。如企业的股东主动为某企业投资，支持企业的发展；赞助某项社会福利事业或对某项工程的捐款者等。争取更多的顺意公众是公共关系一个最为重要的任务。

(2) 逆意公众。也称反对公众，它是指对组织政策和行为持否定态度的公众，如一家造纸厂由于没有处理好工业污水问题，导致周围地区严重污染，这些居民对此意见很大，在这个问题上，这部分居民就成了家工厂的逆意公众。逆意公众一旦付诸行动，后果有时相当严重，甚至直接影响到组织的生存。对于这些公众，公共关系工作中应予以高度重视。

(3) 中立公众。也称独立公众，它是指对组织的政策和行为持中间态度及不明朗态度的公众。这类公众大多对组织不大了解，即使与组织发生过交往，也因为没有出现过大的利益得失而不对组织抱有倾向性的态度。在市场竞争中，能否争取中立公众往往成为决定成败的关键。公共关系工作必须随时注意争取中立公众，并及时、有效地化逆意公众为中立公众和顺意公众，把敌手的数量缩小到最低点，把朋友的数量扩大到最大值。

5. 纵向细分法

所谓公众的纵向细分法，实际上是将公众作为一个过程按其发展阶段进行划分。公众的发展过程也就是公众与社会组织关系日益密切的过程。所以，组织公众的纵向细分也可以说是根据组织在运行过程中与公众发生关系的疏密程度对公众进行的一种划分。根据公众与组织关系程度和发展阶段一般可把它分为四类：非公众、潜在公众、知晓公众和行动公众。

（1）非公众。这是公共关系学中的一个特定概念，指那些不受组织各项方针、政策、行为所左右，同时他们的行为与要求也不影响组织而远离组织的公众。如棉农对一个生产电冰箱的企业是毫无实际意义的；需求食品的消费者对生产电视机的企业是不感兴趣的（假如他们根本不需要电视机）；非眼病患者对眼科医院是不登门求医的。这些不称其为组织公众的社会群体对组织来说毫无意义。认清组织的非公众可以帮助我们减少公共关系工作的盲目性，避免浪费现象的发生。

（2）潜在公众。指将来可能与组织发生利害关系的公众。我们常说的“潜在用户”、“潜在顾客”等就属于这一类公众。在组织所处的环境中，当某个社会群体面临着由组织的行为引起的某个共同问题但公众本身还没有意识到这一问题的存在时，这个社会群体就成了公共关系工作人员心目中的潜在公众。如某洗衣机厂生产了一批（比如说 5000 台）洗衣机，当发现这批洗衣机的电机有质量问题时，5000 台洗衣机早已上市。据技术人员估计，这批现在感觉良好的洗衣机用不了多久就会出故障。也就是说，5000 家用户将遇到一个共同的问题——洗衣机中电机的故障问题，但这些用户在购买洗衣机时并没有意识到这一问题的存在。如果该洗衣机厂公共关系部门重视这批公众的利益，尽早想办法，就会使影响企业信誉的问题更快、更好地得以解决。认识潜在公众可以使组织公共关系人员有计划、有目的地调整公共关系目标、制订公共关系计划，防患于未然，为公共关系工作的顺利进行扫清障碍。

（3）知晓公众。指由潜在公众发展而来的但没有集中出现在组织面前的公众。知晓公众已经意识到由于组织行为而使其与自己产生了一定的利害关系。这时，作为组织的知晓公众急切想了解自己所面临的组织，想了解问题产生的根源及解决的办法。因此，知晓公众对任何与他们所面临的组织及有关问题的信息都十分关注，并积极想办法，采取措施，渴望问题更快、更好地解决。作为组织，一旦知晓公众形成就应该立即开展经过精心策划的公共关系活动，态度应积极，措施应得当，行为应得体。如前例，如果洗衣机厂知道问题已发生，但又抱有某种侥幸心理，不采取措施解决问题，洗衣机厂将面临着 5000 个作为用户的知晓公众。如果这些知晓公众由于对洗衣机的不满导致了对洗衣机厂的不满，进而形成一种社会舆论时，洗衣机厂损失的将不只是 5000 个用户，可能要失去所有的市场。

为了解决实际问题，做好公共关系工作，组织必须掌握适当的时机。而实施公共关系方案的最好时机应该是潜在公众形成的时期。这时组织的行为造成的社会问题并没有对某些特定公众的利益造成不良的影响，此时主动采取措施，积极解决问题，把隐患消灭在萌芽状态之中，非但不会对组织造成不良的影响，相反还会为组织的原有形象增添光彩，使社会公众对组织产生信任感。仍如前例，如果洗衣机厂主动同新闻媒介联系，说明问题的原委，并为 5000 个用户更换新电机或洗衣机，这样更多的社会公众一定会对这家洗衣机厂产生好感。这就不仅消除了公众对企业可能产生的误会，而且还会吸引更多的用户成为企业的公众。

（4）行动公众。指由知晓公众发展而来的并已经集中出现在组织面前的公众。知晓公众已经知晓问题的存在，并正在准备采取某种行为对组织施加压力，而行动公众不仅知晓问题的存在，同时也清楚问题的原委而正在采取某种具体行动对组织施加压力。在特殊条件下，一个组织一旦形成行动公众，其公共关系工作难度就会大大增加。如前例，如果洗衣机厂已经使知晓公众转变为行动公众，那么，企业面临的问题就非常复杂了，很可能会因洗衣机的质量问题得不到解决而形成一种强烈的社会舆论，使企业产品滞销，从而制约企业的生存和发展。

以上四类公众是逐渐发展而来的，从而形成了一个连续的发展过程。这个发展过程可以用图 2–1 表示。

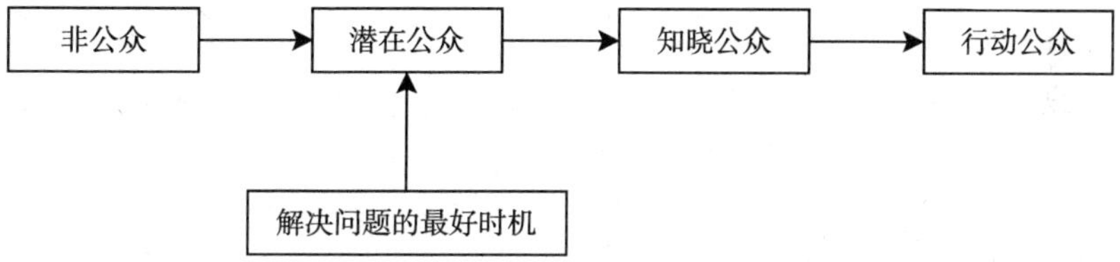

图 2–1　公众发展过程

6. 人口结构法

根据人口结构对公众进行分类，即按性别、年龄、职业、经济状况、教育程度、政治或宗教信仰、种族和民族等标准分类。

任何一个组织都应该对自己的公众对象进行人口结构分析，以积累基本资料，这是公共关系的一项基础工作。但就我国目前的情况来看，很多组织对此项工作还不够重视，长期没有建立这一类的信息资料档案。其实，尽管工作千头万绪，但是只要认真细致，调查研究，重视公共关系工作，完全可以创造一个好的开端，并从中发现本组织今后的努力方向。例如，某塑料制品厂通过统计购买塑料花的顾客，从中发现农民购买者增加，由 1%上升为 10%，这说明农村对该产品需求有增加的趋势，那么，就应该在农村增加一定数量的产品宣传网点，并争取在农村建立展销中心。同时在产品设计上也要考虑农村的风俗习惯、生活爱好等因素。又如澳大利亚有关部门曾委托香港甘穗公共关系公司总代理赴澳旅游的公共关系业务，甘穗公共关系公司首先进行人口结构分析，从中发现去澳洲的旅游者大都是经济比较富裕、教育水平比较高的人士。于是，他们在业务宣传时便以此作为准则。首先介绍当地的风俗文化；其次介绍地理知识；最后使用文字材料、书刊作介绍。这些有针对性的公共关系活动有效地吸引了这类人士，使前往澳洲旅游的人士不断增加。

没有区别就没有政策，没有政策就没有方法。根据公共关系工作的实际需要，公共关系人员可以从不同的角度和不同的标准去分析公众、认识公众，从而使公共关系工作的目标更加明确，政策更加适当，措施更加可行，投入更加合理，效果更加明显。当然，公共关系人员在实际工作也不应拘泥于这些分类方法，要注意具体问题具体分析。只要分类对开展公共关系工作有利，那就是最好的方法。

第二节　公众心理分析

研究公众对象的一个重要内容是分析公众的心理和行为，以便使传播沟通工作具有较强的针对性和科学性。在现实生活中，对于同一件事情，不同的公众会有不同的反应，会采取不同的行为。这些反应和行为的差异与公众心理差异有关。因此，研究公众心理十分重要。

一、个性心理特征

公众的个性心理特征是表现在公众个体身上最稳定、最根本的心理特征，它主要包括能力、气质和性格。它们贯穿于每个人心理活动的全过程，制约着人的各种心理活动，值得公共关系人员予以高度重视。

1. 能力

能力是使活动顺利完成并直接影响活动效率的心理特征的范畴，它的一个最鲜明的特点是与活动的效果相联系。能力有不同的分类和表现，有的人在这方面能力强，有的人在那方面能力强，因人而异。能力在不同个体身上会显示出差异。

首先，按能力的一般表现和特殊表现可划分为一般能力和特殊能力。一般能力是在各种活动中都必须具备的，并在各种活动中表现出来的基本能力，如观察力、记忆力、想象力、思维力等。特殊能力是某种专业活动所必需，并在专业活动中表现出来的能力，如音乐、绘画等。每个人的能力不同，存在着质和量的差别。如个人擅长不同是质的差异；个人能力大小是量的差异。公共关系工作也要注意分析公众对象的不同能力，根据其实际能力来开展传播工作，并充分调动他们参与的能力。

其次，按能力表现范畴来划分，可分为认识能力、实践能力和交往能力。其中认识能力主要包括观察力、理解力、记忆力和想象力；实践能力包括劳动能力、工作能力、生活能力和运动能力等，其中比较具体的是操作能力（或称动手能力)。操作能力是有客观标准的，衡量操作能力强弱的标准是处理和解决问题的质量、种类、速度、代价。操作者处理和解决问题的质量越高、种类越多、速度越快、代价越小，表明他的操作能力越强。操作能力具有三种特征：一是针对性，能针对问题的关键，对症下药；二是技术性，能技术熟练、得心应手地把目标转化为现实；三是变通性，能应变自如，触类旁通，运用非常规性的方法处理和解决问题。无疑，公共关系人员注重操作能力的培养和提高对公共关系工作的开展是大有益处的。现代社会中交往活动日益频繁，公共关系的开展在很大程度上要依靠交往这条途径，因此，交往能力也越来越显示出它在个体能力中的重要地位和作用。交往能力尽管不是个体能力的等同语，但却往往成为人们评价个体能力的第一印象，并由此影响对个体能力的综合评价。交往能力表现在人与人交往的过程中。善于和各种人打交道，善于用合适的方式表明自己的看法、意见、要求，善于倾听和理解对方的意见，并能够在此基础上实现沟通是交往能力的主要表现。

2. 气质

气质是指心理过程的速度、强度、稳定性和内外倾向性的心理特点的总和。它是由个体的心理特点所决定的。现代心理学认为，气质是高级神经活动类型的表现。高级神经活动具有兴奋和抑制两个基本过程。有的人兴奋的强度和抑制的强度相平衡，有的则不能平衡；有的兴奋和抑制转换灵活，对外部刺激的反应速度快，有的则正好相反。这样就产生了四种典型的高级神经活动类型，并由此表现为以下四种典型的气质：

(1) 胆汁质。它是兴奋过程特别强，抑制过程受很大压抑的气质类型。具有胆汁质的人，一般表现为精力过人，不易疲劳；争强好胜，不怕挫折，大喜大怒，难以控制；办事果断，但容易急躁，具有明显的外倾性。

(2) 多血质。它是兴奋过程强，但转换灵活、反应快的气质类型。具有多血质气质的人，一般表现为精力充沛、活泼好动；反应迅速、适应性强、兴趣广泛，善于交际；容易浮躁，不够踏实；他们也具有明显的外倾性。

(3) 黏液质。它是兴奋过程较强，但反应不灵活的气质类型。具有黏液质气质的人，一般表现为沉静、稳重；工作时坐得住，不喜欢表现自己，忍耐性强，情绪不易外露；办事容易拖拉，比较固执；具有内倾性。

(4) 抑郁质。它是兴奋过程弱，以抑郁过程为主导的气质类型。具有抑郁质气质的人，一般表现为行为孤僻、不太合群；观察细致，非常敏感，表面腼腆，多愁善感；行动迟缓，优柔寡断；具有明显的内倾性。

气质是由各种神经活动类型决定的，因而它不容易改变，但也不是一点都不能改变的。一个人年轻时心浮气躁，到了老年可能变得很豁达；一个意志非常坚强的人，通过长期的努力有可能改变大脑皮层活动的某些特点，从而在一定程度上掩盖、改变高级神经活动类型。特别是气质绝不只有前述四种类型，大多数人是兼有四种典型气质中的多种特点，因而可以做出扬长避短的有效努力。

3. 性格

性格是对客观现实的稳固的态度以及与之相适应的习惯化的行为方式。性格与气质的区别在于气质是高级神经活动类型在行为、活动中的直接表现，而性格则是在高级神经活动类型的基础上形成的联系系统；气质主要由生理特点决定，而性格则主要在社会实践中形成。气质的动力特征可以按照自己的动力方式渲染性格特征；而性格特征也可以在一定程度上掩盖和改变气质。

性格有着各个侧面。从对社会、集体、他人的态度方面，有正直与虚伪、谦虚与傲慢、合群与孤僻、认真与马虎、细致与精心、大方与羞怯等；从意志方面，有果断与犹豫不决、沉着与鲁莽等；从情绪方面，有豪爽与抑郁、宁静与冲动等；从理智方面，有主观与客观、严谨与草率等。性格对于行为的影响是深刻的。因为几乎每个人的性格都不相同，在行为上就会表现出种种差异性。性格所造成的行为差异最具有个性。性格不是天生的，而是由后天的生活和教育以及个人的工作实践长期塑造而成的。已经形成的性格具有相对的稳定性，但又是可塑的。客观生活环境的变化是性格变化的重要因素。一个原来活泼开朗的人，如果遭到某个重大打击，也可能从此变得沉默寡言。另外，主观上的自我调节也是性格改变的有利因素。性格与前述的气质是一种非常个性化的因素。不同的人就可能有完全不同的性格和气质。这一点对于人际传播工作的影响最明显。针对不同性格、气质的人，可运用不同的沟通技巧，以充分体现公共关系工作的艺术性。

二、公众心理定势

在日常生活中，人们的心理定势是普遍存在的。人们往往根据一个人的名字来判断他的性别、年龄甚至文化教养，根据别人的介绍来想象被介绍者的特点，根据以往的经验和习惯来思考问题。所谓心理定势，也就是心理上的“定向趋势”，它是由一定的心理活动所形成的准备状态，对以后的感知、记忆、思维、情感等心理活动和行为活动起正向或反向的推动作用。心理定势犹如物理学中所讲的“惯性运动”，使人不自觉地沿着一定的方向去感知事物、记忆事物，去思考问题和寻找解决问题的办法。它既起定向作用，又是一种动力。心理定势具有如下特点：①自发性。公众心理定势是对特定情况的适应性反应，是公众经过相互作用后自发产生的。任何一类公众都表现出相同或相似的心理倾向，这种心理倾向不是天生的，而是在一定的社会条件下，经过公众之间的相互影响逐渐凝结而自发形成的。在这个过程中，并没有人进行专门的引导与控制，而是无意识心理发生着强烈的作用。②固着性。心理定势的固着性即习惯性。它包括两个方面：一是指存在上的固着，它一经产生就在人的心理活动中占据一定的位置，不会轻易地消失；二是指功能上的固着，只要它在就要发挥作用。心理定势是不会轻易消失和改变的，而是会固执地影响和驱动人们的行为。③综合性。心理定势是认识、情感、意志等心理过程中诸心理因素综合作用的合成，而不仅仅是认识领域中独有的现象。如“一朝被蛇咬，十年怕井绳”，既反映认识上的心理定势，又具有强烈的情感色彩，同时也反映意志薄弱。心理定势是一种综合效应，它综合反映人的经验、知识、文化素养等。因此，对具体的对象进行心理定势的分析也可以从一个侧面了解该对象的特点。

公共心理定势主要有如下几种类型：

1. 首因效应

在日常生活中，人们往往有这样的经验：当我们与一个陌生人接触时，在没有任何关于对方背景材料可以参照的情况下，我们首先注意对方某些细节，如对方的表情、姿态、身材、仪表、年龄、服装等，而对后面的细节不太注意，往往根据初次相识所得到的细节信息和初步印象对此人作出评价。一旦初始形象形成，也就是我们通常所说的“第一印象”、“初次印象”。首因即最先的印象，首因效应就是指人对第一次接触的事物（包括人）留下的最先印象。它会成为一种心理定势，左右着人们对事物的整体判断，影响着人们对事物以后发展的长期看法。第一印象一旦形成就比较难以消除。

在公共关系工作中，组织对首因效应的有效利用要注意以下两个方面的问题：

(1) 在组织的公共关系活动中，要设法给公众留下美好的“第一印象”。从大处来说，公共关系人员要充分重视“首因效应”对组织形象的影响，因此，应使组织周围的环境尽可能给人一种生机勃勃的印象。从小处来说，组织员工特别是公共关系人员应注意个人修养，以良好的个人风采给外界公众留下好印象，这对组织良好形象的树立具有极大影响。

(2) 组织公共关系活动中，也应避免完全用“第一印象”去判断、认识公众对象。公共关系人员对公众或对其他组织的认知，免不了会受首因效应的影响，但是，不能将初始印象作为唯一的判断标尺，而应从不同角度全方位获取信息，并不断修正“第一印象”的偏差，排除“第一印象”的干扰，使自己的认知更全面、客观和准确。

2. 晕轮效应

所谓“晕轮效应”，是指从对象的某种特征推及对象的总体特征，从而产生美化或丑化对象的印象的一种心理定势。把它称之为“晕轮效应”，是说它像月晕一样，会在真实的现象面前产生一个更大的假象，人们隔着云雾看月亮时，在月亮外面有时还能看到一个光环，这个光环是虚幻的，只是月亮的光通过云层时折射出的光现象，事实上并不存在这样一个物质的、真实的光环；晕轮效应产生的也是幻化的总体印象，尽管产生这种幻化印象对某种特征的感知可能是真实的，像对月亮的感知一样真实，但总体印象却和月亮外面的光环一样不真实。晕轮效应有三个基本特征：

（1）遮掩性。晕轮效应往往产生于主体对认识对象的感觉、知觉阶段，容易受感觉的表面性、局部性和知觉的选择性的影响，产生以局部代替整体，以形式掩盖内部实质的偏差。

（2）先入性。晕轮效应的先入性表现为一个人已有的态度会直接影响对他人的认识评价，先前获得的有关认识对象的信息往往成为以后交往、认知、判断的依据。

（3）弥散性。对认知对象的整体态度，还会连带影响到跟对象的具体特征有关的事物上，所谓“厌恶和尚，恨及袈裟”、“爱屋及乌”正是晕轮效应弥散性的体现。

公共关系活动中可以适当利用这种晕轮效应来扩大影响、美化形象，如“名流公关”；同时也要避免因为滥用这种晕轮效应，使公众反感甚至讨厌，更要反对利用晕轮效应来蒙骗公众。

3. 刻板印象

刻板印象是指社会上一部分成员对某类事物或人物所持有的共同的、固定的、笼统的看法和印象。作为心理定势，“刻板”是它的根本特点。刻板就是呆板，没有变通；刻板印象就是对事物或人们的呆板而没有变通的印象。刻板印象不是一种个体现象，而是一种群体印象，它反映的是群体的“共识”。

刻板印象表现为对某类人物或某类事物的固定看法。职业、年龄、性别、籍贯乃至国籍都往往成为刻板印象媒介。刻板印象既有积极作用，也有消极作用。其积极作用表现如下：

（1）刻板印象包含了一定的真实成分，它或多或少反映了认知对象的若干状况。无论是认为东北人直爽还是认为商人精明，都有一定的合理性。

（2）刻板印象可以将所有认知对象进行分类，简化人们的认识过程，起到执简驭繁的作用。谁也不可能把所有人的所有特征都搞清楚，当知道某人属于某个群体时，我们就可以根据已形成的刻板印象对其有个大致的了解。

（3）刻板印象能帮助人们更有效率地了解和应付周围的环境。我们常常要与一些陌生人打交道，在这种情况下利用刻板印象来指导我们的言论和行动有时还是颇有作用的。

刻板印象的消极方面表现在，它使人们的认识僵化和停滞化。刻板印象一经形成，具有很高的稳定性。即使现实发生了变化，它也倾向于不变。这势必要阻碍人们接受新事物，阻碍人们开拓新视野。另外，持有刻板印象的人在判断他人时，把群体所具有的特征都附加到他人身上，也常导致过度概括的错误。

公共关系工作中要注意发挥刻板印象的积极作用，摒弃消极表现，一方面要研究和尊重公众的某些刻板印象，使自己的形象与公众的经验相吻合；另一方面要努力传播新观点、新知识、新经验，以改变公众某些狭隘的成见和偏见以及由此产生的误解。

第三节　公众关系举要

内部的员工公众和外部的消费者公众、新闻媒介公众、政府公众、社区公众是一般社会组织较为常见的、带有一定共性的目标公众，组织与这些公众的关系构成了公共关系的主要公众关系。

一、员工关系

员工关系指在组织内部管理过程中形成的人事关系，其具体对象包括全体职员、管理干部。员工是组织的内部公众，是内求团结的首要对象。任何一种组织都会有自己的内部公众，都需要首先处理好自己的内部关系。由于员工是组织的成员，因此从内部公共关系的角度看是公共关系对象，从外部公共关系的角度看又成了公共关系主体。这是一种与公共关系主体关系最密切的公众。

1. 员工关系的重要性

建立良好员工关系的目的就是培养组织成员的认同感和归属感，形成向心力和凝聚力。其积极性可以归纳为以下三个方面：

（1）良好的员工关系为塑造组织形象奠定基础。公共关系人员通过有效的公共关系计划和公共关系活动，来调整内部员工的价值观念，最大限度地满足员工的各种要求，使其对组织尽职尽责，关心组织的生存和发展。同时，使每个员工树立与组织共命运、同发展的思想，有利于形成组织机构内部的凝聚力和向心力，为组织机构塑造良好形象奠定可靠的基础。

（2）良好的员工关系有利于加强民主管理，使员工真正成为组织的“主人”。公共关系人员通过各种途径，上情下达，下情上呈，沟通领导与员工之间的思想和意见，使员工真正产生一种主人翁责任感，并重视自身的存在价值。这样不仅可以提高领导者的威信和工作效率，更有利于增强组织机构内部的民主管理，使组织真正形成一种“人和”的境界。

（3）良好的员工关系有利于实现“全员公关”，促进组织机构目标的实现。专职公共关系人员要积极引导全体员工树立强烈的公共关系意识，协助开展各种公共关系活动。这样，全体员工都成为非专职的公共关系人员，从而促进组织目标早日实现。显然，良好的员工关系是对外公共关系的一个重要前提。

2. 员工关系的策略

组织的领导者和公共关系人员只有讲究和掌握处理员工关系的策略，才能培养员工的认同感和归属感，增强组织的凝聚力和向心力，实现内部公共关系的目标。

（1）培养融洽的组织气氛。组织要与员工建立起良好的关系就必须将组织视为一个扩大了的家庭，所有员工都是这个大家庭中的成员。组织的领导者运用“情感维系”等方式密切同员工的关系，培养融洽的家庭气氛。例如，日本的一些企业特别注重向员工灌输忠诚企业的观念，利用各种形式培养员工的“家庭观念”，激发员工对企业的自豪感、归属感，建立一种以家族主义为主体的管理形式。

（2）满足员工的需求，尊重员工的个人价值。组织的内部公共关系工作，应最大限度地使员工达到物质和精神的满足。从这个意义上说，组织内部员工关系的实质内容是充分了解和充分实现员工的各种物质的、精神的需要。根据马斯洛的层次需要理论，员工的需要主要分为五个层次：生理的需要、安全的需要、社交的需要、尊重的需要、自我实现的需要。例如，上海利华造纸厂曾举行了一次特殊的表彰先进活动：“贤内助恳谈会”。这天该厂披上了节日的盛装，厂区内外装点红红绿绿的彩带、彩旗、鲜花，“热烈欢迎贤内助”的标语分外引人注目。这是该厂精心策划的一次公共关系活动。表彰先进是该厂的一项经常性活动。厂领导感到，若像往常一样，奖金一份、奖状一张、红花一朵、光荣榜上一登，形式单调雷同，费力花了钱，并不会带来特殊效果。为使这一活动收到实效，使先进工作者这一荣誉称号产生巨大的感召力和吸引力，该厂领导决定把活动推向社会成员，推向职工的家庭。于是以召开“贤内助恳谈会”的形式，向先进职工家庭表示敬意和感谢。工厂主要领导人、各车间科室负责人，在门口列队欢迎获奖职工及家属的到来，亲自为他们戴荣誉花，颁纪念证。在会上，厂领导高度肯定了“贤内助”的功绩。会上热烈的气氛使与会代表倍受激励。表彰会后还为“贤内助”安排了一系列活动：观看演出，参观厂区，听取情况介绍，参加招待宴会，最后与厂领导一起座谈。利华造纸厂的这一活动收到了良好的效果，先进员工勤奋工作的价值得到管理者的肯定，其荣誉由其家庭来分享。这种来自组织的激励和从家庭反馈过来的激励，使员工获得了双倍的满足，其个人价值也得到了尊重。

（3）建立双向信息沟通网络，鼓励员工参与民主管理。公共关系部门在组织中应担当起“中间人”角色，上情下达、下情上呈，建立一种自上而下的信息传递和自下而上的信息反馈网络系统。只有这样，才能使员工获得一种方向感，使员工在认识上、行为上与组织的根本目标保持一致。否则，员工如果对组织情况不了解，特别是对与自己切身利益相关的信息知之甚少，便会产生猜疑、烦恼、对抗的心理和行为，从而造成人们之间的隔阂、争斗和内耗。同时，还要鼓励员工参与民主管理，这样不仅可以提高员工的主人翁地位和自豪感、责任感，而且也有利于组织决策的科学性。

（4）协调关系、解决矛盾和纠纷。组织的公共关系部门要想塑造良好的组织形象，切不可忽视内部的“人和”。公共关系部门要注意协调好领导者与员工、员工与员工之间的关系，消除他们之间的隔阂、误解与矛盾，其主要方法有：①做好员工的思想政治工作，培养其正确的名利观、价值观、人生观。②培养员工的团结协作精神、集体主义精神。日本野村证券公司利用公司成立60周年的机会，搞了一次公共关系活动。公司公共关系部没有按一般惯例召开纪念大会，请几位头面人物来做报告，之后再进行联谊活动，而是别出心裁地举行了一次有助于内部员工沟通的运动会。体育场10个看台上分别坐着公司10个部门的代表，公司向每个代表赠送一件运动衣，运动衣是一个看台一种颜色。运动会共有十几个比赛项目，没有一项是个人比赛，全是集体项目。这些项目除拔河、400米接力赛以外全是奇特的内容，既像游戏又像比赛。如一项名叫“满员电车”的项目，设计人员别出心裁地让各队分别站到9平方米的台子上，看谁站的人多。哨声一响，“洋相百出”，人们笑得前仰后合，这下可考验了各部门的智慧和配合精神。由外国员工组成的“海外组”失败了，因为没有统一指挥，互相间也听不懂彼此的语言，乱七八糟地挤成一团。最后一个项目是“投篮比赛”，在每个看台的前边竖起了三根高高的杆子，每个杆子上挂着一个小小的篮筐，杆子下有筐小皮球，哨一响大家就可以向篮中投球。霎时间，五彩缤纷的球扔得满天都是，气氛十分活跃。这个项目是全员参加项目，台上观众、各部门人员的家属都可以进入场内参战，谁都想为本部门出点力，场上顿时热闹非凡。运动会结束了，但给人留下的印象久久不能忘记。当静下心来时，回忆起运动会的情景，员工们明白过来，这不仅仅是场运动会。人们在笑声中，在轻松愉快的气氛中悟出了“要想胜利，只有配合”的道理，给员工以理性启迪，增强了其搞好内部团结的自觉性。

（5）创建优秀的“组织文化”。组织文化是一个组织所具有的价值观念、行为规范及其相应活动的总和。它包括五个要素，即组织环境、价值观念、英雄人物、例行工作和礼仪、文化网络。其中价值观念是组织文化的核心。创建优秀的“组织文化”的目的就是公共关系部门要为员工创造一种良好的自然环境、人文环境，统一员工的价值观念，树立领导者和员工中的先进分子为典范，奖励先进、鞭策后进，制定供全体员工共同认可并遵守的规章制度、行为规范、社会公德，并通过正式渠道而不是利用非正式渠道传播信息。创建优秀的组织文化有助于提高员工的个人素质和生活质量。

二、消费者关系

消费者关系又称顾客关系。所谓消费者，既指物质产品的消费者，又指享用某种服务或精神产品的消费者。每个组织都拥有一定的消费者。消费者公众是组织必须面对的重要的外部公众之一。处理好消费者关系也是组织公共关系工作的重要内容。

1. 消费者关系的重要性

美国学者研究表明：每有一名通过口头或书面直接向公司提出投诉的顾客，就有约26名保持沉默但感到不满意的顾客。这26名顾客每个人都会对另外10余名亲朋好友造成消极影响，而这10名亲朋好友中，约33%的人会再把这个坏消息传给另外20个人。换言之，只要有1名顾客不满意，就会产生1×(26×10)+(10×33%×20)，即326人不满意。因此，现代组织经营管理者、决策者都清醒地认识到消费者关系的重要性，把它作为一项长期的战略任务来抓。在全球兴起CS活动（Customer Satisfaction让顾客满意）已成为近年来公共关系的一个视点。

消费者关系之所以重要，就是因为消费者是组织存在的价值和可能。消费者对组织来说是组织得以生存的条件，并决定组织的前途和命运；组织就是因消费者的需要而存在的。可见，消费者对组织具有导向意义。尤其在买方市场条件下，消费者就是上帝，就是效益，谁拥有了消费者，谁就拥有了发展的机会。

2. 消费者关系的策略

消费者是松散的社会公众，必须对其进行组织、管理才能掌握建立良好关系的主动权，其策略如下：

（1）坚持“消费者至上”。任何一个组织都必须清醒地认识到，只有高质量的产品、先进的技术装备、豪华的设施是不够的，还必须有第一流的、完善的服务，把消费者的需求放在第一位。比如，消费者选购商品时，都希望得到三方面的满足。第一，要购买到自己喜欢的高质量的商品，满足物质生活方面的需求。第二，希望能受到良好的接待，可随心所欲地挑选，而不遭白眼，花钱花得高兴，并有周到的售后服务保证，获得精神上的满足。第三，通过所购买的商品反映出自己的个性、情趣、经济地位和生活方式，受到他人的青睐，获得心理上的满足。如果组织的全体员工都认识到这些，并使消费者的需求得到满足，就说明和消费者已建立起一种良好的关系。要做到这些，应通过公共关系工作使组织的全体员工真正引起重视，真正从尊重消费者的利益出发，树立起“消费者至上”的经营观念，全心全意地为消费者服务。正如美国公共关系专家加瑞特所说的那样：“无论大小企业要为消费者所有，为消费者所治，为消费者所享。”

（2）加强信息交流。为了建立良好的消费者关系，公共关系人员应当积极促进组织与消费者之间的信息交流。这包括两方面：一方面要收集消费者的信息。比如，消费者的年龄、性别、职业、爱好，消费者对产品性能、种类、质量、包装以及价格的评价和需求，消费者对售后服务的反映，消费者对产品交付期限是否满意，消费者对组织的基本印象，消费者对服务人员的态度是否满意，等等。所有这些信息都应尽量收集，并分类归档。另一方面要传播组织信息，组织的宗旨、政策和历史，产品特点、售后服务的具体标准和方法等应尽量迅速、准确地送达消费者。

（3）进行消费教育。所谓消费教育实际是引导消费。日趋激烈的市场竞争一方面给消费者提供了选择机会，另一方面也给消费者带来迷惑，不知道哪一种商品或服务更适合于自己。而这正是组织建立良好消费者关系的契机。组织应通过开展各种形式的活动进行消费教育，正确引导消费，解除消费者的迷惑。如企业的生存和发展离不开消费者，必须时刻关注消费者。当消费者在琳琅满目的商品面前产生困惑时，企业应进行消费教育，在售前引导、售中开导、售后指导中满足消费者的需求。

第一，售前引导。通过宣传产品的有关知识，启迪人们认知，间接获得消费效益，是组织为消费者提供方便、加强交流的重要形式。消费者在购买商品时，都要认真思考如何实施购买计划。市场上生产同类产品的厂家很多，究竟选择哪家企业的产品，消费者往往是很茫然的。这时公共关系人员一个很重要的任务就是要在产品的生产过程中就制订市场教育工作计划，编写有关材料，配合企业销售部门向消费者或用户讲解有关方面的技术知识，介绍产品的质量、性能、特点及使用方法。教育的方法可采取技术示范、举办技术培训班、召开技术鉴定会，请专家撰文介绍、编印精美的说明书等方式。

第二，售中开导。其目的是抓住潜在公众的心理及有利时机，通过售中开导使其成为知晓公众，进而转为行动公众。通常，由于潜在公众没有意识到问题的存在，极易被忽视，等到发现问题时，已失去工作良机。因而，售中开导是建立良好消费者关系的重要环节。对消费者购买过程中的消费教育，作为生产者，主要表现为产品知识的介绍；作为经营者，主要表现为恰到好处的热情服务和礼貌待客乃至必要的销售引导。其最终目的都是为了扩大产品和企业的知名度，提高产品和企业的美誉度。

第三，售后指导。商品售出以后，如果以为组织与消费者的关系就此结束，那就错了。从公共关系角度分析，及时周到的售后服务工作，对提高企业信誉、加强组织与消费者的感情联系有特别重要的作用，它是衡量产品信誉的最重要环节。常言道："买时满意不算满意，买后使用满意才算真正满意。"在买方市场产品质量相差无几的情况下，最具竞争力的是售后指导工作（如产品的维修、安装、调试等）是否完备。

(4) 组织消费队伍。组织要建立与消费者的稳固关系，组织消费队伍是巩固、发展消费者关系的重要环节。通常的办法是：①通过产品组织消费队伍；②通过服务组织消费队伍；③通过联谊活动组织消费队伍。

三、社区关系

“社区”是一个社会学的概念，由英语“community”汉译而得，是指聚集在某一地域中的社会群体、社会组织所形成的一种生活上相互关联的社会实体。社区关系也称区域关系，主要是指一个组织与周围相邻工厂、机关、学校、商店、旅馆、医院、公益事业单位以及居民的相互关系。

1. 社区关系的重要性

社区是组织的根据地，对组织的生存和发展起着重大作用，因而构成了组织外部公共关系工作中不容忽视的一个环节，也可以说社区是组织生存的“土壤”，是组织重要的外部环境。

首先，社区为组织提供可靠的后勤服务。组织在生存和发展中所必需的电力、水、交通等，必须从社区提供的后勤支持中得到保证，任何一个环节发生问题都会影响组织的正常运转。

其次，社区为组织创造了良好的员工生活环境。组织的大部分甚至全体员工可能在社区中生活，他们要在社区购买生活用品，参加社区的各种社会活动，与社区中其他组织人员交往。如果所在社区公众对组织怨声载道，将会大大损伤本组织员工的自尊心；如果所在社区的生活条件恶劣，员工生活水平和质量下降，也会影响员工的工作情绪，这两种情况都对组织发展不利。

再次，社区为组织准备了充足的劳动资源。组织要在社区中立足，不论资金来源何处，都需要雇佣本地的劳动力为组织工作。这样可以降低劳动成本，提高管理效率。因此组织希望社区有大批年轻力壮的生力军以及高水平的技术和管理人才，不断地补充和壮大组织的员工队伍。这也需要有良好的社区关系，以增强组织的吸引力。

最后，社区公众是组织较为固定和经常的消费者。比如组织在社区建工厂生产产品或开店经销产品，均希望能够由社区本地的购买力来消化一部分产品。这样一方面可以减少产品的运输费用，另一方面又可以及时从消费者那里了解到产品存在的缺陷和不足，以便迅速改进产品，提高质量，而这仍需要组织与社区公众建立良好关系。

2. 社区关系的策略

社区关系与组织的利益紧密相联，与组织的发展息息相关。组织在社会的包围之中生存与发展，总是渴求一个良好的邻里关系，渴求得到环境的支持与帮助，创造一种“人和”的条件。实际上与社区搞好关系，关键在于组织是否以平等、热情的态度积极支持社区工作，维护社区利益，进行信息交流，参与社区活动。其具体策略如下：

（1）承担社会责任。组织对社区公众有不可推卸的社会责任。这包括与邻里单位保持友好关系，维护环境和生态，协助社会教育，提高社区的一般福利，激励社区精神，协助社区解决棘手问题，如青少年犯罪、伤残人就业问题等。在所有组织承担的社会责任中，维护环境和生态最为重要，若组织无视或逃避这一社会责任，必然会引起社区公众的愤怒，良好的社区关系根本无从谈起。所以，组织要积极承担社会责任，这是搞好社区关系的根本策略。

（2）加强信息沟通。组织应把自身的有关情况不断告知给社区公众，让社区了解自己、知道自己希望能与相邻单位共同努力振兴社区、多做贡献的良好意愿。同时，组织要经常调查、了解社区公众对组织的印象以及各种反映和意见，对于好的要坚持，不足的要迅速采取措施加以改进。

（3）参与公益活动。为社区做好事才能赢得社区公众的友谊，在必要时社区亦会反过来支持组织。所以组织要积极参与社区公益活动如举办教育，发展文化，赞助体育比赛，帮助社区安置老人，支持残疾人事业，宣传社区的名胜古迹，吸引游客以繁荣社区，宣传社区资源及工业潜力以吸引外资，帮助社区搞好绿化、美化，鼓励并赞助艺术家来社区演出，丰富社区文娱生活，资助社区卫生事业，维持治安秩序，保障社区公众安全等。这些活动都将不断强化组织在社区中的“热心居民”形象。

（4）实行开放参观。组织应开放自己，提高透明度，减少社区公众对组织的神秘感，让社区公众认识和了解自己。组织可定期或不定期地邀请社区各阶层人士来本组织参观，并使参观活动独具特色，能够给参观者留下深刻的印象。通过开放参观树立本组织的良好形象，增进公众对本组织的了解和信任，消除存在的误解和偏见。

（5）增进情感交流。组织要培养同社区公众的良好感情，必须通过一些有效的方式进行沟通，以便及时地了解社区的意见和态度，并使组织的意见迅速、准确地传播出去。沟通的方式可以是多种多样的，如邀请地方政府官员、各企业、商店、学校、医院及居民中的代表一起聚会，加深了解，增进友谊；举办座谈会、电影招待会、音乐会、舞会、演出会及体育活动丰富社区的文化生活，同时扩大组织在社区的影响。

（6）组织完善自身。组织的一举一动要从完善自身出发，考虑公众的利益，使社区公众视组织为朋友，不能有损公众的利益。如企业对环境有无废水、废气、废渣、噪声等污染，企业施工对环境有无影响等。

四、政府关系

政府是国家的权力执行机关，它是对社会进行统一规划和管理的权力机构。任何一个组织，作为社会大系统中的一个子系统，都必须服从各级政府的统一管理。这种关系处理得好坏与否对组织有重要的影响。

1. 政府关系的重要性

作为国家权力的执行机构，政府通过政策的制定和执行制约和影响着社会组织活动，例如在经济领域，企业在诸如税务、财政金融、外汇、审计和统计、海关与进出口贸易管理、环境和生态保护、商标和专利、产品鉴定和商品检验等方面都必须服从政府的管理。组织的活动必须在政府的政令许可范围内进行，而政府的政策法令则是社会经济多元利益的综合体现。一项法令或法规，可能使一些组织得利较多，也可能使另一些组织得利较少，甚至有的组织还会损失部分利益，这样就需要和政府之间建立良好的关系，主动与政府做好沟通，使政府了解组织的基本情况，帮助解决一些单个组织无法解决的问题，促进政府制定出更有利于本组织发展的政策法令。特别是在组织遇到困难的时候，良好的政府关系则显示出更为突出的作用，可以通过政府的行政力量，唤来社会各界的支持和援助，使组织转危为安。因此，任何组织都不能忽视与政府的关系。

2. 政府关系策略

协调组织与政府的关系可以给组织带来许多有价值的东西，它是公共关系人员开发外部公共关系的一项重要内容。建立组织与政府的良好关系，应当运用如下策略：

（1）加强信息沟通。这里的信息沟通是双向的。一方面，组织必须有专人研究政府的政策法令，为组织决策提供可遵循的政策依据。因此组织一定要熟悉政府颁布的各项政策法令，随时随地注意政策法令的变动，及时修正组织的方针政策和调整、完善组织的实际活动。另一方面，组织还应主动向政府有关部门提供和通报本组织的重大情况。因为政府的政策法令都是依据基层的实际情况制定的，如果情况不明、信息不准就会造成政策偏离实际。要做到这点，组织必须熟悉政府机构的内部层次、工作范围和办事程序，并与主管部门的有关人员保持经常的联系。只有这样，才能经常迅速地把有关本组织的情况真实而及时地通报上去。如向统计部门提供准确的经济活动的各项数据；向审计部门提供各项资金的运转情况；向财政、税务部门上报盈亏情况、照章纳税情况；向专利和注册部门申请新发明的专利并及时注册商标，保护组织和产品的声誉等。

（2）借助人际交往。良好的公共关系往往始于良好的人际关系，建立和保持良好的政府关系也不例外。对于组织来说，应设专人负责与政府打交道，且职位应高一些，并要讲究交际艺术，切忌死板，要在熟悉政府机构的设置、职能和工作程序、工作人员的风格基础上勇于创造性地开展政府公共关系工作，借助良好的人际效应带动政府关系的和谐发展。

（3）扩大组织影响。要赢得政府的支持，除了保持基本的沟通，还应把握一切有利时机，扩大本组织在政府部门中的影响，使政府了解组织对社会、对国家的贡献和成就。如企业可利用新厂房落成、新生产线投产、周年庆典、新技术新产品问世等机会，邀请政府主管部门领导及党政要人出席企业组织的重大活动，主持奠基仪式或落成剪彩，参观新设备、新产品，通过各种公共关系专题活动，提高政府部门对本企业的信心和重视程度。组织还可以通过新闻媒介向社会公众介绍组织情况，同社会知名人士、社团领袖、专家、学者等保持密切联系，通过这些来扩大影响，争取政府部门和有关各界对组织的支持。

五、新闻媒介关系

新闻媒介关系也就是新闻界关系，即组织与新闻传播机构（包括报社、杂志社、广播电台和电视台）以及新闻界人士（记者、编辑等）的关系。

1. 新闻媒介关系的重要性

新闻媒介是组织的外部公众之一，是公共关系活动的主要对象。它对组织公共关系具有特殊的双重作用，一方面，新闻媒介是开发公共关系活动必不可少的手段，可以帮助组织实现公共关系目标；另一方面，新闻媒介又是组织的重要公众，是组织必须争取的公共关系对象。新闻媒介本身也具有不容忽视的特性和传播优势，它传播信息迅速、影响力大、威望度高，甚至可以左右整个社会舆论，影响和引导民意，对社会的经济、政治局势的变化具有不容忽视的作用，因此在欧美国家被看做立法、司法、行政三大权力之后的“第四权力”，新闻记者被尊为“无冕之王”，任何组织和个人都不敢轻视新闻媒介这一重要舆论工具，正所谓“得之者如虎添翼，失之者名誉扫地”。新闻媒介关系的积极性可概括如下几点：

（1）新闻媒介是组织与外界沟通的中介。新闻媒介具有沟通信息、提供信息的作用，是组织与外界沟通的中介。组织的公共关系活动就其实质来说，是收集信息、传播信息、沟通信息，这就必须借助于新闻媒介的力量。组织面对复杂的环境，联系着各式各样的分布在不同地域中的公众，信息灵通与否是组织生存发展的命脉。组织需要新闻媒介提供各方面的信息，更需要新闻媒介传播组织的信息。如新闻媒介中的广告，可以把组织与消费者和其他公众联系起来；组织通过召开新闻发布会、记者招待会可以扩大社会影响，提高组织的知名度。

（2）新闻媒介具有引导社会舆论的作用。一个组织、一个人、一个事物或一件产品等，一旦被新闻媒介集中宣传、报道，便会立即成为广大公众讨论的中心，成为具有公众影响力的舆论话题。公共关系工作的一项重要任务就是为组织创造良好的舆论环境，争取公众舆论的理解和支持。这项任务能否完成好，很大程度上取决于组织与新闻媒介的关系。有良好的关系就能经常通过媒介将自身的信息不断地传播给广大公众，使公众逐渐形成对组织的良好印象，这对树立组织的整体形象，取得公众的理解、信任和支持具有重要意义。

（3）新闻媒介可以扩大组织公共关系活动的影响。新闻媒介传播组织信息所起的作用要远远大于组织自行传播信息所起的作用。通过新闻报道介绍某一组织更容易为广大公众所信赖，“王婆卖瓜，自卖自夸”式的宣传是无法与之比拟的。此外，只有与新闻媒介建立良好的公共关系才能成功地运用大众传播媒介，提高信息的有效利用率，使公共关系活动传播信息的渠道畅通无阻，从而达到扩大公共关系活动影响的作用。

2. 新闻媒介关系策略

由于新闻媒介在组织外部中占有重要地位，处理好组织与新闻媒介的关系不容忽视。处理好与新闻媒介的关系应注意运用以下策略：

（1）有效地利用大众传播。第一，要学会分析媒体，有针对性地传播。我国的电视、广播、报刊、网络等新闻媒体多具有官方或半官方的性质，大多把社会效益放在首位，其舆论导向具有真实性和权威性，在公众心目中有较强的社会影响力。另外，我国新闻媒体又处于不断发展之中，在公众传播、传播渠道、制作水平、服务质量等方面尚待提高和完善。对此，公关人员要有清醒的认识，注意提高适应能力和工作效率，充分利用新闻媒体搞好组织形象的传播。

我国新闻媒体包括：①电视。电视是目前影响最大的媒体之一，尤其是中央电视台，它的某些言论会直接决定着组织的命运。一些地方电视台也在本地域内显示着重要作用，成为重要的舆论监督力量。②报纸。报纸在公众生活中的地位一直居高不下，尤其是新兴的都市报。传统的报纸尽管依然发挥着舆论监督的作用，但是远远没有都市报对危机等敏感事件的炒作力度那样强大。③杂志。一般来说，杂志对组织的影响是比较小的，只有一些专业媒体或者经营管理类媒体会对组织经营行为给予评价，不过有时其影响也可能是巨大的。④互联网络。互联网络在现代社会中的地位逐渐提高，成为重要的媒体形式。特别是网络的及时性、互动性、匿名性、快速传播性等都决定着其对组织的影响力。⑤广播。广播的作用在降低，但是依然不能忽视，尤其是中央人民广播电台等重要的广播媒体。⑥通讯社。通讯社是专业的新闻机构，会 24 小时不间断地就最新情况向外发送消息，一些有影响的、大的组织还要关注新华社等通讯社的作用。

各新闻媒体有着不同的优势与劣势，如果公关人员对不同的新闻媒体的信息传播要求具备一些基本常识，扬长避短，无疑能获得较多的合作机会和传播便利。为了有效地利用新闻媒体，公关人员还需要及时掌握新闻媒体在一个时期的报道动向，根据形势的变化新闻媒体会随时变换报道重点和主题，只有与其主题相吻合的信息才有可能作为媒体选择的对象加以传播。因此，组织需要传播的信息要尽可能地与媒体的报道重点和主题趋于一致。要掌握新闻媒体的报道动向就要注意分析报纸的第一版，尤其是头版头条消息，以及一些评论性文章；电台、电视台的新闻栏目中重复出现频率高的信息也反映了它们的报道动向，从中发现组织可能利用的传播机会，使组织传播的信息与新闻媒体的重点一致起来。

第二，要积极参加新闻媒体活动。参与新闻媒体的相关活动是很多组织搞好媒体关系的常用手段。组织不仅能与新闻媒体保持经常性的联系，而且如能成为某一媒体的通讯员，则可以利用其发达的信息网为组织所用，更有效地开展组织信息传播工作。组织形象的传播是一门管理科学，也是一门艺术，公关人员要善于学习，勤于钻研，通过实践积累经验。任何组织只要思路新颖，选择媒体得当，根据组织人、财、物的实际情况量力而行，制订切实可行的传播计划，寻找合适的机会，花较少的钱照样可以把传播工作搞得有声有色。

（2）掌握与新闻媒体合作的技巧。若要在所有公众中获得良好的声誉和影响，组织必须借助新闻媒介这一广泛而深刻的传播力量。然而，要获得新闻媒介的积极支持，组织就不能顺其自然，而必须主动、真诚地与新闻媒介协调好关系。

第一，尊重新闻媒介。媒介关系可以说是组织中敏感的一部分，组织要想造成有利于自身的社会舆论，确定和维护自身在广大公众中良好的形象，都离不开融洽的媒介关系，而融洽的媒介关系的建立首先要求组织尊重新闻媒介。①要以礼相待，组织的有关人员在与新闻媒介公众打交道时要注重以礼相待，即对待各媒介机构和记者要友好热情，为其来组织采访写稿、核实工作等提供必需的帮助和服务。②要以诚相待，组织要讲真话，向媒介提供真实可靠的材料和数据，既不夸大组织成绩，也不掩盖失误，更不能制造假新闻。如确系保密的技术和参数，或预见报道可能会给组织带来巨大的经济损失时，应如实向有关记者、编辑说明利害关系，请他们酌情掌握。③要平等相待，即对各新闻媒介公众一视同仁、不分厚薄亲疏，绝不因新闻单位名气大小和级别高低的不同而采取截然不同的态度。应尽可能使他们获得平等的信息量，使他们平等获得采访组织状况的机会。④要严阵以待，由于新闻界与组织所处的立场、需要和动机常常不同，当组织发生那些对组织形象、声誉不利的事情时，新闻界往往感兴趣，甚至还会有意报道阴暗面，以期问题得以解决。这时，组织要采取的态度极为关键，组织应当严阵以待。严阵以待并不是指想方设法掩盖“家丑”，也不是指对新闻媒介横加指责，而是应本着虚心接受批评、认真查明事实真相、积极承担责任这样的态度与新闻界进行合作，以期化“险”为夷。

第二，支持新闻媒介。新闻媒介也有需要支持的时候，如果组织在这种时候能“雪中送炭”、鼎力相助，往往能起到事半功倍的作用，使新闻界对组织形成良好的印象。此外，组织学会“制造新闻”也是对新闻界的“无私奉献”，因为他们向媒介提供了“食粮”，这种支持组织也不应忽视。

第三，结交新闻媒介。由于新闻媒介具有强大的舆论力量，欧美便有学者把新闻媒介看成是继司法、立法和行政三大权力机构之后的第四大权力机构。服务于各大众传播媒介的记者也被尊称为“无冕之王”。所以，组织若想搞好媒介关系，还必须重视同媒介公众的交际，善交无冕之王。为此组织要经常向新闻媒介提供有新闻价值的信息，与其建立长期稳定的联系。如美国著名组织家亚科卡善于处理与新闻界的关系，他说：“当某一个人因某事受到谴责时，新闻界马上给予公布，而当事实证明他无辜时，新闻界的报道则很迟缓。”要跨越这一差距，靠的就是和新闻界人士的良好关系。亚科卡的经验是：“善于与新闻界人士接触，无论是在顺境中还是在逆境中。”“坚持每季召开记者招待会，不论是好结果还是坏结果。”“讲真话，坦率诚实地对待新闻界人士。”“当记者陷入困境，给他们提供真心实意的帮助。”“对故意刁难的记者不必恼怒和发火，故意不理睬他就可以了。”亚科卡的忠告是：“一个得不到新闻界信任和好感的组织，是不可能有大发展的。能得到新闻界的信赖是一个组织最重要的财富。”

第四，正确地引导记者。无论是抱有表扬或批评性目的的记者，都需要对他们进行引导。这种引导不是任意扩大有利于组织的事实或者改变不利于组织的事实，扩大的事实或歪曲的事实都可能导致报道的失误，其责任会由提供事实的组织负责。正确的引导，不仅要提供真实的情况而且要表明组织对事件的看法，把组织与记者的观点协调起来。

（3）杜绝失实报道。失实报道是指新闻媒体发布出来的与客观事实不相符的一些新闻、消息、评论等。从性质上，失实报道分为片面报道和虚假报道两种。片面报道是由于媒体发布的信息量不足，导致公众对组织形象片面理解。虚假报道则是由于新闻媒体发布信息失真，从而误导公众，对组织形象产生负面理解。

第一，明确造成新闻媒体失实报道的原因。①来自组织方面的原因。组织出于某种目的对其所有或部分信息进行封锁，容易激起新闻媒体挖掘新闻的决心，他们会千方百计地从其他公众（竞争者、消费者或不了解组织情况的社会人士等）那里了解信息，从而造成新闻报道与事实之间的偏差，这是“信息源”的失实。组织出于自身的原因，仅仅向新闻媒体提供部分信息，甚至只报喜不报忧，是引发反面报道的根源。出于自身的考虑组织向媒体故意提供一些虚假的信息，以其影响公众，达到自己的某些目的，是造成虚假报道的根源。②来自新闻媒体方面的原因。某些新闻媒体工作人员工作态度浮躁、不踏实，不愿深入组织一线去采访真实素材，而是自以为是、偏听偏信，易产生失真报道。某些新闻媒体或其人员出于某种目的，对某些问题带着个人好恶，戴“有色眼镜”去报道，应该报道的不报道，不应该报道的反而报道，甚至有所夸大。更有个别的新闻媒体人员缺乏职业道德，以制造虚假信息、进行新闻炒作为能事，到处煽风点火，唯恐天下不乱，以提供所谓组织“丑闻”来迎合部分公众的心理，易造成新闻报道的失控。

第二，采取化解失实报道的策略。①充分重视新闻媒体在危机管理中的作用。组织要慎重对待媒体的宣传报道，尽量减少自身在新闻报道中的失误，在"源头"上杜绝失实报道的出笼。②组织认真对待新闻媒体。组织要善于协助媒体做好新闻报道工作。为其提供各种条件和便利，帮助澄清事实真相，把客观实在的信息传递给公众，不管这些报道是正面的还是负面的，组织均应持积极欢迎的态度，有则改之，无则加勉。③注意加强与新闻媒体的日常交往，沟通感情，并在可能的情况下帮助新闻媒体解决一些难题，树立组织的良好形象，这样能够最大限度地防止有关的失实报道。

第三，及时化解不利报道的新闻效应。在出现错误的媒体报道时，组织行动的关键在于采取正确的公关措施，迅速行动，查清事实真相；可以对记者开放组织，借用记者之名挽回声誉损失，使流言不攻自破。

第四，消除面对失实报道的消极心态。①对失实报道疏于应对，听之任之。一些组织对此不愿声张，盼望随着时间推移，公众会忘记这一切，其结果是不但不会消除失实报道的影响，反而有可能愈演愈烈。②仓促赤膊上阵，对待新闻媒体，针锋相对。组织对失实报道的气愤之情在所难免，倘若以这种不冷静的态度来对待新闻媒体，甚至对簿公堂，其结果多是得不偿失的，现实中许多事例都说明了这一点。

六、名人关系

名人是指知名度高、被广大公众所知晓和关注的那一部分公众。这一部分人社会影响大、活动能量大。企业注意名人关系有助于提高企业知名度和推动产品的销售，产生名人效应。

1. 主动联系

企业与名人主动联系，不是纯粹出于慕名，也不是出于好奇，满足虚荣心，而是服从一定的目的。接近名人是为了企业家的主观愿望以期导致某种结局，即有利企业和产品销售的结局。明确了这一目的可以为联系定下基调和方法，为实现联系作出努力。主动联系是企业与名人交往的积极的行为。主动联系包括给名人写信、预约拜访、请他人介绍、在社交活动中主动与之攀谈等。以上这些都要注意相应的礼貌、礼节，以便顺利交往，并建立联系。

2. 敬而不卑

与名人交往时要落落大方，接待热情，注意接待的规格和档次，因为名人见识广、社会交往多，规格和档次太低易使他们产生被贬低的心理，从而产生不快。交谈时，对名人不要表现出特殊的好奇心，问一些不该问的问题，这样常常会引起对方的反感。想要表达自己的推崇之情时，也要委婉而文雅，不要给人以谄媚、讨好的感觉。既然是与名人打交道，就应该对名人的专长和成就有所了解，谈话时发表自己的看法。与名人交谈要亲切、自然、友好，无论介绍企业情况还是推荐产品，均要使人感到是一种朋友式的谈话，而不是下级向上级汇报情况，不要拘谨、胆怯。

3. 尊重人格

当名人来组织参观、表演、演讲时，员工要表现出尊重欢迎的态度。不要指指点点、评头论足，不要窃窃私语、发出怪笑，也不要起哄、喊叫、吹口哨、围观。企业员工低下的文明修养会使名人反感而远离，使组织的公关努力事倍功半。如果对自己喜爱的名人欲与之接近，也应看场合与时间，不要随意打扰他们，更不要擅自闯入其住宅。请名人签名留念、送一束花表达敬意这种对名人的平常表现在少数一两个名人来访时可以进行，但多数人来访则不宜，因为一部分名人受到崇拜者的热情表示时，另一部分名人就会感到自己被冷落，有伤自尊心。对于不喜欢的名人不要嘲弄讥讽。

4. 爱护名人

企业请名人参加厂庆、重大公关策划活动、拍广告、演出、进行参观等活动，是因为名人的到场参与可以抬高企业的身份和产品的身价，提高活动的档次，增加企业和产品的知名度。但是，名人的时间是宝贵的，请名人到场要看对象和时机，对于年老体弱的名人、正走红而四处奔忙的名人，要看其身体状况、是否方便、是否有时间。活动太频繁，会使名人不胜负担。如果名人没有满足企业的要求，不要横加指责；对名人的小错、个性，不要求全责备，而应抱体谅的态度。仅仅把名人当摆设、当工具，使用完了就一脚踢开，在后面议论他们的长短，甚至夸大其辞，贬损他们的形象，是一种不道德的行为。

【案例讨论】

营造和谐社区关系　领汇“非常学堂”

一、案例介绍

领汇房地产投资信托基金（以下简称领汇）是首家在香港地区上市的房地产投资信托基金，旗下房地产项目遍布香港地区。2007 年，天水围地区家庭暴力事件、家庭惨剧、青少年犯罪等问题日益严重，领汇管理团队希望借助“领汇”于天水围地区拥有六个紧贴廉住房的商场之优势，借着“领汇非常学堂”为社区举办不同形式的主题活动，于社区内营造和谐的氛围。

1. 项目调研

优势。领汇商场遍布香港地区，与香港地区的四成居民为邻，有助凝聚人群，推动社区关系。

机遇。领汇商场是舒适的消闲购物场所，亦是回馈社区的平台，可借此机会与弱势社会群体或邻近顾客建立关系，让公众加深对领汇的认识，也同时为他们丰富生活体验。

挑战。领汇需要定期举办富于娱乐性并具吸引力的活动为商场带来人流，提升商户营业额。在构思“学堂”活动时，必须将上述因素也加以考虑。“学堂”是持续性的计划，要不断推陈出新，构思不一样的主题活动，并要紧贴社会脉搏。领汇商场的场地供不应求，“学堂”活动必须在至少3个月之前开始策划。活动内容适合家庭中所有成员。必须每次邀请社会名人、声誉良好的团体作导师以增加活动吸引力。活动每月举行，较频繁密集。

2. 项目策划

(1) 公关目标。通过活动向社区灌输“正面能量”，让居民更喜爱自己的社区。为市民提供多方面的学习机会，发掘生活乐趣。同时也建立领汇良好的企业形象。

(2) 目标受众。香港市民、合作的名人、导师、培训机构及受惠机构、商场商户、大众传媒。

(3) 公关策略。在公司层面，邀请领汇员工在工作时间以外自愿参与，发挥服务社群的精神，通过活动与参加者互相交流，了解他们的需要。在顾客层面，将“学堂”活动寓学习于娱乐，借着与多个知名文化艺术团体、培训机构和具影响力的名人合办活动，于领汇旗下商场张贴海报及派发宣传单，增加“学堂”的认可度及受欢迎程度，达到更佳效果。在社会层面，举办以文化艺术、运动、生活智能等有吸引力、有独特性和有素质的活动，与多个慈善团体合作，使民众在乐趣中受益。

(4) 传播策略。通过全方位宣传渠道，包括报章、杂志、广告，并在领汇旗下商场张贴海报；邀请知名文化艺术机构、具影响力的名人及声誉良好的团体任教，以达到宣传效果，吸引传媒采访报道；2009年中推出“学堂”网站（www.thelinkfunacademy.com），利用有趣卡通人物构图，吸引公众浏览“学堂”内容。在活动前2~3星期联络商场邻近学校、社区中心或非营利组织进行招募，邀请合适人士参加。研究活动卖点，以具趣味的新闻角度吸引媒体采访。每次活动前邀请传媒出席采访活动，争取免费报道。活动完结当日实时发放新闻稿和照片。

(5) 主要信息。领汇关心市民，是名人及团体的最佳合作伙伴，可以携手合力，贡献社会。

(6) 媒介选择。在报章、杂志刊登广告，并在领汇商场内张贴海报，派发宣传单。通过网站www.thelinkfunacademy.com上传活动详情。与《商业电台》合作，通过受欢迎节目“在晴朗的一天出发”，推出敬老活动，借长者游学日及午餐款待，宣扬敬老精神。

3. 项目执行

2007年11月17日举行首次活动，为“学堂”拉开序幕，邀请香港著名作家蔡澜先生到天水围“天泽商场”指导小朋友以各种色彩绘写出“趣”字，借此勉励居民积极面对未来。邀请名书画家郭孟浩先生设计独特的“学”字，用于“学堂”商标设计上。2008~2009年，“学堂”活动面向中小学校、大学、社区中心、青少年中心、老人中心或其他非营利团体举办逾60项活动，涵盖艺术文化、工艺创作、绿色保育、生活智能、亲子教育、游学健体等多项内容，并举办摄影比赛、全球华文征文大赛及粤剧大赛三项比赛，举办摄影工作坊、作家分享会、亲子粤剧训练班等。

在活动各个阶段，不仅委托制作公司协助执行活动之舞台设计、场地布置、音响、教学设施及相关道具等，与合作伙伴进行活动准备会议，落实细节安排及内容，领汇人员更精心编制活动流程，撰写司仪讲稿及新闻稿，邀请传媒采访。在活动现场，领汇人员及制作公司人员于活动上监控各细节包括场地需用设施的妥善安排、活动前彩排、传媒接待等，并将活动照片、已剪接的短片及参加者意见卡于活动后上传到网站让公众浏览。

在控制与管理上，根据天水围试办活动的经验，总结成效及反应，并跟进细节。成立跨部门策划委员会，务求对目标、策略、目标受众、项目内容、开支预算等达成共识，监察工作进度及商讨需改善之处。

委任跨国市场调研公司为活动进行市场调查，根据实施的具体情况适时进行调整，场地不限于只在商场内进行，更扩展到利用商场空置房间变成闭门式的训练室，开放园地，甚至户外游学。

举行的活动从两小时的讲座或工作坊到数星期或数月的训练课程都有，也会加入部分比赛元素，增加吸引力。如活动进行期间出现突发事件，领汇人员联同制作公司人员根据现场情况做出实时应变措施，避免活动受影响。

4. 项目评估

2008~2009年，“学堂”共举办逾60项活动，吸引近11000人次参与，反映项目极受公众欢迎。“学堂”活动让邻居找到快乐的学习平台，领汇亦因此与他们建立了更紧密和谐的关系。与社会过百名人、培训机构及社区团体合作，建立了良好的关系网络。由于“学堂”活动具有吸引力、参与者众、成绩理想，有关的媒体报导近40篇。

从公众反映来看，86%受访者对“学堂”活动表示非常满意或满意，大多数参加者认为活动能为他们带来欢乐及趣味，可提供不一样的学习体验，有助于促进亲子关系及青少年发展；80%认为学堂的内容充满娱乐性及趣味；而78%对内容可给予公众有学习体验，并对能提供教育性的信息表示满意；73%对于活动场地表示满意；68%对活动时间长度感到满意；79%同意“学堂”活动有助实现社会共融。其中近90%的受访者为45岁或以上人士。

从市场反映来看，91%受访者认为“学堂”有助领汇体现企业责任，所有活动类别及消费群组的调研显示同一正面结果，反映参加者整体认同“学堂”可让领汇用心履行企业公民责任，成功为社会带来正面影响力。69%的受访者认为“学堂”提升了领汇形象，大多数曾参与青少年发展活动人士亦同意此见解。传媒报道近40篇，涵盖主要报纸、杂志、互联网等。

从社会反映来看，该项目多次获得各个奖项，其成果得到各方肯定。奖项包括如下方面：2008年国际购物中心协会首届“亚洲购物中心大奖”之市场推广类别金奖、2009年国际购物中心协会第38届“MAXI全球大奖”社区关系类别银奖、2008年盛世杂志“2008盛世优秀社责大奖”、2008年香港市务学会颁发首届“良心品牌大奖”等。

（资料来源：中国国际公共关系协会. 最佳公共关系案例 [M]. 北京：企业管理出版社，2010.）

讨论题：

1. 领汇“非常学堂”是如何协调与社区公众的关系的，取得了怎样的公关效果？

2. 当今加强企业社区公众关系有何现实意义？

【实训项目】

制订员工或顾客关系策略方案

实训目的：

通过实地调查，有针对性地制订公众公共关系策略方案，使学生具有员工关系或顾客关系策略方案的设计与操作能力。

实训时间：

4学时

实训地点：

当地企业、学校

实训要求：

把学生分成几组；每组选定至少一个企业，最好是国际或国内知名企业进行调查；调查之前制定周密的调查方案，其中包括调查哪些人员，应该提出哪些问题，如果是顾客协调，也可以扮演成顾客，当然是比较挑剔的、问题多多的顾客与企业直接交流，从而发现其顾客关系或员工关系中值得肯定的方面和存在的问题，并为之设计一个形成并保持员工关系或顾客关系的方案。

实训手记：

通过训练，我的收获是：________________________________。

【课后练习】

一、单选题

1. 任何因面临某个共同问题而形成的，有着某种共同利益，并与某一特定组织的工作产生互动效应的社会群体是指（　）。

A. 大众　　B. 群众

C. 公众　　D. 组织

2. 对组织政策和行为持否定态度的公众是指（　）。

A. 顺意公众　　B. 逆意公众

C. 中立公众　　D. 边缘公众

3. 在组织所处的环境中，当某个社会群体面临着由组织的行为引起的某个共同问题但公众本身还没有意识到这一问题的存在时，这个社会群体就成了公共关系工作人员心目中的（　）。

A. 非公众　　B. 潜在公众

C. 知晓公众　　D. 行动公众

4. 下列公众对象中，与组织自身相关性最强的是（　）。

A. 政府公众　　B. 社区公众

C. 顾客公众　　D. 内部公众

5. 固定的僵化印象对人的知觉的影响，在知觉的偏见的产生原因中称（　）。

A. 首因效应　　B. 近因效应

C. 晕轮效应　　D. 定型作用

二、多选题

1. 公共关系的“公众”具有（　　）等特性。

A. 同质性　　B. 群体性

C. 可变性　　D. 多样性

E. 相关性

2. 公众群体包括（　　）。

A. 社会组织　　B. 初级社会群体组合

C. 其他同质群体　　D. 社区群体

E. 组织群体

3. 按照内外关系分类法可以将组织的公众分为（　　）。

A. 内部公众　　B. 外部公众

C. 个体公众　　D. 组织公众

E. 中立公众

4. 根据人口结构对公众进行分类，即按（　　）等标准分类。

A. 性别　　B. 年龄

C. 职业　　D. 经济状况

E. 教育程度

5. 员工关系策略的目标是（　　）。

A. 培养融洽的家庭气氛　　B. 满足员工的需求

C. 尊重员工的个人价值　　D. 鼓励员工参与民主管理

E. 协调关系，解决矛盾和纠纷

三、名词解释

1. 社会组织

2. 逆意公众

3. 心理定势

4. 员工关系

5. 新闻媒介关系

四、简答题

1. 简述公共关系中“公众”的特性。

2. 简述公众的纵向细分法。

3. 简述晕轮效应的基本特征。

4. 简述员工关系的重要性。

5. 简述处理社区关系的策略。

五、论述题

1. 试论述如何处理新闻媒介关系。

2. 试论述如何协调组织与政府之间的关系。

六、实操题

1. 在某城市一个中型商场的一次中层干部会上，商场经理说：“市区的所有居民都是我们的消费者公众，都是我们必须重视的公关对象。”你认为该商场经理的话准确吗？为什么？

2. 某快餐厅经理拟在“三八”妇女节举办一次活动，她在店外打出海报，说：“今天所有在本店用餐的女性顾客免费。”结果吸引了大批女性顾客，但是绝大部分都是打工妹，请你分析一下，这里存在什么问题，为什么结果会是这样？

3. 在公众关系处于和谐状态时，需要公共关系吗？为什么？

4. 某车间为了提高生产效率，采取边听音乐边工作劳逸结合的措施，但是嘈杂的音乐声影响到车间旁边的教师宿舍，教师因此无法正常备课。你会如何解决这个问题？

5. 有人说员工关系让工会去负责就行了，你说行吗？

6. 你如何理解“组织要为消费者所有，为消费者所治，为消费者所享”？

7. 社区关系中最重要的是什么？为什么？

七、案例分析

1. 日本腾田田汉堡店“生日公关”

日本有一家很有名的麦当劳汉堡包店，因为它的老板叫腾田田，人们也称它为腾田田汉堡店，该店的“生日公关”别具特色，深为人们称道。在该店，职工过生日，店里放假一天，赠送5000日圆的贺礼；职工的妻子过生日也会收到老板叫花店送去的鲜花。鲜花不贵，但让员工的妻子非常感动，有的说：“连我的先生都忘了我的生日，想不到老板却记得送花来，实在太令人感动了！”就连员工的孩子过儿童节时，也会得到腾田田赠给的5000日圆的礼金，给孩子的节日增添了一份喜悦。

问题：腾田田的“生日公关”有什么突出特色？它有哪些积极作用？要组织好“生日公关”，必须做好哪些具体的基础工作？

2. 本田公司的人际沟通之道

在世界摩托车大赛中多次夺冠而出名的本田公司，以100万日圆起家，在十几年的时间内由摩托车王国发展为汽车王国，与丰田、日产鼎足而立。本田公司在经营上值得注意的一个主要经验就是管理上特别重视内部团结和人际关系。

本田公司为了建立上下左右全面团结的组织氛围，着眼于避免和减少上下级、同级、同事以及各个环节之间的矛盾和冲突。方法是尽力找出并消除产生矛盾和冲突的根源。本田公司规定各级管理干部都要同工人一样，上班必须穿白色工作服，戴黄色安全帽，以消除可能由于着装的差别而产生的距离。本田宗一郎作为老板也不例外，而且为了和普通职工保持亲近，他还经常在职工食堂和工人一起进餐，或者到车间同工人一起动手干活。各种各样的情况和意见经常成为本田对重大问题做出决策、改善内部管理的重要依据。

本田在他的企业内部发展了一种金字塔式的领导制度，但是本田在董事长这个职位上直接观察正面的运转情况，并且同普通工人一起劳动。这样，他就有了双重视野：从上往下看和从下往上看。本田努力推选一种“升降机”政策。他在正面研究他所做出的决定的效果、新出现的问题。他既是普通工人，也是车间主任、研究员、经理、董事长。

如果企业中某个成员想提建议，他就填写一张表格，这张表格中详细阐明了自己的计划。表格随后被送到部门的委员会，委员会立刻审核这条建议，如果认为这个想法明智可行，就把建议提交经理处。如果一条意见被采纳，那么发明者就会按其重要程度得到一定数目的分。积累达到了300分，就可以到国外去旅行一次。如果他一次就得了300分，还可因此获得特别奖，即本田奖。

问题：你从本田公司的策略中领悟到了什么？企业应如何搞好员工关系？

3. 投诉

某二星级饭店，建筑外观还算不错，设备也算得上齐全。有位客人清早起来发现室内卫生间的地面被马桶内漏出的污水弄湿了，他叫服务员来收拾，而自己走下楼去使用大堂男用公共卫生间，进去后就闻到一股异味，便缸也冲得不清爽，他勉强地使用之后，便找大堂服务员，对厕所不卫生提出了意见。服务员回答说："卫生间总是有臭味的，我们饭店人手少，公共场所怎么照顾得过来!"客人听了以后火冒三丈，再去找饭店经理，谁知经理也是一样的态度，还是那句话："卫生间总是有臭味的，公共卫生间不断有人进去，怎么能弄清爽!"客人听了更觉得不是滋味，大声申诉说："你们这家饭店也算是星级饭店了，连客房内的卫生间都弄不好，更不要说公共卫生间了，真是岂有此理，我要向你的上级投诉，并且劝说熟人出差不要住在你们这里!"

问题：企业为什么要重视顾客关系？应怎样对待顾客的投诉？

第三章

公共关系传播

传播不仅把信息从相互关系中的一方转运到另一方，而且界定了我们全部在其中运作的相互关系和社会环境：如公民、管理者和政策制定者。

——引自（美）斯各特·卡特里普、艾伦·森特、格伦·布鲁姆《有效公共关系》

对于文明的发展来说，人类的任何能力都无法比搜集、分享和应用知识的能力来得更基本了。文明的发展只有通过人类的传播过程才成为了可能。

——［美］弗雷德里克·威廉斯

【学习目标】

- 把握传播媒介的特点，灵活运用各类传播媒介；
- 分析影响传播效果的因素；
- 撰写符合发表要求的新闻稿件并适时投递新闻稿件；
- 成功举行新闻发布会或记者招待会；
- 善于制造新闻，增强传播效果；
- 开展网络公共关系，提高网络传播效果。

【案例导入】

“2005快乐中国蒙牛酸酸乳超级女声”大赛

蒙牛乳业、湖南卫视和天娱公司三家组成战略联盟，携手打造“2005快乐中国蒙牛酸酸乳超级女声”，捆绑营销、整合营销传播模式使蒙牛乳业、湖南卫视及天娱公司成为2005年夏天最大的“赢家”。

在2005年超级女声活动中，蒙牛乳业集团曾印刷了一亿张宣传海报，将20亿个印有“2005快乐中国蒙牛酸酸乳超级女声”字样及比赛介绍的产品包装投入市场，同时联合湖南卫视在成都、广州、郑州、杭州、长沙5个赛区的地方媒体以及《国际广告》等广告类、财经类杂志上投放大量广告进行宣传。值得一提的是这些广告宣传还引起了其他报社、杂志社的持续关注，纷纷进行跟踪报道。有关超级女声的书籍也随之相继问世，譬如《超级女声宝典》、《我为超女当评委》、《李宇春真帅》等。

与此同时，湖南卫视和部分地方电视台现场直播比赛盛况，单单总决赛，湖南卫视的观众就达到4个亿，还不包括收看地方电视台转播的观众，再加上各级电视台对超级女声的重播，介绍超女或邀请超女参加的节目竞相上映，有关2004超级女声季军张含韵代言的蒙牛酸酸乳TVC广告片的多次播放，广播电台对选手、评委、“粉丝”的关注，甚至有关超级女声电视剧的拍摄筹备，唱片超级女声《终极PK》的出炉，铁杆“凉粉”把张靓颖在比赛中唱过的歌曲制作成VCD、DVD送给为张靓颖投票的人……这一系列活动使超级女声和蒙牛酸酸乳的品牌得到最大效应的传播。

新浪网是2005超级女声独家合作伙伴，众多超女和评委都曾做客新浪，引起众多网民的关注。其实不只是新浪网，蒙牛乳业、湖南卫视都在其网站上开辟专版做宣传，包括新闻、图片、视频、故事、评论及聊天等，内容丰富，吸引其他各类大小网站也纷纷加入，争取更大的点击率。遍布全国各地的“粉丝”更是把QQ群等即时聊天工具作为主要的联系方式。超级女声的“超级粉丝”为了支持自己喜欢的超女自愿买单，通过短信渠道，越来越多的人开始了解超女，并积极发动亲朋好友等共同参与，为其投票。短信互动传播在营销传播史上有着划时代意义。2005超级女声已享誉国内外，为湖南卫视和短信营运商带来了不菲的直接收入。

（资料来源：朱权.公共关系基础与实务［M］.北京：机械工业出版社，2008.）

公共关系的基本目标是为组织树立良好的社会形象，是要扩大组织的知名度和美誉度，这就离不开传播。所谓“公共关系传播”，就是组织与公众之间信息的双向交流与共享。它在公共关系实务中具有非常重要的地位和作用。

第一节　公共关系传播媒介

公共关系传播媒介种类繁多，概括起来，主要有以下几大类：

一、语言媒介和非语言媒介

在信息网络高速发展的今天，人们已越来越多地借助公共关系来制作、搜集、传递和分享信息。因此，公关传播已成为沟通社会组织与公众的基本手段。可以说，任何公共关系的活动都是一种公关传播活动。这种传播活动通常可分为大众传播和人际传播，无论是哪一种传播，一般都离不开一定的符号媒介。公关传播中的符号媒介主要有语言媒介和非语言媒介两方面。

1. 语言媒介

语言媒介是指以自然语言即发出声音的口头语言作为信息载体的传播媒介。在公共关系活动中，大量运用语言媒介进行信息传播。其方式有答记者问、与员工谈心、会议、电话通信、内外谈判、各类演说和致辞等。运用语言媒介进行传播，基本上属于人际传播，表现形式基本上是面对面的交流，因此信息反馈迅速，形式灵活多样，感情色彩强烈，传播效果明显；缺点是范围小，影响面不大。

2. 非语言媒介

非语言媒介是以一定的动作、表情、服饰等伴随语言为信息载体的传播媒介。在公关传播中，非语言媒介是一种广泛运用的沟通方式，通常情况下用来表现情感，加强或减弱语言传播的效果。非语言传播媒介分为有声非语言传播媒介和无声非语言传播媒介。

有声非语言传播媒介也就是“类语言”，它是传播过程中一种有声音不分音节的语言，常见的有说话时重读、语调、笑声和掌声。应注意的是，同一种有声非语言传播媒介，在不同的情况下其含义大不相同。比如：同是笑声媒介，可以传递欢迎、赞成、高兴等信息，也可以是传递一种礼貌的否定等。

无声非语言传播媒介主要是指身势语言和情态语言。身势语言是指人用身体部位表现出的有某种含义的动作符号。如跷起大拇指、耸肩、摇臂、鞠躬、跺脚等。情态语言是指人脸上各部位动作所构成的语言，其基本主体是“眼语”。比如深沉注视、眉来眼去、横眉冷对等。需要说明的是：无声非语言媒介具有鲜明的民族文化性，即有的人体动作在不同的民族中其含义会大不一样。

二、大众传播媒介

大众传播媒介是指在传播路线上用以传达信息的报纸、书籍、杂志、电影、电视、因特网等诸多形式。大众传播媒介在组织公共关系传播中越来越发挥着重要作用。

1. 大众传播媒介的功能

大众传播媒介在公众生活中的主要功能有以下几方面：

（1）报道的功能。大众传播媒介又称“新闻界”，负责将社会生活中发生的新闻事件及时、公正地告知公众。新闻报道是对事实的公正陈述，依靠其时效性和公正性来树立新闻传播界自身的信誉。公共关系运用新闻报道必须遵守这种时效性、公正性。

（2）教育的功能。大众传播媒介承担了大量的社会教育任务，面向大众普及教育，将政治、经济、文化、科技、历史、生活等知识传播给公众。公共关系运用大众传递信息必须注意知识性、教育性。

（3）娱乐的功能。大众传播媒介为公众提供了大量的娱乐性服务。报纸的文体娱乐版，杂志上的小说、趣闻等，广播中的音乐，电视上的电视剧等，是公众日常文化娱乐的主要来源。因此，娱乐性越强的大众传播媒介，阅读率、收听率、收视率就越高。公共关系运用大众传播媒介向公众宣传时也必须注意趣味性和娱乐性。

（4）监督的功能。大众传播媒介及其所形成的公众舆论，对政府、企业及各类机构的政策、行为、人员、产品起着社会监督的作用。公共关系工作必须将这种公众信息的反馈作为传播工作的重要依据。

2. 印刷类大众媒介

印刷类大众媒介主要指以文字、图片形式将信息印刷在纸张上进行传播的报纸、杂志和书籍。

（1）报纸。报纸是受众面最广的一种印刷类大众传播媒介。报纸具有三大优点：①可选择性。读者可按自己的需要、阅读习惯，在许多“并时性”排列的消息中迅速选取自己最感兴趣的阅读。②周详性。同样一则消息，报纸报道要比电视报道深入细致、周密详尽，读者甚至可以反复阅读、细细琢磨。③制作容易，成本较低，读者接受不需要特别设备。

（2）杂志。杂志是受普遍欢迎的一种印刷类大众传播媒介。按照内容，杂志可分为知识性、趣味性杂志和专业性杂志两大类。知识性、趣味性杂志以一般社会大众为读者对象；专业性杂志以特定专业人员为读者对象。杂志有三大优点：①读者群比较稳定。②内容比较灵活多样，伸缩性大。③便于读者在不同的“单位时间”内阅读，也容易携带。

（3）书籍。图书是历史最为悠久的一种印刷类大众传播媒介。图书的容量大，除了以其规范化的形式便于人们阅读和保存外，还具有一定的权威性，在传播和积累人类知识、文化中起着重要的作用。

印刷类传播媒介，它的读者受到文化水平的限制。没有一定文化水平的，无法利用它。时间性极强和形象性极强的信息，都不宜依靠印刷类传播媒介来传递。在公共关系传播中应考虑印刷类传播媒介的局限性。

3. 电子类大众传播媒介

电子类大众传播媒介是指以电波的形式传播声音、文字、图像，运用专门的电器设备来发送和接收信息的媒介。电子类大众传播媒介可分为广播和电视两大类。

（1）广播。广播是覆盖面最广的一种电子类大众传播媒介。广播的优势表现在：①及时。广播上的信息不受时间、空间的限制，通过电波可以在转瞬之间传遍地球的各个角落。②机动性强。收听广播几乎不受空间和工作条件的限制，听众可以一边听广播一边工作，这更有利于信息的广泛、及时传播。③感染力强。④可普及率强。广播节目的制作成本低廉，接收广播的设备简单、廉价，使用长久，家家户户都能买得起。⑤广播最大的优点是不受文化水平限制，只要有听觉就能接收，因此普及率最高。广播的主要缺点：一是不便检索，不便保存。二是广播的信息和效果稍纵即逝，难以把握，收听时稍不留意，便无法追寻。三是其内容的生动性不如电视，信息的深度不如报纸。因此，广播适用于时间性强、涉及面广和普及性强的信息内容。

（2）电视。电视是现代社会最强有力的一种新兴的大众传播媒介。其优势表现为：①电视集音响、图像于一身，在传播信息过程中，能同时诉诸人的听觉和视觉，形象生动，真实感强，最易激发人的兴趣和抓住人的注意力。②电视的时效性较强。由于电视摄像、传播技术的发展，卫星接收电视技术的采用，电视台基本上可以做到随时传播新发生的事件实况，再加上电视新闻的正点滚动播出，都使电视传播更为迅速及时，其时效性直逼广播。电视也有其局限性：一是缺乏深度。电视由于表现形式的限制，在内容上容易肤浅，深度不够，难以表达抽象思维、逻辑思维的内容。二是电视不便携带，观众在接受电视传播中还受到种种条件限制，不便随时随地收看，选择余地较小。

公共关系常将大众传播媒介用于新闻宣传和公共关系广告方面，借以向大众提供信息，树立组织形象。

因特网这种新型的大众传播媒介将在本章第四节予以详细介绍。

三、实物媒介

实物媒介在公共关系活动中大量使用。它包括以下几种形式：

1. 产品及劳务

产品本身是一种最可信的信息载体，通过其质量、款式、品牌、商标、包装以及有关的售中或售后服务，传递出最实在可靠的信息。因此，产品本身作为媒介被用于展览活动、赠送和赞助活动。

2. 公共关系礼品

这是指带有本组织标识的实物宣传品，如本组织产品的微型样品或具有一定实用价值的纪念品。公共关系礼品一般是不进入市场流通的非卖品，往往是专门设计和制作的，而且宣传价值、交际价值大于使用价值，主要是纪念性质的。

3. 象征物和模型

诸如用于环境装饰的雕塑、大型活动的吉祥物、展览活动中的实物模型等，都属此类。

四、图像标识媒介

图像标识是指以静态的形象为主要信息载体的传播媒介。图像标识是各种社会组织经常使用的传播媒介，可分为以下两大类：

1. 照片与图画

照片与图画通过平面构图传递形象、信息。照片比图画更灵活，更富创造的想象力和表现力。两者均大量使用在各种宣传品、橱窗展示和展览陈列活动中。

2. 标识系列

标识系列以特殊的文字、图形、色彩的设计，构成组织的形象标志，以区别于其他组织和产品，主要包括商标、徽记、品牌名称以及在包装、门面、办公用品、运输工具、环境装修、人员装束等方面的应用。在商业促销活动中，标识系统具有很强的市场传播功能。

五、人体媒介

人体媒介是借助于人的行为、服饰和社会影响等来作为传递信息的载体。它包括组织成员（从领导到员工）的形象、社会名流、新闻人物以及能够影响社会舆论的其他公众等。

六、印刷宣传品

印刷宣传品包括：①公共关系刊物。如组织编辑发行的小报、杂志、通讯等。它们被定期发行、免费分发。一般区分为内刊和外刊两种。②书籍、小册子，配合特定主题内容编制的文集、影集、画册或宣传手册。③宣传单。如企业简介、产品目录书、促销宣传品、邮递广告品等。④海报、POP 宣传品，如配合某一活动主题制作的宣传海报、条幅、彩旗、不干胶宣传品等。

第二节　影响传播效果因素

所谓“传播效果”，是指传播发送者通过传播媒介对信息接受者心理、行为、态度和观念等所产生的影响程度。要提高公共关系传播的效果，必须把握其影响因素，从多角度入手，从而更好地发挥公共关系策划传播的职能。

一、传播发送者因素

传播发送者是公共关系传播沟通的主体。从广义上看，它指的是社会组织。从公共关系的角度来看，它具体指的是组织的公共关系部门及公共关系人员。在实施传播沟通的过程当中，传播发送者本身的形象、态度、行为以及传播信息的内容真伪等都直接影响着传播的效果。

1. 传播发送者的已有形象

一个诚实、人缘好的人所讲的话，人们会 100%地接受；相反，一个“老奸巨猾”的人传出的消息，人们总是将信将疑。社会组织也是如此。如果某个社会组织形象颇佳，那么它所传播的信息，人们容易接受；反之，一个声誉不佳的组织所传播的消息，人们往往谨慎行事，以免受骗上当。

2. 传播发送者的态度、行为

传播发送者若以诚恳的态度客观地宣传、介绍所要传播的信息内容，就会“诚招天下客”。盲目吹嘘，夸大其辞，什么“世界第一”、“誉满全球”、“包医百病”，甚至不择手段地欺骗公众，其结果只能是“搬起石头砸自己的脚”。因此，传播信息时一定要诚实无欺、客观公正、留有余地。

3. 传播发送者的“代言人”

受传者对传播发送者的印象和看法直接关系到传播效果。据此，社会组织可以选择“代言人”来提高传播效果。例如，组织可以请享有盛誉的专家、名流、权威人士等发布信息。这样，受传者会产生“认同感”，认为是自己人在传播信息。这样做会缩短传播发送者与接受者的心理距离，因而比组织自己出面效果更好。

传播发送者对传播效果的影响，除了以上三点之外，还受到传播体制、经费等限制。因为很多传播面广、有影响的大众传播媒介从属于政党和政府机构，其传播的内容大多是有条件限制的，并且费用昂贵，这对经济力量不雄厚、公共关系经费缺乏的传播沟通活动无疑设置了一些障碍。这些都或多或少地会直接影响到传播效果。

二、传播接受者因素

从对传播效果理论的分析中，我们已得出一个这样的结论：传播接受者即公众并不是唯命是从、任意摆布的木偶，而是在传播沟通过程中起能动作用的客体。传播接受者由于是传播发送者的工作对象，它的心理活动以及表现出来的态度、行为等都与传播效果息息相关，因此传播接受者是影响传播效果的客观因素。

传播接受者的心理素质、文化素质、职业、个性等的各不相同，使得传播接受者因素更加复杂。传播接受者影响传播效果的因素主要是由于公众对传播的信息具有选择性。这种选择性包括选择性接受、选择性理解和选择性记忆。

1. 选择性接受

公众愿意接受与自己固有的立场、观点和行为相一致的、自己关心和需要的信息。我们以收看电视为例：一个关心时事、关心政治的人，总是不愿错过新闻节目；足球迷常常为观看一场足球比赛实况而欣喜若狂；喜欢歌曲的人总愿意收看文艺节目。

2. 选择性理解

公众总是用自己的世界观去解释某一信息。接受者不同，对信息内容的理解往往也不同。这主要是由于接受教育者受教育程度、知识结构、生活阅历等各不相同而形成的。例如，在现实生活中，如果称某女性“公关小姐”，她也许不愿意接受，因为在公共关系仍然未被中国人正确理解和熟悉之前，“公关小姐”曾被人们误以为是那些以脸蛋和外表换取金钱或得到某些男士欢心的轻佻女子。如果称电视剧《公关小姐》中的主人翁周颖为“公关小姐”，她会觉得很自然，因为她的确称得上是一位真正出类拔萃的“公关小姐”。

3. 选择性记忆

公众总是容易记住自己感兴趣的信息，忽视或忘记那些与自己兴趣相悖的信息。这与公众的个性、情趣、职业等无关。人们对自己关心、感兴趣的事总是记忆犹新、回味无穷，甚至终生难忘；对那些平平常常的小事总是忽略不计，时过境迁，自然失去记忆；尤其对自己不感兴趣的信息，不但容易忘记，而且不愿意记忆。

传播接受者的选择性因素又一次证明了传播效果有限的理论，它说明对传播发送者所传播的信息，公众总是有选择地加以接受、理解和记忆。传播的效果一般只是增强了公众的固有观念，而不是改变公众的固有观念。但是，传播发送者并不能因此而放弃传播，可以从接受者的其他因素中寻找突破口。

三、传播功能性因素

功能性因素主要是指信息接收的时效性。功能性因素主要包括延缓性因素和即时性因素。

1. 延缓性因素

延缓性因素是指信息能在受传者身上较长时间内发生作用的因素。由于传播接受者所处的社会环境不同，因而长期以来，不同的国家、地区，不同的民族，形成了各自的伦理道德、风俗习惯、宗教信仰，人们的心理素质、文化素质、道德水准等各不相同。这样就使不同区域的公众对某些信息已形成了固有观念。作为传播发送者，要想获得良好的传播效果，就必须注重延缓性因素的作用，否则容易陷入传播的误区。

例如，据路透社报道，美国一家伯格维里联号快餐馆利用闭着双眼、戴着耳机正打瞌睡的时任美国总统里根的照片作噱头，为餐馆的营养早餐做广告。照片下面有一句说明："一个人没吃早餐，通常一眼就可以看出。"广告说，该联号快餐馆卖一种营养早餐，吃了令人精神饱满、体力充沛。这张照片是里根出席波恩的一次会议时拍下的，被伯格维里快餐馆采用。这则广告引起了许多人的不满，人们纷纷指责这则广告损害了总统的形象，也损害了美国的形象，差劲得很。当这家联号快餐馆接到许多投诉后，取消了这个广告，并把刊于俄勒冈州、华盛顿州的4家报纸上的广告全部收回。又如，在西方国家，裸体广告并不稀奇，这是由其社会制度和生活方式决定的。在我国，由于不同于西方国家社会制度和文化传统，因此完全照搬西方的宣传方式是行不通的。前几年，国内有一家电扇厂，在电视上用一名女士为其电扇做广告，由于该广告故意将这位女士的裙子用电扇风吹起，结果遭到了来自各方观众的非议，该广告不得不将此镜头删掉。

2. 即时性因素

即时性因素是指信息在短时间内及时满足受传者的需求并即刻发生作用的因素。这就需要传播发送者注意观察和分析公众的思想、感情和生活规律，抓住时机开展传播沟通活动。例如，当某一公司庆祝新产品问世或进行周年活动时，传播发送者便可以前去祝贺，并随身带去礼品或宣传品。由于此时该公众环境氛围较好，因此几乎所有的礼品及宣传品都可能愿意接受。这就是即时性因素在起作用。

四、传播结构性因素

按系统论观点，结构是诸要素在系统内部的恒定分布和排列并形成确定的相互关系。公共关系传播的结构因素是指传播者将具有相互作用和关联的信息传播要素采取不同的匹配和耦合方式影响接受者。结构性因素包括信息刺激的强度、对比度、重复率和新鲜度。

1. 信息刺激的强度

信息刺激的强度是指传播发送者运用一些超乎常规的做法来传播信息，以引起受传者的注意。例如，生产吉他的乐器厂，将厂房盖成吉他形式；在川流不息的车海中，突然出现了救护车的尖叫声；小品演员范伟时常运用小品里的声调为某企业及产品做广告；挚友久别重逢时的紧紧握手、热烈拥抱；等等。这些做法都会引起公众的注意。可见，高强度的刺激容易引起受传者的注意。

2. 信息刺激的对比度

信息刺激的对比度是指传播发送者在传播信息过程中，运用类比的方法，强化传播效果，吸引公众的注意。例如，制作一幅宣传义务献血的公共关系广告，在以白色为其基调的整幅画面中，用几滴鲜红的“血”色加以渲染，增强对比度，使人们立刻明白其中的道理。

3. 信息刺激的重复率

信息刺激的重复率是指传播发送者将同一信息多次重复传播，以扩大接收面，增加公众对该信息的印象，引起注意。信息的重复出现，势必增加其刺激强度，并且同出现频率低的信息形成鲜明对比。因此，信息刺激重复率是信息刺激强度和对比度的综合运用。例如，“可口可乐”、“松下”等公司广告的重复制作与传播，几乎无人不晓，这就是信息重复刺激的效果。

4. 信息刺激的新鲜度

信息刺激的新鲜度是指传播发送者将所传播的信息在内容形式上不断地调整、创新，给接受者以新鲜感。信息的传播方式如果总是一味地重复，久而久之会给公众一种厌烦或是认为该传播无创新能力。因此，在信息传播过程中应不断改变调整、创新方式，以引起社会公众的注意。

第三节　公共关系传播手段

公共关系传播的手段很多，这里着重介绍撰写新闻稿、举办新闻发布会和记者招待会、制造新闻三大公关传播手段。

一、撰写和投递新闻稿件

公共关系人员向新闻界提供新闻稿件，是当今社会组织与新闻界交往的一种重要形式和渠道，也是组织与新闻界保持密切联系的纽带。因此，公共关系人员必须学会撰写新闻稿件，还要学会投递新闻稿件。

1. 撰写新闻稿件的一般要求

公共关系人员首先要明确撰写新闻稿件的一般要求，这样才能运用好这一公关传播的基本方式。

（1）明确主题。撰写新闻稿件之前，首先明确所撰写的新闻主题是什么，要做到意在笔先。一篇新闻稿件提出的问题和体现的中心思想，是选择和组织新闻素材的主要依据，同样也是写作过程的主要线索。选择主题要从新闻事实的特性出发，并注意当前形势迫切需要的具有普遍意义的思想倾向和观点。在撰写新闻稿件之前，还应考虑到新闻的由头，即新闻发布的依据和契机。新闻事件发生的时间或事实的出处是该事实成为新闻的依据。特别是对延续性的新闻，更要注意寻找新闻根据，如从何处获悉等。

（2）写好新闻导语。导语是新闻的开头，是全文的概括，是新闻独有的结构语言。在新闻的首段，先用极简要的语言概括新闻的主要内容，揭示新闻的主题，唤起公众的注意，引起阅读兴趣。假如后面的内容不能发表，仅发表开头这一段也能达到传播信息的目的，这样的导语才是成功的。所以，导语的基本要求是简洁、凝练、生动、醒目、开门见山以及突出最新鲜、最重要的事实。例如《中国旅游报》上曾刊载了一条新闻，导语就写得非常简练。其结构与内容是这样安排的：

标题：峨眉山猴群面临严重生态危机，专家呼吁游人切勿喂食猴子

导语：为保护峨眉山灵猴的同时也保护游客的人身安全，一个最有效的办法是，上下峨眉山的游客切勿喂食猴子！这是久居峨眉山以猴子为研究对象的“猴博士”赵其昆目前在峨眉山野生动植物保护协会举办的一个学术报告会上发表的看法。

具体事实紧承导语之后，展开叙述，介绍了生物学家赵其昆5年来对峨眉山猴群所做的大量观察和深入研究：赵其昆以1700余人和猴子遭遇后的种种行为取样分析的依据，令人信服地指出：峨眉山猴群由于游客的喂食，近几年来使得它们在山林中觅食的本领正在退化，惰性增长，猴子的数量也正在逐步减少。因此，专家呼吁：为了游客自身的安全，也为保护猴子的生态环境，切勿喂食猴子……

这篇新闻稿，标题只用一两句话提示文章主题，导语以集中、简洁的文字写出新闻的梗概，继而以比较具体的文字补充导语里未能提到的材料，使内容更加

清晰完整。这种“倒金字塔”式的好处在于主题突出，方便阅读，能满足读者的愿望与兴趣。因为现代生活节奏快，报刊数量多，公众很少有充裕的时间去详细阅读每条新闻，一般都是先浏览一下报刊标题，感兴趣的内容才往下面细读，并且急于知道结果如何，因此新闻的标题就是高潮，导语概括要点，只要一看标题、导语便知其梗概，这就是新闻的特点。这样可以适应公众心理要求，节省时间，给接受者以更大的便利。

导语的表达形式可根据新闻事实的特点，采用提问式、议论式、叙述式、描写式、摘要式、对比式等写作手法。开头要引人注目，并用简练的语言写明新闻事实发生的要素——何人、何事、何地、何时、何故及如何等。

(3) 结构严谨，逻辑性强。新闻结构的主要内容是导语、主体和结尾。新闻主体是导语后面的主要部分，对导语中披露的新闻要素作进一步的解释、补充和叙述，是发挥和表现主题的最重要部分。要求：观点要鲜明，层次要清楚，精心选材，生动活泼。主体的顺序可以以时间为序，也可以以内在的逻辑为顺序。总之，结构要严谨，逻辑性要强。

新闻的结尾要简短，要言尽而意未尽，要发人深思或设置悬念，为以后的连续报道埋下伏笔。新闻，往往要采取“倒金字塔”式，就是以重要性递减的顺序来安排新闻中的各种事实，要把最新、最动人、最精彩的内容写在前面，这是纯新闻报道的基本结构特征，即头重脚轻。

(4) 介绍背景材料。在撰写新闻稿件的过程中，公共关系人员还应注意写好新闻背景，即要介绍新闻事件发生的历史、环境和原因，解释事件发生或人物言行的实际意义，主要是为烘托和发掘新闻主题服务。新闻事件的发生，既有纵向背景，即事件发生的来龙去脉，也有横向背景，即此事与周围事物的关系。因此，要介绍背景材料。介绍新闻背景材料的方式，有比较式、解释式和穿插式。背景材料有时是穿插于新闻主体、导语或结尾之中的。

(5) 运用新闻语言。撰写新闻稿件，必须运用新闻语言。其具体要求如下：①必须具体实在。因为新闻是在用事实说话，事实由时间、地点、人物、事件经过、事件起因、结果等因素构成，因而表达事实的新闻语言必须具体实在，不宜用空洞抽象的概念，而且应回避模糊性词语，尽量使用确切性词语。②必须简练精确。新闻要求迅速及时，决定新闻语言要简明扼要、开门见山、直截了当。新闻要做到真实，语言必须精确，即对事实的性质、程度、空间、时间的叙述或描写要准确无误，不能含糊其词。③必须通俗易懂。新闻拥有最广泛的读者、听众和观念，而且层次复杂。人们都要读报纸、听广播、看电视，了解国内外大事。所以，新闻必须通俗易懂、浅显明白，使更多的人能够接受。④注意生动活泼。新闻的语言还要注意尽可能地生动活泼、饶有风趣。比如：适当地穿插些知识性、趣味性的背景材料，穿插些风俗、典故、轶事、常识等，使读者听之有声、视之有形、尝之有味、触之有感、呼之欲出，以增强新闻的感染力。

2. 撰写新闻稿件应注意的问题

组织的公共关系人员在撰写新闻稿件时，除了要掌握一般的程序技巧以及遵循一定的原则要求外，还要注意以下问题：

（1）公共关系人员在撰写新闻稿件时，要考虑到为本组织树立良好的社会形象。作为新闻机构，发布信息是“中立”的，但公共关系人员不是为写新闻稿而写作，而是代表一定的组织或团体，扩大其社会知名度和美誉度，或为某些问题作明白的解释和说明。

（2）公共关系人员在写新闻稿件时，应站在社会的高度，至少要站在社区的高度来分析问题，不能只局限于本单位的小圈子。因为有些事实在小范围内是轰动性的，但在全局范围内却是微不足道的。因此，要善于研究那些正在萌芽的事物，发掘出真正的“新闻”，还要设法在旧事物上翻新。一般说来，刚萌芽的新事物往往带有指导全局的意义。

（3）公共关系人员在撰写新闻稿件时，要注意根据不同的新闻媒介，介绍不同类型的新闻，撰写不同体裁的文章。有些高深、生疏的专业内容和技术术语，要尽可能地用公众对象能接受的方式表达，还要注意避免用形容词的最高级，如“世界最好的”、“最著名的”、“领导世界新潮流”等，以避免给人自吹自擂的感觉，也不要使用带命令口吻的语言，以免引起记者和公众的反感。

（4）公共关系人员在撰写新闻稿件时，应注意标明新闻的来源，以利于记者能进行更深入详细的采访。同时，还要写明组织的名称、所在地和联系人姓名，最好还应附上新闻照片。这会对记者是否应该对该事件进行深入采访产生影响。另外，每张照片都应附上简短的说明，以便于参阅。

3. 新闻稿件的投寄

公共关系人员并不是写出新闻稿就可以了，还要掌握投寄的技巧，才能使新闻稿真正发挥作用。

（1）公共关系人员应事先确定好将新闻稿件寄往何处。公共关系人员手中应有一份新闻机构明细表，随时掌握各机构的负责人、记者、编辑、广告业务人员的各种情况，甚至他们的个人情况。另外，还应了解同本组织有关的全国性报刊、地方性报刊、综合性报刊、专业性报刊的编辑方针、机构设置、截稿时间等，针对不同的新闻机构投寄不同的新闻稿件。如果对象不符，就不容易被发表。如果寄给专业性报刊，则各种术语和数据必须准确。

（2）公共关系人员应学会审时度势，选择适当时机寄送稿件。当社会发生重大事件，如重要的党政会议召开时，大型国际性政治、经济、文化、军事、体育活动或重大事件广泛覆盖新闻媒介的传播网时，组织的一般新闻很难引起记者的兴趣，投寄的稿件往往会被挤掉，也就失去了被采用而实现其真正新闻价值的机会。所以，一般要选择新闻的“淡季”寄送组织的新闻稿件。另外，有关新产品的介绍一般要赶在发广告之前。

（3）公共关系人员要注意不断地分析、积累经验。如果新闻稿件未被采用，应注意分析：是否因缺乏新闻性、不具备新闻的特点、不值得报道？是否内容过于专业化？是否与媒体的宗旨不符？是否写作方面不得要领或广告气味太浓、宣传色彩太重？是否新闻来源不可靠，没有采用适当的“新闻由头”？是否违背当前正在贯彻的方针政策？或者要求新闻媒介报道的动机不纯？……总之，要认真地分析、总结经验教训。如果新闻稿件被采用了，也应分析一下被采用的原因和成功的因素在哪里，以便今后的报道更加自觉和主动。对已发表的新闻稿件，要注意剪报、录音或录像，及时存档，以备今后连续报道和对比分析。对新闻媒介经常报道的组织，应主动登门求教，学习公共关系部门运用新闻媒介的成功经验，以改进自己的工作。

二、举办新闻发布会和记者招待会

从政府工作部门来讲，现今中央政府及其所属各部门以及地方政府往往都设立专门的新闻发布机构和专门发布新闻的官员，发布新闻的机构一般称新闻局、处、办公室，发布新闻的官员称新闻发言人。新闻发布对政府来说，就是协调和加强政府各部门同新闻单位和公众的联系，沟通情况，传递信息；解释政府发布的法令、条例、规章及有关方针政策，传达政府的施政意图；协助新闻单位了解政府的各项工作，并从政治上、政策上予以准确地反映，为新闻单位更及时、更丰富、更活跃地宣传提供服务。新闻发布对社会组织来说，其目的在于协调和加强同新闻媒介和公众之间的关系和联系，沟通情况，传递信息；公布和解释本组织的重大决策、行为及有关的规章制度，传达本组织的施政意图，协助新闻单位及时了解本组织各方面的情况。新闻发布会和记者招待会都是当今社会组织新闻发布的一种重要形式，也是当今社会组织重要的公共关系活动。

1. 新闻发布会和记者招待会的区别

新闻发布会是指由政府、企业、团体或个人把新闻记者、有关公众召集在一起，由专人发布消息、回答问题的一种会议形式。记者招待会是只召集新闻记者，而不包括一般社会公众，虽然也发布信息，但更多的是回答记者们的问题的一种会议。新闻发布会和记者招待会虽然都是新闻发布的重要形式，但是两者还是有一定的区别。

新闻发布会的主要对象，既包括各大新闻媒体，也包括与新闻发布内容相关的组织和公众。新闻发布会可以只围绕一个主题或某项业务内容进行，如一种新产品的性能、研制、投产和销售，一项新技术的研究、应用和推广，一项计划的酝酿、制订和实施，一项活动的筹备和进行，也可以有综合、广泛的内容，以满足不同对象的需要。一般来说，新闻发布会是单向发布，举办者只是向新闻机构和公众发布新闻，不回答记者的任何提问，但有时可以例外。

记者招待会的对象范围要小一些，只包括新闻记者，没有一般社会公众。而且记者招待会的内容，除了有新闻发布的内容外，还可以包括当组织受到公开批评而需要得到社会公众的理解并挽回影响、组织发生突发性事件需要向公众了解情况等方面内容。特别突出的一点，记者招待会是双向沟通的，一方面要有发言人的陈述；另一方面记者可以自由提问，发言人必须给予回答。

新闻发布会和记者招待会虽然相互有一定的区别，但两者还有很多共同之处，如两者都是组织与新闻界交往的重要形式，两者都要发布信息，人们往往对两种会议的程序以及形式方法上都有共同的要求。

2. 新闻发布会和记者招待会的基本要求

由于举办新闻发布会和记者招待会不仅是向社会发布某种信息，而且也是组织形象的一次“亮相”。因此，各类组织都重视新闻发布会和记者招待会的举办，都要经过周密的研究、精心的策划和准备。一般说来，举办新闻发布会和记者招待会有以下三方面的要求：

（1）准备阶段的基本要求。首先，确定会议主题和对会议进行可行性分析。要明确：会议将宣传什么，是对事件进行解释，还是公布有关信息？如果是发布信息，则需要对所要发布的消息进行分析研究，看其是否具有广泛传播的新闻价值以及是否合乎时宜，然后决定是否召开。同时要对记者将在会上提出哪些问题进行预测，在内部统一口径，以免说法不同而引起与会者的猜疑。其次，确定会议的时间和地点。为了获得良好的传播效果。召开会议一般要避开重大节日，也不宜与社会公众普遍关心的社会重大活动相重合。地点一般应选择在交通便利、场地较舒适的市中心某处，但有时也可选择主办单位或某一事件发生的现场。再次，准备好各种会议材料，包括口头材料、文字材料、实物材料等。必要时还可播放录像、展示实物、示范表演、图表解释，以增加记者的感性认识。最后，选好发言人和主持人及落实有关会务事项。发言人应具有一定的权威性，思维敏捷，口齿清楚，具有应变能力和较强的口头表达能力。主持人应稳重、大方，具有一定的组织能力、控制能力、应变能力和表达能力。有关会务事项包括发请柬、拟定会议程序、准备会议器材、确定工作人员、布置会场等。

（2）会议进行过程中的基本要求。首先，搞好会议的签到工作，然后按事先的安排把与会者引到会场就座。其次，会议进程要严格遵守会议程序。主持人要充分发挥主持者和组织者的作用，宣布会议的主要内容、提问范围及会议进行的时间，一般不要超过两小时。再次，记者招待会应以记者提问为主，主持人及发言人讲话时间不宜过长，以便记者提问。对记者所提问题逐一予以解答，不可与记者发生冲突。如有外国记者参加，应配好翻译人员。最后，会议主持人要始终把握会议主题，维护好会场秩序。主持人和发言人会前不要单独会见记者或提供任何信息。

(3) 会议结束阶段的要求。首先，尽快整理出会议记录材料，对会议的组织、布置、主持和回答问题等方面的工作进行回顾总结，从中吸取经验和找出不足。其次，收集与会者对会议的总体反映，检查在接待、安排、服务等方面的工作是否有欠妥之处，以便今后改进。再次，统计各到会记者在报刊上发表的稿件，进行归类分析，找出舆论倾向。同时，对各种报道进行检查，若出现不利于本组织的报道，应作出良好的应对策略；若发现不正确或歪曲事实的报道，应立即采取行动，说明真相；如果是由于自己失误所造成的问题，应通过新闻机构表示虚心接受并致歉意，以挽回声誉。

3. 新闻发布会和记者招待会应注意的问题

新闻发布会和记者招待会的举办，除了要符合上述各项要求外，还必须注意以下问题：

(1) 无论何种组织，在举办新闻发布会和记者招待会之前，都应征得所在地区新闻主管部门的同意，办理好报批手续。

(2) 新闻发布会和记者招待会，无论发布什么新闻，都应充分地、慎重地考虑到它对社会的各种影响，不能违背国家的法规，以避免出现偏差。

(3) 发布会和记者招待会自始至终都应坚持实事求是的原则。无论是会上发布信息，还是会后与记者交谈，组织所发布的信息内容必须客观、真实，若发现与事实不符应及时纠正。

(4) 举办新闻发布会和记者招待会还要注意经费预算，要考虑组织的经济承受能力，要视组织的财力、物力和人力而为，不可为追求规模和形式不顾一切，否则适得其反。

三、制造新闻

制造新闻也是与新闻界交往的一种重要形式和方法。所谓“制造新闻”，是指制造具有新闻价值的事件和报道材料，即由公共关系人员以健康正当的手段，以组织内部发生的真实事件为基础，有计划地推动和整理出来的既有利于组织，又使社会、公众受惠的新闻。

制造新闻虽然也是要以真实的事实为基础，但它带有浓厚的人为色彩。它需要公共关系人员具备广博的知识、丰富的想象力、一定的技巧和敏锐的观察力，即敏感的“新闻鼻”，能在纷繁复杂的社会现象中迅速地发现新闻线索和发掘新闻素材。

1. “制造新闻”的特点

与一般新闻比较，组织有计划、有目的地制造的新闻具有以下特点：

(1) 它不是自发的、偶然产生的，而是经过公关人员精心策划安排的。一般性新闻是在事物发展变化中自然而然发生的（如突发性的新闻事件），而制造的新闻是经过公关人员精心策划、推动、挖掘出来的。一般而言，新闻传播的主动权不在公关人员方面，而在新闻界人士方面，公关人员精心策划出来的新闻事件，因为奇特、有趣，具有较高的新闻价值，同样能引起新闻界人士的兴趣和跟踪追击，并加以报道，取得提高组织知名度的作用。

(2) 制造的新闻比一般新闻更富有戏剧性，更能迎合新闻界及公众的兴趣。要成功地制造新闻事件，吸引新闻界人士的注意和兴趣，就要使新闻事件更富有戏剧性，更具有新、奇、特的特点，要求公关人员独具匠心，富于创造。

(3) 能以较低的成本明显提高组织的社会知名度和美誉度。自然发生的新闻有些是对组织的声誉有利的，也有些是对组织的声誉不利的，而且一般而言，自然生活中出现的新闻，不是认为可以控制的。而经过公关人员精心、周密策划的新闻活动、事件，则带着很强的目的性，都是围绕提高组织知名度和美誉度为中心而展开的。因此，成功地策划一个新闻事件，能大大提高组织的知名度和美誉度。

低成本地制造新闻事件，吸引相关媒体的报道是营销界常用的一种“借鸡生蛋”的办法。由于前期对相关客户作了详细的调查，可以依据客户的特点人为制造新闻事件。新闻是媒体赖以生存的基础，只要新闻事件的策划周全，往往能起到事半功倍的效果，以最少的营销费获取最大的推广效果。这类例子在我国营销界数不胜数。脑白金在进入市场之初，采用的关键市场推广手法之一就是制造新闻。这种推广手法使其在短时间内以最低的成本占据了华东地区。

2. 制造新闻的基础——发掘新闻

大多数企业已经充分意识到了新闻传播的重要性，那么，在新闻作为稀缺资源的情况下，如何成功地制造新闻事件又成了企业面临的一个难题，其实只要注意新闻点的发掘，企业新闻会无处不在。

(1) 提高新闻敏感性。新闻敏感性是指对新的事实中新的信息的发现和辨别能力、对有价值的新闻敏锐的认识能力和准确迅速的反应能力。新闻敏感性是公共关系人员必备的素质，也是制造新闻的根本前提。新闻敏感性包括：①对政治形势的洞察力，即迅速判断客观事实的政治意义以及预见可能产生的政治作用的能力。政治洞察力强，就善于从政治上考虑问题，善于鉴别和选择政治性强的事实进行报道，并能很好地体现党的政策。②对实际工作的关注力，即判断某项工作在全局中的地位以及对全局工作影响大小的能力。关注力强，就会努力深入实际，熟悉实际工作的发展，对全局情况了如指掌。③对公众兴趣的审视力，即判断某些事实能否引起公众兴趣的能力。对公众的审视力强，就能代表公众来观察，寻找他们欲知而未知的有趣的材料，从而满足他们的新闻欲。

新闻敏感性并不是某些记者、某些公共关系人员的天赋灵感，只有经过长期的努力，刻苦学习，不断积累和磨炼，才能逐步提高新闻意识，增强新闻敏感性。具备了新闻敏感性，并不等于就可以发掘新闻、制造新闻了，还必须广泛地搜集新闻素材。

（2）搜集新闻素材。在组织的生存和发展过程中，有可能成为新闻的事件很多，大致可以概括为以下几个方面：①组织的经济效益和社会效益有明显的提高，工作成效显著，甚至在国内、国际、同行业、同地区处于领先地位，有可能成为新闻。②组织在某一方面有了重大突破，比如某一企业产品质量提高、数量扩大、新的品种诞生，引用了新技术、新设备或者重要发明获取专利，新的科技成果通过鉴定，获得重要荣誉称号、重要奖励，或者为国家节约了大量能源，这些都有可能构成新闻。③组织在深化内部改革、理顺关系、调动各方面积极性、提高劳动生产率方面有了新的经验、新的做法和新的措施；或是组织在人事方面有了重大变动，撤换了不称职干部，大胆重用了有能力的年轻人，顶住了来自各方面的压力等，这些也有新闻价值。④组织的职工对社会和组织作出了重大贡献涌现出富有时代精神、高尚情操的先进人物等也是重要的新闻素材。⑤组织在参与社会公益活动、热心社会福利及慈善事业、承担社会责任方面有良好的表现。例如，给残疾人捐款、捐赠生活用品，支持我国的体育事业、教育事业、希望工程、航天事业等，这些既能很好地塑造组织形象，也是很好的新闻素材。⑥组织因被诬陷等原因导致组织形象受损，企业优质产品名牌商标被假冒，或者由于其他原因使组织声誉受损，也应作为新闻素材，通过新闻媒介传播予以澄清，恢复声誉。⑦组织在经营管理上出现失误，在公众中造成不良影响，组织知错改过后，也应及时通过新闻媒介向有关方面和社会公众表示歉意，并承担责任，赔偿损失，以挽回影响。⑧组织举办各种专题活动，如奠基典礼、开业典礼以及各种有意义的纪念活动或庆祝活动。这些活动本身对组织的发展具有重要影响和深远意义，若能邀请知名人士参加则更能吸引新闻媒介的注意，从而达到提高组织知名度和美誉度的目的。

（3）挖掘新闻线索。在广泛收集新闻素材的基础上，公共关系人员还必须探寻、挖掘有价值、有意义的新闻线索。探寻和挖掘新闻线索，通常有以下途径：①认真学习党和国家的一系列文件和有关领导同志的讲话，吃透精神。因为这些文件和讲话一般都集中概括了当前的政治、经济和文化生活中的主要情况和问题，以及政策动向和新的任务，既是我们进行新闻报道的思想依据，又直接预示着一个时期内将要发生的重要事情，能为我们提供大量的新闻线索。②积极参与组织内部的各项活动。组织内部的有关会议和活动，往往是情况、问题、意见和建议集中的场合，公共关系人员要尽量多参与，而参与的目的不能只是报道会议本身，而应通过会议中所反映的情况，集中各方面的意见以及会议就有关问题所作出的决定去发现有意义的新闻线索。③掌握动态，善于研究。公共关系人员要通过查阅有关报刊、剪贴和复印有价值的部分，将其分类汇编成册，并注意收听和收看广播、电视节目，必要时还应录音、录像，以及时了解和研究各个特定时期新闻机构报道的动向、热点，从已掌握的各种情况中寻找线索；也可以根据报道的动向，有意识地去收集材料，取得更多的新闻线索。④广泛交往，开拓思路。我们每天都接触传播媒介，信息每天都像洪水一样涌来，稍加留意，就会受用无穷；随意放过，不但可惜，还可能给组织经营带来后患。所以，公共关系人员应在社会上广交朋友，并通过对周围的密切观察分析，从日常生活中挖掘素材，并在此基础上提出新问题、选择新角度、发现新线索。⑤丰富知识，积累经验。公共关系人员应尽可能地多掌握生产知识、经济知识、科技知识和其他业务知识。只有熟悉这些知识，才能更深入地了解从事这些活动的人，更敏锐地发现新闻线索。

（4）确认新闻价值。新闻价值是指某种事实得以实现传播从而产生效果的各种因素的总和。一般说来，无论是公共关系人员，还是新闻记者、编辑以及社会公众，他们衡量、确认、选择新闻价值的标准大致相同。确认新闻价值要注意：①注重新奇性。新奇性是新闻价值构成的基本要素。它通常包含两层意思：一是指时间上要新。新闻报道与新闻事实发生的时间要尽可能接近，时间差越小，新闻价值越大；时间性越强，新闻价值越高。所以，新闻报道要有强烈的时间观念，才能增强新闻的可读性和可信性。二是指内容上要新。现实生活中有许多为广大群众欲知而未知的新鲜事，如新情况、新成就、新经验、新风貌、新问题等。②讲究指导性。新闻是否具有指导性，也是衡量新闻价值的重要标准。在任何时候，新闻都要以指导性和思想性为尺度去衡量所观察到的一切事物，从而确定它的新价值，恰当地运用它。③强调重要性。事物越重要、越显著，关心的人越多，新闻价值也就越大。有些事的重要性和显著性很明显，有些却淹没在大量的一般性事实之中，这就需要公共关系人员下工夫筛选、辨别。新闻事实与人们的利害关系越密切、涉及面越广、影响越大，重要性就越显著，也就必然引起人们的普遍关注。重要性与显著性常常是连在一起的。显著性是指那些著名的、非同一般的事物，如邀请著名人参加组织的重要纪念日活动等。这些事实知名度高、影响面广、吸引力强，最能激起人们的兴趣。④考虑接近性。这是指新闻事实与公众在心理上、利益上、地理上、职业上的关联与接近。其关联接近程度越紧密、公众越关心，新闻价值也越高。如恰当地选择社区内的新闻事实予以报道，有助于引起社会公众的兴趣，改善组织形象。⑤注意趣味性。趣味性也是衡量、确认新闻价值不可缺少的标准之一。但是，对趣味性不能做庸俗、片面理解。公共关系人员在做新闻宣传工作的时候，不能有片面猎奇的小市民心理，专门去追求怪招、选奇闻、耸人视听。所以，新闻除了“新”、“奇”外，还应该从社会生活中人们所关切的具有积极意义的事情中去寻找。

公共关系人员在广泛收集新闻素材、挖掘新闻线索、分析和确认了新闻价值之后，就可以通过健康正当的手段制造新闻了。

3. 制造新闻的策划步骤

制造新闻需要按照一定的步骤进行，这样才能提高制造新闻的效果，更好地实现组织的公共关系目标。

（1）市场分析。要做一项新闻策划，必须先对策划对象所在行业及相关情况有深入的了解。比如，行业的历史、行业的现状、行业发展的新特点、相关的法律配套等。了解得越详细，掌握的信息越多，就越有可能从中挖掘出有价值的新闻点。

（2）确定宣传目标。对新闻策划来说，主要需要确定的是宣传的范围和宣传的目标人群。宣传目标影响着后面新闻点的策划、媒体的选择和预算的编制等步骤。如果宣传范围只是地域性的，那么媒体只需选择地方性媒体就可以了，预算也会比做全国性宣传低得多。如果选择是针对年轻白领的，那么策划的新闻事件必须能吸引他们的关注，媒体也应针对性地选择白领媒体。

（3）策划“新闻点”。这一步，需要策划出能达到宣传目标的“新闻点”。策划“新闻点”一般可以运用“借势”或“造势”两大基本方法。①借势，即借助外部的条件和环境进行策划。如借助比企业更受人们关注的各种事物，与企业即将进行的公共关系营销活动结合起来，从而把新闻界及公众的关注点移到本企业方面，收到良好的效果。②造势，即企业新闻策划者通过巧妙思维，利用某一看来微不足道的契机，为企业与公众间关系的建立与发展造出一个有利趋向和势头来。造势是一种最简单，同时也是最复杂的策划。

（4）选择媒体。新闻策划都是通过媒体的传播来完成的，因此媒体的选择非常重要。一般根据产品的特性和宣传目标来选择媒体。比如，大众产品应选择大众媒体；如果客户目标是女性，则应该选择女性媒体；专业化的产品，应选择专业化的媒体，像计算机产品，最好选择计算机专业媒体和大众媒体中的计算机版面；而全国市场，则应选择全国性媒体。

（5）编制预算。做宣传，要衡量投入产出比，对预算做到心中有数。但新闻策划和广告投放在费用上很不同，广告费用主要包括制作和媒体投放的费用，而新闻策划则主要是新闻事件的实施费用，优秀的新闻策划只需要少量的甚至不需要媒体费用。因此，新闻策划费用很难像广告投放那样在今年就可以计划好明年的投放量。

新闻策划不同，个案的实施费用往往会根据具体的策划而有所不同，因此应采用“目标任务法”来预算。先确定一个新闻策划的目标，然后估算出要达到这一目标所需的费用，包括新闻事件实施费用和新闻发布费用，这两项费用相加就是一次新闻策划的总费用。

(6) 策划的实施和控制。这是新闻策划中的另一个重要环节。因为再精妙的策划，也需要通过媒体进行传达。如果媒体不配合，新闻策划是不可能获得成功的。还有，现在不少媒体已出现“排他性”倾向，就是一条新闻如果其他媒体(尤其是竞争媒体)已经刊播了，就不再采用。这为新闻策划所需要达到的“大规模轰炸”效果提高了难度。这一情况下，需要策划人有很强的媒体运作和控制能力。

(7) 策划效果衡量。对策划效果进行有效评估，有助于判断整个策划成功与否，也能对下一次策划提供有价值的参考。一般来说，新闻策划的效果可以通过以下几个标准来衡量：①刊登播出数量。在策划实施后统计媒体刊登播出的新闻数量，衡量是否达到原先设定的目标。②刊登播出质量。刊登播出质量主要指篇幅、字数、播出时间长度、刊登的版面（是否头版或其他重要版面）、播出的时间段（是否是黄金时段、知名栏目）、企业和产品的名称是否出现、产品性能是否介绍等事先设定的目标。③市场反应。市场反应包括两个方面，一是销售业绩，只需对策划实施前后实际的市场销售情况做出比较，就可以分析出策划是否推动了销售。二是看企业或产品的知名度是否提高，这需要在策划前后各做一次问卷调查。④采用“比较法”。比较法就是与其他竞争产品的市场表现进行比较，从而对新闻策划的效果做出评估。

4. 制造新闻的一般技巧

公共关系传播中的制造新闻是有一定的技巧的，具体地包括如下几个方面：

(1) 应该就公众在某段时期最热衷的话题制造新闻。公众在不同的时期，关心的话题不同。对公众兴趣审视力较强的公共关系人员，应该时刻关注这个问题，以便把握时机。比如，1988 年汉城奥运会期间，广州健力宝集团就抓住时机，成功地制造了一次很有影响的新闻。集团不仅向奥运会捐送、赠送产品，在奥运会结束后，总经理还专程向我国获奥运金牌的运动员赠送冠以“健力宝”名称的金罐。对这一活动，新闻界进行了大量报道。

(2) 要注意抓住“新、奇、特”这三点制造新闻。一个事件的新闻价值往往就在于它的“新、奇、特”上。在激烈的组织形象竞争中，要成功地制造新闻，公共关系人员必须独具匠心，使公共关系活动具备“新、奇、特”的条件。

超大牛仔裤的震波

上海蓓英百货服装店，是一家特约经销牛仔裤的个体集体联营商店。前几年，在服装业日趋萧条的情况下，店主想出了颇具公共关系意识的一招：定做了一条近 2 米长，腰围 1.3 米宽的特大牛仔裤悬挂在店堂，上面别着一张纸条，纸上写着“合适者赠送留念”，以此招揽顾客。这一别出心裁的做法，引来了不少高个子和大块头，他们苦于无处购买合适的牛仔裤而到此处碰运气，然而，这条牛仔裤实在太肥大了，他们只能望“裤”兴叹，但小店的名气却由此而大振。这种奇妙宣传逐渐引起了新闻媒介的注意。《新民晚报》、《解放日报》等纷纷对此作了报道，使这家原本淹没在个体市场的小店，竟一下变得家喻户晓，尽人皆知了。人们普遍关心的是：“牛仔裤被穿走了吗?”没有！店主继续寻觅“合适者”。不久，第一个幸运者出现了，上海浦东陆行镇腰围 1.3 米的退休工人陆阿照穿走了第一条超大型牛仔裤，人们的情绪陡然高涨了，《解放日报》以《腰围 1.3 米的牛仔裤被穿走了》为题报道了这一新闻。蓓英百货服装店又一次名声大振。在此期间，国家女篮的郑海霞曾到店里来试，但因裤腰太肥而不无遗憾地走了，店里特意到广州重新定做一条，赶到北京去送给郑海霞。这样，蓓英服装店的名声从上海传到了北京。中国“巨人”穆铁柱是慕名而来的第三位幸运者，他光顾“蓓英”的这一天，这间只有一间门面的小店顿时热闹非凡，很多人围拢在此，争相观看穆铁柱穿牛仔裤的场面，在这位 2 米多高的巨人面前，一旁的售货员和观众简直成了小娃娃，在那些好奇的观众看来，这本身就是一大“奇观”。店主把穆铁柱送出店门之后，“穆铁柱穿上了牛仔裤”的消息不胫而走，各大小报刊纷纷报道，上海电视台、中央电视台也相继播放这条新闻。就这样，蓓英百货服装店没花一分钱广告费，仅用三条超大型牛仔裤就轻而易举地名扬全国，营业额翻了几番。

(3) 为了强化新闻的效果，应事先制造一些热烈气氛，使公众心理上有所准备。例如，前述的法国白兰地成功打入美国市场的案例中，法国白兰地公司就是通过给美国艾森豪威尔赠送两桶有 67 年酿造史的名贵白兰地，作为其 67 岁寿辰的贺礼，制造了有关白兰地酒的新闻。赠送仪式上白兰地酒的种种传说与趣闻，成为华盛顿市民街谈巷议的话题，以至于总统寿辰那天出现了万人空巷的景象，人们都集中在白宫前面等待这一赠酒仪式，新闻机构更是纷纷报道，造成了强烈的轰动效应。

(4) 制造新闻还要尽可能地与传统的盛大节日或纪念日联系在一起。每年的传统节日、纪念日往往都是新闻报道的重点。

妈妈，我向您致敬

前些年，南方某酒店以西方传统节日母亲节为契机，举办了以“妈妈，我向您致敬”为主题的征文比赛和表扬模范母亲的活动。他们精心评选出 12 位模范母亲，给予表彰，并向当地 12~15 岁的学生征集歌颂母爱的诗歌和文章，从中选出 20 篇优秀文章，在母亲节当日举办朗诵会。舞台的背景上，一群天真可爱的孩子们为母亲献上不同的节日礼物，母亲的眼中则流露出无比幸福的喜悦。朗诵会上，孩子们朗诵着自己的作品，倾诉着一颗颗童心和对母亲表达不尽的爱意。此次活动在获奖孩子将奖品献给母亲，表露母子、母女的亲情中落下帷幕。这样的结尾，在无言中升华了此次活动的主题，一时间，该酒店的名字在当地家喻户晓了。

地球，我们的家园

“我最大的愿望就是通过镜头，唤醒更多的人热爱自然、热爱动物的意识，共同创造一个和谐、美好、长久的生存环境。”这是全国知名连锁品牌，好利来总裁罗红先生的话。罗红是一个“好摄之徒”，多年以来，他独自驾车拍摄的足迹遍布世界。2006 年 6 月 5 日世界环境日，罗红应联合国环境规划署之邀在其总部所在地肯尼亚首都内罗毕举办了主题为“地球，我们的家园”个人摄影展。这是联合国第一次邀请一位中国摄影家在其年度活动上举办个人展览。为期两周的展览结束后，罗红将所有展品义卖，所得全部捐献给联合国的环境保护项目。联合国官员在参观展览时说：罗红的作品不仅体现了一个摄影家的艺术才华，而且显示了中国艺术家正在以国际化的视角来思考环保问题。

（5）应注意多与报社、电台和电视台等新闻机构联合举办各种活动，以增加本组织在传播媒介中亮相的机会。这是因为：新闻机构自己举办的活动，自然会在自己的新闻媒介上报道，组织也会因此得到与广大公众见面的机会。例如，某家企业和某电视台联合举办青年大辩论活动，这家电视台一定会全力将这次活动制作成节目在电视上播放，于是这家企业在整个辩论比赛和发奖仪式上露面。可见，与新闻单位联手也是制造新闻的一个极好机会。

第四节　网络公共关系

据统计，在美国发展最快的五个行业中，公关业就是其中之一，所有全球性公关公司都以每年 20%~25%的速度在发展。未来是一个人和电脑共生的网络时代，这一时代的到来进一步提升了公关的作用和地位，给公关人员提供了一个良好的发展空间。网络时代是公关业充满希望和机会的时代。网络为公关业带来了又一个春天。网络世界中的一些著名品牌，如雅虎、亚马逊等在几年时间里建立起来，和可口可乐等传统品牌一个世纪才建立起来的知名度相比，不能不说其中有网络公关的功劳。据统计，财富 100 强中的 95 个拥有自己的网站，它们已成为公司对外公关的主要工具。如微软网站有很多自己的新闻；耐克网站有关于耐克公司的所有讨论和公司动态等。因此，各种组织正在抓住机会，开展网络公关，以迎接“注意力经济”时代的挑战。

网络公关（Public Relations on Net）或者称做 E 公关，是适应时代要求，以互联网为手段，沟通企业内外部信息，加强企业与社会公众的交流，从而提高企业的知名度和美誉度，塑造良好的企业形象的新型公关活动。网络公关是数字环境下的公共关系，是传统的公关活动在网络中的新发展。

一、网络拓展了公共关系的内涵

在网络化的今天，网络公共关系符合传统公共关系的要旨，并且突出了其传播的特征，充实、完善了公共关系的内涵。

1. 网络公共关系的主体得到拓展

传统的公共关系一般以正式的组织特别是合法的企业为主体，而在网上的各种组织、团体、企业、个人都可能成为公关主体。这是因为，网络是一种平等的平台，在这里，任何组织与个人最终都被简化为了“0”和“1”的编码，主体的平等性加强，从而扩大了公共关系主体的范畴。

2. 网络公共关系的客体得到扩展

网络公共关系的客体一般是指与网上企业有实际或潜在的利害关系或相互影响的个人或群体。传统公共关系的客体一般看得见、摸得着，而网络公共关系的客体却可能是一个“老死不闻其声、不见其人”的虚拟对象。通常来看，网络公共关系的客体可以分作两大类型：一类是围绕企业由利益驱动形成的垂直型网络用户，由投资者、供应商、分销商、顾客、雇员及目标市场中的其他成员组成；另一类则是围绕某一主题形成的横向网络用户，包括生产类似产品和提供相应服务的其他企业，以及同企业一样面临类似问题、分享相同价值观的个人、其他组织、社会团体、行业协会及联合会等。如果说前者与传统公共关系的客体基本无差别的话，那么后者无疑得到了大大的延伸，把任一网络公共关系的客体范围从过去比较狭小的局部扩展到了全世界的范围。而传统的公共关系中，只有极少数的跨国公司以至大型集团才能做到这一点。

3. 网络实现了公共关系的较大变革

而在传播沟通方面，网络代表着最先进的沟通方式，实现了公共关系的较大变革。与其他的传播方式相比，网络具有无可比拟的优势（见表 3–1）。

表 3–1　传播沟通方式比较表

特点 方式	时间性	空间性	载体	速度	交往者之间的关系	传播和交流范围
交谈	即时	近距离	声音	快	直接	狭窄
“手谈”（文字书写）	异时	近距离或远距离	符号	慢	间接	受文字载体数量限制
印刷术	异时	近距离或远距离	符号	慢	间接	在印刷品数范围内传播
电报和电话	即时和异时	近距离或远距离	声音和符号	快	间接或直接	交往者间有限的交互

续表

特点 方式	时间性	空间性	载体	速度	交往者之间的关系	传播和交流范围
广播和电视	即时和异时	近距离或远距离	声音符号或图像	快	间接或直接	非交互或有限交互
网络技术	即时和异时	近距离或远距离	可以转化为各种符号格式的数字	快	间接或直接	扩展的交互

二、网络公共关系的特点

随着互联网时代的到来，企业的公共关系环境发生了深刻的变化。互联网这一媒体对传统企业公共关系观念造成了冲击，改变了公共关系的一些基础理念和策略，使网络公共关系呈现出如下特点：

1. 互动互通性

首先，因为网络具有互动互通的特点，使得信息传播的交互性大大增强，从而使网上公关主体拥有了在传统公共关系（这里指通过报纸、杂志、电视、广播等传统新闻传播形式进行的公共关系）中所没有的主动性，使网上组织在公共活动的几乎所有环节中都能发挥主动作用。这一特征是网络公关与传统公关相比更具优势的根本原因所在。

在传统的新闻传播中，编辑、记者、导演等人往往充当了“守门员”的角色，他们决定着组织的新闻、消息是否能见诸报纸、杂志或电视，他们甚至还决定这则消息的表达风格和隐含内容等。与传统新闻的这种局限相比，网络的加入给组织的公关活动提供了巨大的机会。网络使企业可直接面向消费者发布新闻而不需要其他媒体为中介成为可能，这是一个极为重要的革命。这项革命克服了传统新闻传播中存在的消极人为因素，使组织能有效地掌握公共关系的主动权，能对公众产生直接影响。

同时，网络即时互动的特性使网上公关还具有创建组织和公众“一对一”关系的优势，增加了组织和公众间的直接交流与沟通，使组织能及时、充分地接收公众的反馈信息，了解公众的个性化需求，把握公众对组织的评价，维护和组织的良好关系，从而提高了公关活动的实效性。

2. 即时性

“给我两分钟，我让全世界找到你。”这是一家网络公司的广告词，形象地说明网络公关的跨越时空性，网络信息传播的高速度使得组织的公关活动具有即时性的特点。传统传播媒介有一定的发行周期，如一般报纸和杂志每天或每月才发行一次，而在网上可以全天 24 小时随时发布消息，且可随着形式的发展随时更新消息，公众也可以全天候不拘时地进行点击。比如“蓝色巨人”IBM 公司购买

Lotus后即在其首页上发布了这则消息，比当天的报纸要早几小时。网络的这种特点对组织公关活动的开展既是机会又是挑战，组织有了机会随时发布消息，但也使公关工作的节奏大大加快，一些不利于组织形象的负面信息可能因为在网上曝光，几分钟就传遍世界各地，这就需要公关人员同样利用网络的即时性对事件作及时而有效的处理。1996年10月，美国一家生产果汁的欧瓦拉果汁公司发生一起突发事件，该公司生产的一批苹果汁不慎被0517大肠杆菌污染后流入市场，导致61人中毒，其中一名儿童死亡。顿时舆论哗然，公司的良好形象受到了严重损害。面对这一突发事件，公司开展了强大的网络公关，请网络专家在24小时内建立了公司的全球信息网站，向公众传达了公司的道歉声明和补救措施，并且帮助消费者联系相关的医药保健网站，获取有关大肠杆菌的最新医学信息，以求对策，从而避免了事态的进一步恶化，挽救了公司的形象损失。

3. 广延性

首先，网络的全球互连性使得网络公共关系在空间上拥有了传统公共关系所没有的广延性，组织公关活动的受众无限扩大，全世界160多个国家和地区的上网公众都有可能接受到组织在网上发布的新闻。克服了传统公共关系活动在地区上的限制。同时，网络给组织的公共关系活动提供了巨大无比的活动空间，组织可以通过网络论坛、当地电子公告板（BBS）、新闻组、网络会议、网络广播台及节目、网络电视台等各种形式向公众发布新闻或开展其他公共关系活动，从而扩大了组织活动的范围。

此外，网络公共关系还具有自主性、多媒体性、低成本性、多形式和效果显著等特点。

三、网络公共关系运作的原则

网络公共关系运作要坚持诚信、快速、创新、安全等原则，这样才能提高网络公共关系传播的效果，实现组织的公共关系目标。

1. 诚信

“公关之父”艾维·李早已提出“对公众讲真话”的公共关系原则，网络公共关系低成本易行，故企业在使用后会有很多方便，而最大的方便即在于自主性。在这种情况下，企业组织要搞好与社会公众之间的关系，就要看企业对待公众和社会的态度，以及如何对待利润和效益。因此，企业在一定的生产经营条件下，加强管理，提高产品质量和服务质量，真心实意为消费者和社会服务，就是价值最大、最成功的公关策略，而不能以网络是虚拟空间为借口、以网络匿名性为掩蔽，对公众进行欺骗。网络公共关系管理必须要把树立诚信美德放在重中之重的位置，如果稍有闪失或过错，在网络广阔的空间里将迅速传播，致使企业形象受到极大打击。如果说，欺骗在传统公共关系中还可能得逞，那么在网络公共关系中，组织的一言一行都会受到监视，欺骗成为最不智的选择。公众在网上很容易核查组织言行的真实性，而且网上公共关系在内容上又十分透明化，致使细微出入也容易被人发现。

2. 快速

快速体现在两方面，一方面，组织要利用网络这一有利工具，及时将有关信息发送给有关的媒体，迟上一天也是失误，因为信息时代昨天的“新闻”即旧闻。另一方面，组织有关信息必须及时更新。随时把自己的最新动态挂到主页上或有关网站上是企业进行网络公共关系最基本的要求。但不少组织在制作好主页后即认为万事大吉，不再注意更新，这容易给人造成一种印象，即该企业重形式轻内容、做事拖泥带水、管理者没有责任心等。

3. 创新

建立自身的主页是企业利用网络开展公共关系的起点，而建立长期有效的网络公共关系则要采用多种多样的方式，要注意创新。譬如，组织可以在网上一个知名公共论坛上邀请该领域的著名专家与网友进行交流。其话题不一定就专门围绕该企业产品，但在网络的醒目位置以至于有些言谈，都会为企业亲近受众搭造平台。

4. 安全

为了保证网络安全，要谨防受到攻击。这主要源于三方面: 一是来自于竞争对手在网上暗中的恶意中伤；二是来自于一些顾客的指责；三是来自于黑客的攻击。如果说前两种情况的实施主体是有意识的话，那么来自于黑客的攻击往往是无意识的。黑客通常只是出于好玩或是露一手的目的，而在组织的主页上随意进行涂改。其中既有让人哭笑不得的恶作剧，如在主页上画一只小乌龟； 也有让人措手不及的恶性攻击，如使企业的服务器瘫痪等。要解决网上受到攻击的危险，一方面组织要加强管理、提高技术水平；但另一方面更重要的是由政府加强立法执法，使网络公共关系保持在稳定发展的轨道之中。

四、网络公共关系的活动方式

组织开展网络的方式是多种多样的，关键是要在网络公共关系实践中灵活运用。网络公共关系的活动方式主要有如下几种：

1. 建设公关型的企业网站

企业网站是帮助企业树立形象的最佳工具之一。网站上的企业背景资料、商标、广告语、经营理念、企业视觉形象识别系统等公关信息元素可以源源不断地向公众进行传播。公众也可以通过网站提供的联络方法提出自己的疑问、咨询及投诉， 并快速地得到企业的答复。以上的过程使公关活动的本质即组织和相关公众之间的双向信息传播和沟通得到最好的诠释，这也要求企业在设计网站时充分考虑网站的公关功能，不仅把网站作为一个销售平台、服务平台、采购平台、广告平台，也要把其作为企业公关活动的平台，使网站融入企业的文化、精神和理念。在利用网站公关的过程中，企业公关人员必须明确两个问题。首先，网络公关的对象包括客户、供应商、经销商、投资者、企业内部员工、媒体、金融机构、政府机关、社会团体等，这些公众对企业的经营管理活动都会产生直接或间接的影响，需要受到企业的重视。其次，网站需要根据这些公众的特点为其提供各种信息服务。企业的背景资料、组织结构、管理技术水平、新闻是向上述全体公众提供的，此外企业也应该注意提供针对特定公众的特定信息服务。

2. 借助网络媒体发布新闻稿

近几年，以新闻传播为重要任务的网络媒体发展速度惊人。新浪、搜狐、网易等站点在新闻传播方面的影响力已经丝毫不亚于一些传统的电视、报纸、杂志媒体。通过这些网络媒体来发布关于企业的新闻，无疑是行之有效的公关方法。不仅如此，如果企业网站有足够的访问量，网站本身就可以在一定程度上代替传统媒体的新闻发布功能。企业还可以通过公共论坛、与企业业务相关的新闻组来发布这些新闻，同样也可以达到较好的效果。网上新闻稿的制作应注意以下几点：

（1）注意稿件的链接问题。网上新闻稿的制作不同于现实生活中的新闻稿。在真实世界中，新闻稿通常不超过两页，因为有篇幅限制，许多信息只好删去。在网络上则没有这种限制，而且还可将新闻链接到其他相关信息上，使得公众在搜寻信息时可以从中寻找更有用的信息，既方便了公众又大大增加了组织的信息发布量。因此，在进行网上新闻稿的制作时要特别注意稿件的超链接问题，应创建新闻稿与各种相关信息的链接，如创建新闻稿与站点中过去的新闻稿及相关信息的链接，使公众能获知事件发展过程的概貌及更多的信息；创建新闻与其他站点中相关信息的链接；创建新闻稿与有关图片的链接，使公众有可能获得相关的图片资源。

（2）注意稿件的形式问题。为了提高公众对组织网上新闻稿的浏览率，新闻稿的形式应力求生动、活泼，富有新意，能抓住网上公众挑剔的眼睛。形式千篇一律，语言枯燥乏味的新闻稿在任何时候都是无人问津的，在强调“注意力经济”的网络时代尤其如此。因此，为吸引公众对组织新闻的注意，组织在设计网上新闻稿时，公共关系人员可运用 Flash 动画、音乐等多媒体技术，增强新闻发布形式的趣味性，从而加深公众对新闻的印象。

（3）加强新闻稿的互动性。网络区别于传统媒体的一大特征是它的互动性，我们在制作新闻稿时也应充分增强它的互动性，从而使组织及时得到公众的反馈信息，为组织的下一轮决策提供依据。首先，应该在新闻稿页面的顶部或底部添加联系信息，使公众一旦有疑问，能和公司的相关人员快速取得的联系，实现公众与组织公关部门的即时互动；其次，应在新闻稿后设立专门的评论区或设立常规性的电子论坛，使公众可以自由发表自己的读后感，参与讨论。

3. 通过电子邮件发布个性化信息

面对不同的信息需求者，企业可以通过电子邮件为他们提供各种类型的信息服务，使他们及时了解企业的各种新闻、产品、销售政策，而相应公众也可以通过电子邮件将对企业的要求、建议传回企业。维护企业与传统大众媒体的关系。传统大众媒体和新兴网络媒体绝对不是简单的对立关系，而是相互渗透、相互融合的。企业公关人员可以进入相应的公共新闻组和论坛，或者进入媒体的论坛和聊天室与记者、编辑交流，也可以利用电子邮件向他们发送新闻稿、提供新闻线索，这都将帮助企业公关人员建立与媒体人员的良好沟通，促进企业公关活动目的的实现。

4. 刊登网络公关广告

公关广告是企业推销自身形象的一种特殊手段，是一种特殊形态的广告，亦是一种特别的公关活动方式。而网络广告所具有的超时空、低成本、内容可扩展等优势，无疑使它成为一种理想的公关工具。在网络上做的形象广告、公益广告、观念广告，都能有效加强公众对企业的理解，融洽企业与公众的关系。

5. 赞助公益事业

在网上赞助有益的社会事业，可以在推动公益事业发展的同时为企业赢得良好的声誉，是一种有效的网络公关手段。

6. 开展网上社会服务活动

在网上举办各种专项社会服务活动，无偿地为相关的公众提供服务，以行动和实惠吸引公众的兴趣，获得公众对企业的好感，也是一种较好的网络公关活动方式。举办网上公众代表座谈会。企业在做出影响相关公众利益的政策决定之前， 需要了解相关公众对此项政策的详细意见或是企业在相关政策实施一定时间以后，想收集公众对此项政策的态度和反映，都可以通过网上公众座谈会的方式来进行。在操作过程中，可以通过各种途径，如电子邮件、企业网站、电话等发布邀请函，其中应注明座谈会的时间、网址、参会人员、讨论主题等重要信息。

7. 召开网上新闻发布会

在传统公关活动中，新闻发布会是组织和公众沟通的例行方式。它是一种两级传播：先将消息告诉记者，再通过记者所在的媒体告知公众。企业将这种方式放到网站上，通过聊天系统或视频会议系统进行，将大大降低新闻发布会的成本，提高效益。

8. 网上软件搭载发布

通过网上 OICQ、Foxmail、Netants 等绿色软件的搭载形式完成对新闻稿的发布。绿色软件的下载非常高，因此，组织可与这些软件的生产商联系，以搭载的形式发布新闻稿，从而扩大组织的最新动态、产品资料等信息的受众面。

在发布工作完成以后，组织还有一系列相应的善后工作需要做，如给有关记者打电话告知新闻稿的发布情况、认真回复公众或记者读完新闻稿后的疑问等。

五、网络公共关系的新发展

近年来，随着网络技术的发展，网络公共关系又有新的发展，其中博客公共关系和微博公共关系日益受到人们的重视。

1. 博客公共关系

博客是近年来发展最快的互联网工具，它从2001年正式登陆中国，便以星火燎原之势迅速发展。博客作为一种媒介，一种网络交流方式，其个人性、即时性、共享性和交互性、可信性等特质已开始显示出了其在公共关系应用方面的价值。

（1）博客的概念和特点。学界一般将博客（Blog）描述为："一个Blog就是一个网页，它通常是由简短且经常更新的Post所构成；这些张贴的文章都按照年份和日期排列。Blog可从有关公司、个人、新闻，或是日记、照片、诗歌、散文，甚至科幻小说中发表或张贴。许多Blogs是个人心中所想之事情的发表，也有非个人的Blogs，那是一群人基于某个特定主题或共同利益领域的集体创作。Blog好像是对网络传达实时信息。撰写这些Blog的人就叫作Blogger或Blog-writer。"简单说来，Blog是在网络上的一种流水记录形式，所以也称为"网络日志"，或简称为"网志"（Web log）。

最初的博客出现于20世纪90年代，1993年博客软件工具的测试版发布了；1999年，网络日志被正式命名；2002年，国内最早的博客服务提供商开始出现，博客中国与BlogCN相继建立；到2006年左右，博客作为一种新的媒体现象，其影响力大有超越传统媒体之势。博客的发展如此迅速，这与其突出的个性特点是分不开的。博客有如下几个方面的特点：

①零进入壁垒。博客是"零进入壁垒"的网上个人出版形式，"零进入壁垒"主要是指满足"四零"条件，即"零技术、零编辑、零成本、零形式"。

②共享性强。对博客而言，分享是博客赖以存在的基础。当每个博客以自己的网页组成博客们的共同主题时，博客们便在这个虚拟的空间中共享观点、思想、知识、信息。此时便体现出"梅特卡夫定律"即网络的价值，随着用户数量的平方数增加而增加，或者说信息共享的价值是以博客数量的平方来计算。

③交互性。在博客中，Blogger通过自己发布的日志来同读者进行交流，读者通过在博客中发布评论与其他读者或者Blogger进行沟通。这样便形成了一个围绕着博客与博客、博客与读者、读者与读者间交互的开放的沟通圈。

④可信性。或者说是"权威性"，一个受欢迎的、点击率很高的博客，往往

在大众心目中具有较高的权威性,其发布的内容具有可信度。因为一旦其发布虚假信息被大众察觉，失去了可信性，该博客的大众访问量就会大大降低。

⑤个性化。在博客中由于没有上司领导，没有工作要求，没有内容主题和文体的限制，博客们在毫无思想压力的轻松状态下畅所欲言，将自己认为最有价值的东西以个人的独特方式展现出来，让公众尽情感受以“个人大脑”作为网络搜索引擎和思想发源地的魅力。

⑥信息形式多样。博客作为一种网络媒体，可以记录各种形式的信息，也可以随时查询，具有档案的作用。而报纸虽然能够记录文字信息，被人们多次浏览，但却记录不了视频和声音；电台和电视台能够播放声音和视频，但很难记录下来，人们看过一遍想看第二遍就得等重播。博客则不然，文字、声音和视频都能记录下来，无论什么时候想要查询都很容易办到。因此，博客传播的速度和效率在很多时候能超越传统媒体。

（2）博客公关的概念和目的。博客的出现，打破了原有传播体系中媒体导向占据主导地位、用户反馈和参与占从属地位的局面。而当受众真正参与到企业传播体系中后，企业传播方式也开始了全新的构建。

所谓博客公关（PR with Blog），就是利用博客的“口口”传播功能，将公关消息“病毒式”传播出去，并且利用博客宣传公司的观点，降低公关成本，提高信息的传递效果，从而达到公关的目的。

博客公关应用的最根本的依据是博客的聚合效应，也就是我们所说的“圈子”概念，即具有相同的爱好、相近的职业领域或相似的生活背景的人所形成的一个人际关系联结的群体。相对于这个群体而言，写作者是一个意见领袖、一个意见发布的核心，他们对于特定商品、服务乃至特定企业的看法，对于这个小群体而言具有相当的辐射与渗透作用。博客圈子的蓬勃发展使口碑效应愈发加速和放大。

博客公关的主要目的有两类：第一类是利用博客传播的特点，迅速建立和组织当事人的博客，快速将企业动态及相关事件的内容传播给受众，以消除猜疑和负面消息，建立起正面引导；第二类是通过建立起切实可行的博客作者检测机制，对博文和博客进行有重点、有目的的检测，以避免负面、误解的信息在网民和博客中扩散，从而达到维护企业形象的目的。

博客公关随着博客的发展和众多企业博客的开设，其威力和价值也逐渐体现出来，并得到国内外公司的关注和重视。自 2005 年 6 月开始，一名叫 Jeff 的戴尔笔记本用户在其博客上讲述了自己使用戴尔笔记本的遭遇，并对戴尔售后服务不断地发布不满的评价，戴尔公司对博客传播威力的忽视采取不作为的举措，则最终被证明成为该年度商业公司最大的公关失误之一。相较而言，互联网业界的先锋 Google 则显得很有远见。在澄清关于李开复与微软之间案件的失实报道事件中，Google 使用了“Google 与李开复博士”这一博客作为唯一信息发布平台和公关媒体，成功地避免了一场诚信危机，同时也扩大了 Google 在中国的影响力，造就了国内第一个具有广泛影响力的博客公关案例。

(3) 博客公关的基本形式。主要有如下 4 种：

①官方博客。官方博客是公司的讯息与评论官方发布平台，可以雇用专门的（咨询、公关）人员为其写作和管理，或者由企业公关部门的员工来运作，其目的是及时透明地反映公司情况，避免外界负面、误解信息。这是企业掌握话语主动权的第一步。

②高管博客。根据最近的一项调查表明，CEO 的个人声誉占整个企业形象和信誉的 48%。CEO 开博客本身就是一种很有效的公关行为，可以利用自身的个人魅力起到宣传作用；还可以拉近与员工、消费者的距离，塑造 CEO 更具亲和力的形象；为公司带来更多的公关话题，从而树立企业的形象。CEO 可以通过博客把企业的文化、价值观和经营宗旨等向外界表达，相比一个实体，个人更容易表达和吸引注意力。

除此之外，CEO 开设博客也是组织内部公关的有效手段，除了拉近与员工的距离，员工也可以通过博客留言给上级提供建议或投诉，这也从根本上改变了以往上传下达的企业内部沟通方式，下情可以迅速准确上达，对于组织内部管理和组织决策提供可靠依据。

③员工博客。IT 行业企业员工博客比较多见，例如 Google 的很多员工，一直都是积极的博客作者。一方面，他们是这一项新技术的开发者和试验者，对于技术和产品的讨论一直是这类型博客的主要话题。除了技术性的文章，也有个人生活和情绪的释放。企业员工通过建立个人博客增进同事间交流与理解，也达到协调工作和外部沟通的作用。

④草根博客。大多数影响公众的博客不是企业官方博客，也不是员工或高管博客，而是非本企业成员——对于行业有着深厚背景知识的专业草根博客。这一类博客作者，基本上是有着丰富经验和学识的专业人员，对于本行业或者领域有着浓厚兴趣，且写作水平高，博客更新频繁，内容可靠。这一类的博客，由于是组织之外的成员，能够更加客观公正地对于企业做出评价，其认知和意见代表了大多数网络民众，且能令网民信服。他们凭借专业学识和诚恳交流成为博客圈子里的意见领袖。

(4) 博客公关的价值。博客在企业公共关系中的应用涉及了包括从协调组织内部关系、发布信息、处理公共事务，到获取消费者反馈信息、促进投资者关系、辅助危机公关，再到企业形象的塑造等诸多公共关系领域。博客公关的应用，为企业带来相当可观的有形和无形收益。博客公共关系的应用价值表现为如下方面：

①协调内部关系。一个企业要获得自身的发展，首先要协调好企业与员工以及员工与员工之间的关系。博客很好地扮演了企业与员工、员工与员工的“关系居间者”的角色，在企业与员工、员工与员工之间架起了一座沟通的关系桥，为企业实行以人为本的软管理提供了一个良好的平台。

首先，博客加强了员工之间的情感交流，为员工的情绪释放提供了平台。现代企业管理必须重视人的感情、情绪等软因素。据心理学分析，一个人处于不顺利的时候，紧张的情绪往往会压抑理智的思考。只有让他发泄出来，才能恢复理智，正常思维。在信息技术不发达的时候，企业采取各种方式帮助员工调整情绪，如设立专门的健康管理室、出气室、聘请心理医生等。而随着网络科技的发展，一些企业利用专门的网站空间为本企业员工搭建博客平台，员工在此建立自己的博客,形成一个企业员工博客群。员工既可以利用自己的博客发泄心中对工作、对生活的不满，释放情绪，也可以利用博客同组织内其他同事之间相互沟通和交流、联络感情、协调工作等。

其次，博客有效地实现了企业组织“人性化”管理。在企业管理中，大多数企业都体现出科层管理体制的等级制、非人格化特性，上层官员与下层员工的交流是自上而下式传达命令和任务，容易导致管理人员与员工关系不和谐，员工之间关系冷漠。为了克服这种管理体制的弊端，企业纷纷实行“人性化”管理，企业不仅通过传统的形式对员工实行人文关怀，还充分利用企业博客营造和谐、温馨、轻松的企业氛围，并且企业允许员工在企业博客中真实而自由地表达自己对企业的看法和建议，探讨企业的决策和发展前景，通过博客树立员工的主人翁意识。

②减少公关成本。

首先，企业可以利用博客影响意见领袖而降低公关成本。新的品牌和服务推出，广告到达率较低，而通过意见领袖或媒体的公关影响力传播则会引起大众的关注，收到很好的传播和营销效果，而且成本低廉。Stormhoek 葡萄酒厂家由于受资金限制，没钱投广告,因此他们就创造出一种崭新的传播方式：2005 年，他们开始给英国、爱尔兰和法国的博客中坚人士（长期坚持写博客的人）送去了 100 多瓶免费的葡萄酒，收到酒的博客作者们对此颇感意外，于是纷纷在自己的博客上撰文谈及此事以及品尝酒后的感受。因为这些博客本身具有相当的影响力，而且博客与博客之间又有大量的链接与互访，他们之间的交流便辐射到更广泛的博客群体。在不到一年的时间里，Stormhoek 葡萄酒的销量便陡增 1 倍。

其次，企业可以利用博客提高搜索引擎收录而减少广告投放成本，从而达到减少公关成本的目的。公共关系对目标对象发生作用的前提是，企业信息得到目标对象的关注，在人们把越来越多的目标投向互联网时，搜索引擎对于人们检索信息的重要性便凸显出来，在搜索引擎上取得优先排名位置成为企业取得地位的不可或缺的手段。一些企业通过购买关键词或者投放广告的形式争取排名位置。

由于博客在技术上较好地融合了搜索引擎，因此为企业节省了一笔不小的开支。

最后，企业可以通过博客做线上产品市场调查、测试而降低公关活动成本。市场调查是企业满足消费者个性化需求增强竞争能力的有效途径。众多企业面临的困惑，都是不了解顾客的需求，所以无法有针对性地开发、营销产品。市场调研机构可以量化相关需求，但在一些急需个性化设计的产品领域，及时得到客户反馈至关重要。与传统的定性研究如访谈、座谈相比，通过博客做线上市场活动不但成本低廉，而且信息准确。

③强化公众沟通。企业通过博客可以与公众，尤其是目标消费者进行密切沟通。企业公共关系的一个重要途径就是使“零关系”转化为“弱关系”，使“弱关系”转化为“强关系”，而关系转化的关键是信息的沟通与交流。企业博客的兴起为消费者和企业搭建了一个交流与沟通的平台，企业可以通过博客与消费者对话，了解消费者对产品的反馈以及需要，解答消费者的疑问，这些形式可以保持甚至巩固企业与特定消费者的关系。此外，还可以通过博客做市场前期调查、新产品测试，对于企业来说，这不仅是十分方便的方法，而且能节约时间和资金。

④提升企业形象。“新媒介即关系”，博客这一媒介传递的不仅是信息，还传递着传播者与受众相互信任的关系。在企业建立的企业博客中，博客的写作人员很多是本企业的员工，他们对本企业的产品与服务更了解，有一定的专业性。因此，他们的发言具有权威性，受众在心理上会认为企业博客值得信任，这就是为何受众会很容易接受企业博客上发布的商品信息。例如，谷歌的企业博客——“Google 黑板报”上就有不同的部门员工在上面介绍产品的特点与优势，为本企业的产品做广告宣传，而且博客作为个性化的社会化媒体，比较容易影响互相关联的社会群体，博客通过博客文章、超级链接、搜索引擎等方式形成一个跳转联系的传播，这可以最大限度地超越关系网中的“结构洞”，为更大消费群网络的建立架起关系桥。另外，有些从事企业博客写作的是企业的高管甚至老板，由于博客作者身份的特殊性，博客往往不仅代表个人观点，也可以视为企业官方新闻的补充，因而具有更大的影响力。正因为如此，精致的企业博客往往可以很好地强化企业信息流通和品牌传达，以提升企业的美誉度和品牌形象。

⑤强化新产品推广。在品牌或产品推广上，博客往往能起到“润物细无声”的作用。通常，拟人化或拟物化的切入点更容易使消费者引起共鸣。宝洁“SecretSparkle”系列的身体喷雾产品就成功地使用博客进行线上传播。这款产品在推广过程中采用的电视和平面广告的形象都是四个各具个性的女孩来代表四种香型。宝洁根据对目前青少年的网络行为方式的研究，采用了博客的网络传播方式。每个香型以一个女孩为外在表现，在博客上用代表她们鲜明个性的语气进行沟通。在专门为这“四个女孩”开辟的博客上，每个“女孩”的写作和表达方式

都十分接近青少年的表达方式，包括各种促销信息、明星八卦、时尚等话题，也同时推荐诸多优秀的网络资源，起到实际的"门户"作用。对于小规模的商户，博客也是性价比很高的传播手段。

⑥化解企业危机。企业在发展过程中总会出现潜在的或现实的危机，而危机的出现往往是因为信息的流通不畅造成的。博客对企业危机的预防和处理，以及改变企业危机中出现的不良状况都发挥着重要作用。一方面，企业不仅可以从本企业开设的博客上了解本企业员工和产品，消费者对自己的评价，还可以在企业博客的搜索引擎上输入本企业或者相关产品或服务的名称，迅速地搜集连接到博客中的大众的评论，通过对这些评论的分析找到企业的危机所在，从而在企业决策中采取措施加以预防。另一方面，博客具有很好地呈现事实真相并对之进行快速散播的特性，这对于企业在出现危机之后掌握话语权，化被动为主动大有益处。沃尔玛堪称是成功利用博客化解危机的典范。据报道，"由于工资低以及员工医疗待遇问题，沃尔玛在美国国内受到前所未有的抨击。为了应对空前的批评并改善形象，沃尔玛将目光投向主流媒体之外，开始直接向博客们提供沃尔玛正面新闻资料，邀请博主们访问其公司总部，以此博得博主们的好感与支持。"沃尔玛这一做法成功地得到了博主们的回应，很多 Bloggers 开始在自己的 Blog 中为沃尔玛说好话，从而帮助沃尔玛重新获得了舆论的支持。

2. 微博公共关系

今天，微博作为新媒体环境中的重要传播方式，已成为组织公共关系的重要形式，越来越多的组织利用微博这一公共关系传播的有力工具，塑造组织形象，实现公共关系目标。

（1）微博公关的概念。什么是微博公关呢？简而言之就是组织以微博为手段，针对网络公众进行的公关活动。其主体是网络化的社会组织，传播媒体主要是指微博，客体是网络公众，目的是树立、维护和改善网络化的社会组织的形象，塑造和提升网络化的社会组织的知名度，以获得更多利益及群众基础。

微博公关的主体是网络化的社会组织，而企业主体是微博公关主体的重要组成部分，但却不是唯一主体，还包括政府等各种社会组织以及个人。而企业微博公关是现代企业网络公关发展的新趋势。微博公关的媒介是微博，从技术角度来看，微博传播公共关系的途径比较单一，因此，微博公关的媒介不只包括计算机网络，也包括手机网络。微博公关的客体是网络公众，首先只有注册微博的网络用户才有可能成为网络公关的对象。公关对象具有针对性的特征，同样网络公关也不例外。网络公关的客体就是已注册微博、经常浏览微博的、与网络组织有实际或潜在利害关系或相互影响的个人或群体的总和。

（2）微博公关策略的类型。微博的实时性、互动性非常考验各类组织应用其公关水平的能力，运用得好可以在短时间内获得足够的关注，而运用不好则门庭冷落。组织使用微博进行公关的类型大致可以分为宣传型、交际型、服务型和活动型。

①宣传型微博公关。宣传型微博公关是指企业利用微博作为其信息发布的媒介，宣传企业的产品形象和组织形象。宣传型微博公关的主要信息策略又可分为产品信息以及组织信息。并非所有的信息在微博上都能获得关注，要塑造良好的企业形象，需要巧妙地筛选与发布受众感兴趣的信息。以厦门航空为例，厦门航空在微博上以提供航空信息为主，发布出行航班信息、购票信息、打折信息、相关航空资讯和特殊天气情况下航班状况等。由于更新及时、信息丰富、内容亲民，截至 2010 年 12 月 31 日，厦门航空微博数量虽然只有 800 多条，但粉丝超过 36 万人，远超过其他航空公司，排名第一。

在宣传型的微博公关中，如果只是简单地围绕企业自身发布新闻简报，则难以吸引公众的注意，如三星电子，微博公关仍然采取传统的信息单向发布方式，微博内容为“三星精品翻盖手机 S6888 上市”、“三星与美国运营商联合推出 GalaxyTab”、“中国三星总裁为男子田径比赛颁奖”等，采用传统新闻式的标题，让人感觉只是单纯地将同一信息机械地发布于不同媒介，这种生硬的信息传递方式使得三星的粉丝还不到 1300 人，远低于同期同类型的诺基亚，其粉丝超过六万人，而 LG 的粉丝也接近两万人。

由此可见，利用微博进行信息发布，需要考虑到微博受众的接受心理，选择跟受众密切相关和感兴趣的实用性资讯比较容易获得受众的关注和认同，仍然采取传统枯燥单调的新闻发布方式、过于注重自身和产品的单向宣传则无法吸引受众的注意力。

②交际型微博公关。与博客相比，微博更新迅速、字数精短，有更强的人际互动性。利用微博与受众进行沟通，人情味强，能迅速拉近与受众距离。交际型微博公关主要是指企业将微博作为与受众交际的渠道，与受众进行交流，拉近情感距离，建立良好关系。企业应用微博进行交际，其特点是沟通直接、形式灵活、信息反馈快、富有人情味，在加强感情联络方面效果突出。

例如，美宝莲始终将微博作为与客户交流的重要渠道，它以友好的态度与消费者交流，对于消费者的问题基本上有问必答。其范围涉及美妆护肤，也涉及美宝莲自身产品性能以及价格等，美宝莲还在微博中积极寻找产品使用者发布的相关内容，主动转发并表示感谢，注重与消费者互动。在充满亲和感的同时，使受众具有参与感和被重视感，在微博这个信息加以放大的空间里，吸引了更多的受众参与其中，提升了美宝莲的关注度，提高了受众对该品牌的美誉度，更塑造了良好的企业形象。

③服务型微博公关。服务型微博公关主要是指以实际的服务吸引公众，使组织与公众之间的关系更加融洽、和谐，为组织提高社会信誉。服务型微博公关实

在实惠，容易被公众所接受，特别有利于提高组织的美誉度。

以相宜本草为例，其微博内容多数围绕女性消费群体而展开。提供大量有关女性保养护肤的常识，如冬季补水的小贴士、睡眠面膜小知识、熬夜皮肤保健等女性关注的信息。这些专业的护肤信息吸引了很多受众的注意。根据自身企业产品定位，发布相关领域的专业信息，可以使一个品牌或者企业在专业信息发布方面拥有话语权，从而获得受众的青睐，吸引受众的关注。也有一些品牌，把微博作为其售后服务的重要沟通渠道之一。例如戴尔，其微博的重要功能之一就是提供客户服务以及售后服务。在重要位置提供了戴尔维修点的查询网址链接，同时提醒用户对购买、报修戴尔电脑有任何疑问或建议皆可以用微博与戴尔中国或者发私信给戴尔中国进行交流。

④活动型微博公关。活动型微博公关是指企业利用微博平台实施精心策划的网络公关活动。微博传播速度快、参与面广、关注度高、互动性强迅速吸引了一些企业进行尝试。微博不仅可以作为公关活动的信息发布平台、报名参与渠道，也可以让受众直接参与到活动之中。

以中粮集团为例，其于 2010 年 7 月 19 日开通中粮美好生活页面，同时“美好生活 @ 中粮”的微博活动随之展开。点击进入活动页可以直接参与活动的各个板块。例如，“发现美好”、“粮呈美景”、“相约世博”、“世博闪拍”、“发现中粮”等。通过设置过去、现在、未来等主题，受众可以通过文字或图片展示童年记忆等美好的生活记忆；作为世博会高级赞助商，中粮集团提供了“相约世博”，让用户点对点选择与自己同一天去世博的伙伴；“世博闪拍”则为世博园的参观者提供了美好图片的分享平台，而对于世博园外的用户，则可以在“粮呈美景”中，将世博图片转发至个人微博。中粮集团将“美好生活”这个理念融入一系列的公关活动之中，让受众在信息的发布与接收过程中深入领会到这一理念。截至 2010 年 11 月 28 日，中粮美好生活的微博粉丝数已将近 25 万人，除此之外，中粮生产队、中粮我买网等中粮集团的微博用户粉丝数量也都达到万人以上。活动期间揽入大量粉丝积极参与活动，极大程度地提高了品牌的关注度和认知度。

又如艺龙旅行网，其转发微博赠送奖品活动十分频繁。奖品多以高端产品为主：2010 年 11 月 26 日赠送 Zippo 黑冰链打火机，2010 年 11 月 24 日赠送爱国者新品 U 悦 4G MP3，奖品还有“免费往返机票+四晚星级酒店”、32G 超豪华 iPad 等。仅 2010 年 11 月，艺龙旅行网就推出了至少 4 项重磅级转发抽奖活动，总价值上万。在活动过程中，艺龙旅行网只要求转发微博内容并成为艺龙旅行网的粉丝，同时抽奖过程由北京东方公证处进行公证，保证了过程的公众性。这使得艺龙旅行网的粉丝数量节节攀升，截至 2010 年 11 月 27 日粉丝数量已超过 15 万，11 月 3 日的 iPad 抽奖微博更是创下超过 17 万的转发量。从而赠送奖品活动所带来的关注度为艺龙旅行网的企业形象塑造提供了巨大的机会和空间。

通过与明星微博的合作进行网络公关也是目前十分流行的一种做法。在2010年南非世界杯期间，联想乐Phone联合著名足球解说员黄健翔的微博进行了有奖竞猜的活动。黄健翔的微博除了发布世界杯资讯和评球的信息之外，以球赛结果竞猜的方式给随机抽取的猜中比赛结果的微博用户赠送礼品，礼品就是联想乐Phone一台。这些竞猜引来无数微博用户的关注和参与，联想乐Phone收到显著的宣传效果。2011年3月，粉丝超过500万的“微博女王”姚晨应香奈儿的邀请参加巴黎时装周，连续几日姚晨都在微博上积极地发布与香奈儿有关的信息，如参观其店铺、羽饰工坊等，使其品牌获得了极高的关注度与美誉度。

【案例讨论】

时尚引领，奉行神州——艾美特的泛时尚化传播

1. 项目背景

(1) 项目单位性质。1973年，艾美特公司母厂在中国台湾创立，之后二十多年间一直从事以电风扇为主体的小家电的OEM，培育了稳定增长的OEM国际市场。1991年，艾美特正式进入中国大陆，落户深圳石岩，1994年开始自创品牌，逐渐从OEM过渡到OBM，在国内市场以品牌输出为主，国际市场则以产品输出为主。

另一方面，看到小家电行业的巨大潜力，艾美特逐渐把产品线延伸到小家电的各个领域，在电磁炉、电暖器、电饭煲、空净机各个领域都推出了自己的产品。2001~2004年艾美特电风扇产销量连续四年稳居国内企业前三名，市场占有量为15%，2004年电暖器销量位居全国第一位，而后进入的电磁炉市场也进入了行业前10名。

长期的OEM经历让艾美特对产品的品质控制十分成熟，艾美特风扇于2004年1月通过国家免检产品认证。而长期的低调作风以及传媒界对单纯的小家电企业缺乏关注，造成了艾美特产品品质高而知名度低的不平衡现象。

作为国内著名的公关传播顾问公司，宣亚国际公关（以下简称宣亚）一向以帮助客户获得商业成功为宗旨；以成为国内公关传播领域最具价值的品牌为目标；并以其深入浅出的公关理论作为工作的准则。在这种传播认知指导下的专业公关传播服务和提供给客户的高附加价值服务，获得了国内行业协会和业内同仁的高度认可。在艾美特项目上，宣亚结合小家电营销投入较弱的特点，在保证传播力度的前提下，在经济、高效的策略下制订和执行传播方案，赢得了客户的认可和尊重。

(2) 项目概述及主要挑战。随着生活质量的日益提高，近年来人们对小家电的需求开始急剧增长。目前，在国外一个普通家庭平均拥有40件小家电，而国

内一般职工家庭所拥有的小家电数不超过20件，这个差距意味着广阔的市场前景，然而，目前中国大部分家庭都把小家电定位于廉价产品，这意味着对高品质、高价格产品在某种程度上的挤压。同时，近年来，整个家电业的市场竞争在不断加剧，恶性的价格战火也早已烧到小家电行业，再加上原材料价格的屡屡上涨，这一切都造成了厂家利润空间不断被压缩的局面。

而与此同时，众多大家电携资金优势和品牌既有的知名度而来，不仅在终端卖场与传统小家电企业争夺地盘，也轻而易举地占据了传媒本已有限的关注版面，这令本身知名度就不是很高的传统小家电企业的传播之路更增加了难度。

众多后来竞争者加入后，为了迅速拉近与领先者的距离，跟风、模仿成为行业惯用的手法，一时间，小家电迅速出现同质化魔障，消费者对小家电的质量高下难以区别，只能在价格上挑选优势产品，这进一步刺激了恶性竞争。

如何成功逃离这个知名度低下、同质化、模仿、跟风的恶性竞争，成为宣亚接下来要完成的核心任务，而传播的定位问题则是重中之重。

2. 项目调研

基于上述分析，宣亚对艾美特企业所在的小家电行业的市场概况以及所有相关媒体进行了全面调研，在系统推理和突破性思考的基础上，制定了出奇制胜的公关传播方案，为打造企业品牌产品的知名度以及帮助企业成功逃离恶性竞争泥沼奠定了思想基础，并为下一轮的活动策划和媒体计划打下了基础。

（1）SWOT分析。

艾美特SWOT分析

优势	弱势
企业产品质量过硬，积累了一定范围内的良好声誉	企业产品独特性不明显，缺乏与同类产品的显著区隔
机会	挑战
1. 小家电企业商机隐现，传媒对本行业的关注处于上升期 2. 社会对高品质产品需求处于急速上升期 3. 小家电行业高端产品缺失，价格战、恶性竞争的结果使大部分小家电品牌集中在大众、中低档，高端市场留出空缺	1. 大家电企业的强势竞争势头抢占了媒体、大众的关注焦点 2. 恶性竞争的结果导致消费者对小家电缺乏鉴别能力 3. 跟风、价格战的惯疾令小家电产品难保独特性

（2）项目分析。作为急需突破性发展的艾美特，需要一个突破性的公关策划方案。宣亚认为：品牌竞争主要表现为企业如何进行自身品牌内涵的表述，清晰地向消费者传递品牌价值与体验信息，并通过差异化与竞争对手划清界限，使受众有明确的认知，而品牌的差异化，将是艾美特品牌传播所要解决的主要问题。

最能体现品牌传播作用的是产品的中高端市场，因为在该市场上，消费者对产品价格并不特别敏感。尤其在小家电市场上，个体产品的价格本来就不如大家电，如手机、彩电等市场，商品之间的差价绝对值因素对该市场消费者购买的选择影响几乎可以忽略。在这种情况下，产品为消费者提供怎样的品牌体验，品牌在市场当中的口碑与印象如何，直接影响着消费者的选择。因此，宣亚认为品牌传播能对艾美特巩固并且扩张中高端市场提供有效帮助作用，在传播当中应强化艾美特品牌的中高端形象。

3. 项目策划

(1) 公关目标。包括：①国际化的小家电厂商。在品牌层面将艾美特打造为国际化的小家电厂商、精致理念的领导者以及产品品质的有力保证。②引领国际潮流的产品。在产品层面将艾美特产品打造为引领国际潮流的产品，具有先进的功能与技术，代表着有品位人群的消费方式。③品牌功能全面区隔与独特化。将艾美特从产品功能层面、品牌情感诉求层面、企业形象诉求层面与市场相区隔，形成艾美特品牌功能的全面区隔及独特化。

(2) 基本策略。包括：①插旗策略。在小家电时尚品牌缺位的情况下，艾美特采用抢先插旗式的公关策略，全面传播“精致”的核心信息结合产品图片表现，更容易树立自己的强势地位。②高频策略。在设计公关活动与传播时，保持高度的曝光频率，形成强势的姿态，务求在对手传播尚属混沌的时候，自然具备睥睨天下的领导地位。③波浪策略。从公关声势上来看，要保持内在核心信息的一致，既有产品传播高潮迭起的震撼性，也有企业传播统筹的延续性，浑然天成的公关效果。

(3) 传播策略。包括：①分层式传播。将艾美特从企业形象、产品品牌等各个方面进行严格的分层传播，各有侧重，与其他品牌无主题的、“杂烩式”的传播进行区隔。②多棱式传播。对一个公关事件或话题，进行多角、多层次的传播。③品位式传播。在艾美特的传播上，力求与大多“灌输式”的传播方式区别开，无论是产品软文，还是对事件、新闻解读，都应能充分与设想中的格调与品位相契合，并通过合作、沟通等多种方式，争取多在一流媒体上曝光，从而达到一种文化渗透的作用。

(4) 公关传播策划。包括：①“精致”理念符号化。通过全年艾美特在消费者面前强势、高频的出现，时刻从不同角度展开对“精致”理念的阐释。反复刺激，固化人们对“精致”的记忆，使之成为艾美特的另一代名词（符号）。②企业定位时尚化。每一次的活动策划、产品发布、展览展示等任何表现企业形象的机会，都参考时尚品牌的运作，使艾美特企业在时尚圈中占有重要一席。③传播媒体多样化。增加艾美特在不同媒体的曝光频率，为艾美特产品贴上时尚标签，从而成为目标消费群所追逐的对象。④传播手段多元化。在不同的策划当中，反复应用新闻稿投放、展览传播、概念传播、话题传播、媒体合作、软文投放等多元化公关手法，争取最大覆盖面、最有针对性、最有时效性的传播效果。

（5）实现形式包括：①新闻稿投放。每月至少两次的新闻稿投放，分别从产品及品牌的角度，保持与媒体的信息通畅与及时更新。②媒体关系维护与专访。艾美特的领导到全国媒体重点区域（重点是华南区）巡回召开媒体联谊会，拉近与主流媒体的关系；对企业领导人就企业宏观规划与市场认识进行专访，树立行业领袖形象。③展览传播。抓住顺德家电展等展会的时机，加强与媒体的沟通，以艾美特在展会中的风采使媒体增强对艾美特实力的认识。④概念传播。在对媒体的传播中把握概念的传播，以“精致小家电”为核心概念，围绕这个概念创造衍生概念，加强核心概念的输出力。⑤话题传播。结合企业实际情况与当前热点，引导媒体的话题传播，比如“弃气用电”、“年末赠礼主角”、“小家电同质化了吗”、“关注空气质量”等与消费者切身利益及行业、市场密切相关的话题，争取媒体曝光率。⑥媒体合作。通过与高端时尚杂志的合作，引发新生经营阶层对艾美特“精致时尚”理念的接触与认同，将使用艾美特产品作为精英身份的象征。⑦活动传播。结合企业需求，以活动策划增大与媒体的接触点，保证核心信息的准确、有效传达，比如策划时尚消费类媒体感兴趣的消费者活动、策划新品发布会，抓住大众、消费、财经类媒体的兴趣点等。⑧软文投放。软文能更精确、完整地表现艾美特产品的特性以及企业想要传达出的信息。在软文投放方面，为体现艾美特“时尚家电”的主题，应选取时尚、高端的，符合艾美特品牌定位的媒体。

4. 项目执行

承接2004年的良好传播开端，在2005年项目开始实施时，艾美特逐步展开了宣传攻势，依照从重点城市、重点区域到周边城市的次序进行，第一次正式开展的较大规模的活动是全国媒体最集中的四大区域的媒体见面会，此次活动正式宣告艾美特成为一个“公众公司”，将积极主动地与媒体沟通。对于小家电而言，公关执行的核心点就是尽量抓住每一个可供发挥的节点并做到极致，向工作的周到细致要成绩，向思维的开阔创新要进步，因而取得了不俗的业绩。

（1）四地媒体见面会。2005年4月~5月，艾美特在宣亚的协助下，进行了北京、上海、深圳、成都四地巡回媒体见面会，邀请了四地的50余主流媒体与艾美特副总进行了谈话，这是艾美特首次进行较大规模的媒体见面会。一方面利用各地的经销商会议、新品发布会等增强了媒体对艾美特产品的体验，同时强化了媒体对于艾美特产品“时尚”、“精致”的直观感受；另一方面，这次活动建立了艾美特的主流媒体库，促进了艾美特与媒体间的联系与沟通。

（2）新闻稿传播。有效利用好新闻稿的传播力是做好小家电企业传播的非常关键的一环，因此，把新闻传播的计划性和灵活性有效地结合起来非常重要。在此案例中不仅在阅读的新闻稿投放中注重产品与品牌传播的结合，也将计划稿件与按照热点组织的新闻策划结合起来，结合“精致生活”、“时尚产品”的核心理念，取得了良好的传播效果。

(3) 新品发布。新产品对于企业的宣传意义非常重要，它有可能成为一个拐点，一举扭转品牌在大众心目中的平凡印象。因此，当艾美特推出气流扇时，宣亚判断这是一款具有划时代意义的产品，它在外观和功能上对传统电风扇的突破，都能被很好地利用和包装，进一步阐述艾美特“时尚”的品牌理念。因此，他们对这个产品进行了全面的包装，从“开创气流时代”、“空调伴侣”的产品概念角度挖掘这个新产品的意义，将之打造为不同于电风扇的高端产品，完成了市场区隔；同时，通过对其功能的细节化阐述，延伸出了2~3篇新闻稿，获得极佳的传播效果。

在之后对艾美特重点产品进行传播时，宣亚采取了类似的立体式包装手法，如为传达“时尚”的生活理念，他们为电磁炉提出了“移动厨房”的全新概念，而在新品电暖器的传播中，迎合社会“节能”的时尚，提出“能效比”概念，都取得了传媒认可。

(4) 顺德家电展。顺德家电展是华南最高标准的家电博览会，华南至全国的媒体都比较关注，如何在这个活动中体现艾美特的独特性，表现艾美特的“时尚家电、精致生活”的风貌是抓住媒体关注的关键。宣亚从“小家电同质化了吗”这个行业话题入手，探讨了如何从小家电同质化陷阱逃离，寻找自己的独特定位。为与媒体进行更深入的沟通，宣亚邀请了北京及华南13家媒体出席此次会议，并安排了记者与艾美特副总的午餐访谈会。

5. 项目评估

通过一年多的公关项目执行，艾美特的品牌知名度与产品知名度有了显著的提高，主流媒体基本认可“艾美特为国内高端小家电的领导品牌”的观点，而艾美特的稿件曝光率比项目实施前增长了300%以上。

(1) 媒体关系。表现为：①主流媒体占主导地位，在所有活动邀请的媒体中，主流媒体占据了绝对主导的地位，所占比例达到90%以上。②媒体关注度提高。北京、广州等一线城市的核心媒体保持了对小家电行业以及艾美特的关注；西南、西北等地媒体对艾美特的关注度最高；通过日常沟通，媒体库内的记者都对艾美特企业与产品有所认知。③记者对艾美特有较清晰认知。媒体库内的大部分记者都认同艾美特提出的“精致”概念，认为这是小家电产品的发展方向；认可艾美特是专业的小家电生产企业，主打风扇、电暖器、电磁炉等产品；把副总蔡正富先生当成行业权威，愿意倾听他发表行业意见。④媒体库逐渐完善，核心媒体圈已经形成。多次参加专访的核心媒体记者与艾美特往来甚密，在宣亚为艾美特提供的媒体俱乐部名单中，指定的27个城市里面，艾美特媒体库均有相应的媒体联系名单，这意味着新闻稿能及时、顺利到达相关记者并能有效得到媒体相应反馈。⑤媒体与企业双向沟通。媒体产业增强沟通的需求、参与企业活动和专访的积极性提高。

(2) 覆盖区域。艾美特的传播上，地区分布涵盖了北方、华东、华南、西南、华西五大板块的 27 个重点城市的主流大众及行业媒体。同时，结合报道的不同特点，选择重点投放的区域进行传播，力求实现有重点、有广度的立体投放层次。

(3) 报道质量。在所有报道当中，文章标题含有醒目之“艾美特”字样的达 100 多篇，占总数的一半以上，比上一年提升了三成以上；文章内容附带艾美特产品或职员大幅图片的报道近 60 篇，占总数三成以上；实现网络传播的转载近 200 篇，广泛地扩大了影响（见图 3–1）。

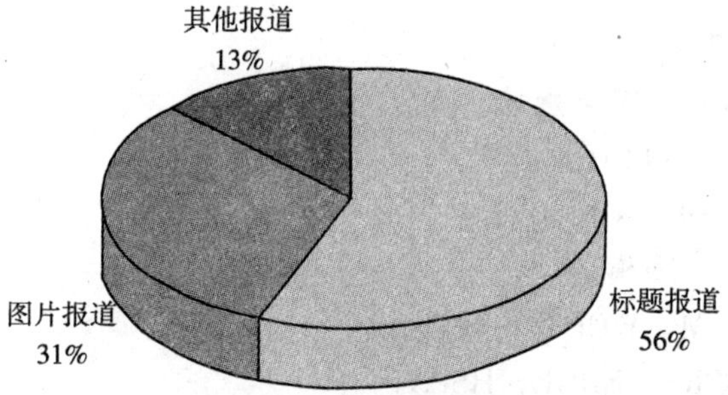

图 3–1　报道构成

(4) 总体评价。艾美特经过一年多的公关传播，从一个不为人关注的小家电企业成为一个公众认同的企业，建立了与媒体、大众沟通的通畅渠道，与美的等一线家电品牌一起成为受媒体关注的企业。同时品牌个性逐步形成，产品知名度大幅度提升，与一般的小家电企业、产品拉开了距离，基本奠定了其“精致、时尚”的品牌形象，这是一个质的变化，成为艾美特不可替代的品牌优势。“中国品牌”荣誉的获得就是对这种质变的肯定。

(资料来源：谭昆智. 公关原理与案例剖析 [M]. 北京：清华大学出版社，2008.)

讨论题

1. 艾美特的公共关系传播运作有何独到之处？
2. 本案例的成功之处表现在哪些方面？

【实训项目】

模拟新闻发布会

实训目的

掌握新闻发布会的礼仪和程序，懂得新闻发布会的筹划及准备工作，并能在新闻发布会中运用相关技能。

实训时间

2课时。

实训地点

模拟会议实训室。按新闻发布会要求进行现场布置。

实训背景

宏达国际电子股份有限公司（HTC）推出了一款新型手机HTC One，该手机具有如下特点：

HTC One（801e/32GB）

手机类型：4G手机，3G手机，智能手机，拍照手机

外观设计：直板

主屏尺寸：4.7英寸 纠错

触摸屏：电容屏，多点触控

主屏材质：Super LCD 3

主屏分辨率：1920×1080像素

网络类型：单卡多模

网络模式：GSM，WCDMA，LTE

数据业务：GPRS，EDGE，HSPA+

支持频段：2G：GSM 850/900/1800/1900

3G：WCDMA 900/2100MHz

键盘类型：虚拟键盘

机身颜色：黑色，灰色，红色

手机尺寸：137.4×68.2×9.3mm

手机重量：143g

其他特性：Beats音效，NFC功能

操作系统：Android OS 4.1

用户界面：HTC Sense 5.0

核心数：四核

CPU型号：高通 骁龙Snapdragon 600

CPU频率：1741MHz

GPU型号：高通 Adreno320

RAM容量：2GB

ROM容量：32GB

SIM卡类型：Micro SIM卡

电池容量：2300mAh

输入法：中文输入法，英文输入法，第三方输入法

输入方式：手写

通话记录：已接+已拨+未接电话

通讯录：名片式存储

GPS 导航：内置 GPS，支持 GLONASS

感应器类型：重力感应器，加速传感器，光线传感器，距离传感器

摄像头：内置

摄像头类型：双摄像头（前后）

前置摄像头像素：210 万像素

后置摄像头像素：400 万像素

传感器类型：CMOS

闪光灯：LED 补光灯

光圈：f/2.0

视频拍摄：1080p（1920×1080，30 帧/秒）视频录制

其他功能：OIS 光学防抖，智能闪灯调节，对象移除，多影像组合，360 度

全景蓝牙传输：支持蓝牙 4.0

WLAN 功能：WIFI，IEEE 802.11 n/b/g

浏览器：支持 纠错

数据接口：Micro USB v2.0

耳机插孔：3.5mm

参考价格：4000 元

为配合该手机的推广，HTC 公司准备举行一次新闻发布会。发布会由 HTC 公司公共关系部筹办。

实训步骤

(1) 指导教师将本班同学分为 2~3 组，每组指定一个组长。由组长扮演 HTC 公司公共关系部的部长，其他同学扮演摩托罗拉公司公共关系部的成员。

(2) 请各公共关系部分别制定新闻发布会的程序，并挑选主持人和发言人；拟写发言提纲。

(3) 其他各组扮演受邀的各新闻单位，并挑选记者，准备提问。

(4) 由其中一组担任 HTC 公司公共关系部，举行新闻发布会，其他各组的成员担任记者。进行现场演练。

(5) 各组对本次实训进行总结，指导教师进行点评。

实训要求

本项目可选择模拟会议室、教室等场所进行，但应对环境作适当的布置;

每组进行演练的时间应控制在 20 分钟以内;条件允许的情况下可以将新闻发布会的过程制作成录像，在实训结束后进行讨论。

实训手记：

通过训练，我的收获是：________________________________。

【课后练习】

一、单选题

1. 电视和广播媒介的共同弱点是（　）。

A. 感染力较差　　B. 功能单一

C. 传播效果较弱　　D. 传播效果稍纵即逝

2. 具有显著的双向交互式特征的公共关系传播媒介是（　）。

A. 报纸　　B. 杂志

C. 网络　　D. 广播、电视

3. 公关传播最基本的功能是（　）。

A. 提高知名度和美誉度　　B. 强化舆论，扩大影响

C. 创造舆论，告知公众　　D. 引导舆论，控制形象

4.（　）是指以静态的形象为主要信息载体的传播媒介。

A. 人体媒介　　B. 图像标识

C. 实物媒介　　D. 大众传播媒介

5.（　）是借助于人的行为、服饰和社会影响等来作为传递信息的载体。

A. 人体媒介　　B. 图像标识

C. 实物媒介　　D. 大众传播媒介

二、多选题

1. 杂志作为公关传播媒介有下列传播优势（　）：

A. 时效长　　B. 针对性强

C. 感染力强　　D. 传播迅速

E. 印刷精美、表现力强

2. 组织选用公关传播媒介应坚持的主要原则有（　）：

A. 合符组织行为原则　　B. 合符经济原则

C. 联系目标原则　　D. 适应对象原则

E. 区别内容原则

3. 通过有奖竞猜的形式向外传播组织信息可选择（　）传播媒介。

A. 报纸　　B. 杂志

C. 网络　　D. 广播

E. 电视

4. 新闻发布会的功能体现在（ ）。

A. 塑造组织形象　　B. 传播领导意见

C. 信息反馈　　D. 协调公共关系

E. 引导舆论倾向

5. 与印刷媒介相比，电子媒介如电视、广播等更具有（ ）。

A. 时效性　　B. 远播性

C. 生动性　　D. 技术性

E. 超时空性

三、名词解释

1. 传播效果

2. 制造新闻

3. 网络公关

4. 博客公关

5. 新闻价值

四、简答题

1.试分析大众传播媒介的功能。

2.影响传播效果因素有哪些?

3.撰写新闻稿件的一般要求是什么?

4.简单分析新闻发布会和记者招待会的区别。

5.请分析如何发掘新闻。

五、论述题

1. 试论述制造新闻的策划步骤。

2. 请结合实例分析博客公关的价值。

六、实操题

1. 请分析报纸上一篇新闻稿的结构，根据你身边发生的新闻事件，写一篇新闻稿。

2. 网络作为一种新型媒体有哪些特点? 上网观察一下企业是如何利用网络开展公共关系的。

3. 有人说“制造新闻”是提高社会组织知名度的灵丹妙药，你认为呢?

4. 请自找一个合适的主题，模拟举办一次记者招待会。

5. 请组织一次旨在选出应届公共关系毕业生形象，为用人单位提供信息的新闻发布会，请写出具体方案并组织实施。

七、案例分析

1. 策划新闻案例

港湾公寓

美国有一家十分有名气的房地产公司在密执安湖中一个景色秀丽的小岛上建造了几幢豪华的公寓，命名为“港湾公寓”。最初，购买者寥寥无几，这家公司设法通过媒介做了大量的宣传，但均不见效果。后来，公司聘请公共关系专家精心策划了一次升旗仪式。他们在公寓楼前的空地上建了一个升旗台，树起一根旗杆。选择美国国旗制定200周年纪念那天，邀请海军军校学员当升旗仪仗兵，并邀请一支很有名气的乐队演奏助兴，芝加哥市市长派专员前往主持升旗仪式，在雄壮的音乐声中庄严地升起美国国旗。同时，在楼前空地上身着节日盛装的孩子们手举彩色三角小旗变换拼出“港湾公寓”几个醒目大字，为摄影记者提供了拍摄的绝好镜头。房地产公司的这一举动，吸引了大批记者前来采访。在当晚的电视新闻上，升旗仪式实况被报道出来，镜头中“港湾公寓”几个大字多次出现，给人强烈的视觉感受并留下深刻的印象。第二天，各家报纸也纷纷以不同的题目刊发了这一消息。港湾公寓一夜之间名声大振，原来滞销的局面很快被打破，成为公众的抢手货。

赈灾义卖献爱心

1991年夏季，百年不遇的特大水灾袭击我国华东数省，人们纷纷捐钱捐物，援救灾区人民。北京香格里拉饭店的领导和公关人员精心策划了一个以“人帮人”为主旨的“赈灾义卖活动”:他们在饭店外开辟橱窗，组织员工利用业余时间义务站柜台，以便宜的价格出售饭店独有的特色小食品。让人们在奉献爱心的同时又能品尝到美味，吸引了众多人前来购买，并吸引了新闻界的广泛关注与报道，再一次把义卖活动推向高潮。仅两周时间，便收入11万元。很快，这浸透着香格里拉人对灾区人民深情厚谊的11万元人民币，通过国家旅游局转给“中国减灾基金会”，由它直接交付灾区人民。香格里拉饭店通过对公益事业的精心参与，树立了自身形象，赢得了社会赞誉。

鸽子事件

美国联合碳化钙公司一幢新建的高达52层的大楼竣工了，公司的领导要公共关系部将这一消息发布出去，扩大公司的知名度。恰在这时，一大群鸽子飞进了这幢新大楼，鸽子粪、羽毛把楼内搞得很脏。

公司公关人员认为这是一个绝好的扩大公司影响的机会。他们一方面打电话通知“动物保护委员会”，请他们迅速派人前来协助处理这件有关保护动物的“大事”；另一方面电告新闻机构，在联合碳化钙公司总部大楼将发生一件有趣又有意义的捕捉鸽子“事件”。动物保护委员会接到电话后马上派出有关人员带着大网前往大楼捕捉鸽子。电视台、报社等新闻机构纷纷派记者进行了现场采访和报道。从捕捉第一只鸽子起到最后一只鸽子落网，前后共花了 3 天时间，各新闻媒介对捕捉鸽子的行动也进行了连续 3 天的报道。结果，联合碳化钙公司名声远播，加深和扩大了公众对公司的了解，公司未花一分钱就宣传了自己。

问题：

(1) 分析以上三则案例制造新闻的成功之处表现在哪些方面？

(2) 以上案例对你有哪些启发？

2. 礼物

据说在中国现代史上有这样一段轶闻：1936 年 12 月 12 日，张学良、杨虎城发动的震惊中外的“西安事变”和平解决了，但张学良即被蒋介石扣留，交军事法庭审判，判十年徒刑。1945 年 8 月，抗战胜利，张学良刑期已满十年了，他便将自己戴了多年的英纳格手表，作为礼品馈赠给蒋介石，暗示蒋介石：“时间已到，该放我出去了。”谁知蒋介石根本不认账，他又托人送给张学良两件礼物，一件是 1936 年的旧挂历，暗示张学良“我不会忘记 1936 年的耻辱，时间要从头开始”。另一件是送给张学良一双绣花鞋，暗示：“就是要给你们二人小鞋穿，使你们一辈子不好受。”这里张学良、蒋介石都是利用物体来表示自己的内心想法的，由于特定的时空环境，所以双方见“物”后都心照不宣，明了于心。

问题：这个事例说明实物本身也是信息传递的载体。那么在公共关系传播中如何利用实物媒介？

3. 小燕子的一封信

日本奈良旅馆每到春天都会迎来大群可爱的小燕子在房檐下筑巢，但小燕子总排泄粪便，留下斑斑污渍，服务人员不停地擦也无济于事，可人们怨声四起。于是，宾馆经理就以小燕子的名义给客人们写了一封道歉信：

女士们、先生们：

我们是刚从南方赶到这儿来过春天的小燕子，没有征得主人的同意，就在这儿安了家，还要生儿育女。我们的习惯不好，常常弄脏你们的玻璃和走廊，致使你们不愉快。我们很过意不去，请女士们、先生们多多谅解。

还有一事恳请女士们和先生们，请您千万不要埋怨服务员小姐，她们是经常打扫的，只是擦不胜擦，这完全是我们的过错。请您们稍等一会儿，她们就来了。

您的朋友：小燕子

客人们见到这封信，都给逗乐了，肚子里的怨气也烟消云散，人们总是带着美好的记忆，依依不舍地离开古都奈良，离开这逗人的旅馆。

问题：在公共关系中组织与公众沟通的方式很多，为什么奈良旅馆的工作人员单单采用“书信”这一沟通方式来消除顾客的怨气，他们的做法对你有哪些启示？

4. 敦豪公司的起源故事

这年年初，中外运敦豪国际航空快件有限公司青岛分公司调查发现，青岛市民及至新闻界几乎都不知道已建立两年的公司。于是公司便决定策划一起“急人所急”主题的公共关系活动。公司首先在中国青岛对外经贸洽谈会的专刊——新华社《外向经济导报》上做了整版广告。广告讲述了敦豪公司起源的一个小故事：26年前，美国加利福尼亚州的一个小伙子在一家海运公司等朋友。他偶然听一位管理人员说，一艘德国货轮停泊在夏威夷港，可货物提单却在旧金山，需要一个星期才能寄到夏威夷。这个小伙便主动提出他愿意乘飞机将提单送往夏威夷，那位管理人员发现此举可以节省昂贵的港口使用费和滞期费，于是他把提单交给了小伙子。小伙子完成任务归来，立即联络两位朋友，开创了一个崭新的领域——快运业务。这个小伙子就是Daiscy，他的另外两个朋友是Hillblom、Lyuu，他们名字的第一个字母便成了公司的名字——DHL（敦豪国际航空快件有限公司）。这个故事包含了这家公司最重要的经营理念——急人所急。青岛分公司还在这版广告上介绍了DHL公司26年来奇迹般的成就，并在广告版面的左上角标出醒目的“3月之谜”，其谜底就是这版广告。接着，他们又在电视台、报纸等媒体上发布了“3月之谜”之谜面，内容是请市民找登载DHL故事的报纸，并用笔重述这个故事，设有金银铜奖，给踊跃参加者以奖励。

这次活动投入奖金仅10万余元，持续一个月，昔日默默无闻的青岛敦豪一举成为富有“急人所急”之经营理念的知名企业，出现了公司业务迅速增加的良好势头。

问题：敦豪公司的这次公共关系活动借助了怎样的策划“新闻点”？对我们有何启示？

5. 小题大做

南斯拉夫塞尔维亚一座小镇附近有近7个湖，农民投放鱼苗后，6个湖中的鱼渐渐长大了，其中一个湖却一条鱼也没有。后经专家调查，确认湖中有一条重约120~200千克的大鲇鱼。当地农民决定请网鱼手捕捉这条大鲇鱼。消息不胫而走，正为游客减少发愁的当地旅游部门如获至宝。他们先是在报纸报道“湖怪”出现的奇异现象及有关传说，引起社会公众的广泛注意。接着透出消息：湖中有一条特大鲇鱼，为捕捉这条鲇鱼特地从多瑙河请来五位网鱼能手，届时将有一场鲇鱼与渔夫的精彩搏斗，以此激发起公众浓厚的兴趣。经过渲染，捕捉鲇鱼时，前来围观的游客，单是烤肉饼就吃掉了两万张，饮料喝了三万瓶。第一场搏斗，鲇鱼赢了，于是旅游部门再次大做文章，他们借助新闻媒体，一方面告诉公众不久将有鲇鱼和渔夫的第二场搏斗，一方面绘声绘色地描绘出第一场搏斗中扣人心弦的惊险场面。不久如愿以偿，第二场搏斗吸引来更多的游客，旅游部门获得了一笔可观的收入。捉鲇鱼并没有什么特殊的新闻价值，但是一经渲染，就赋予了事件以神秘色彩，形成了像西班牙斗牛那样的刺激性和诱惑力，从而实现了公共关系目标。

问题：捉鲇鱼是怎样具有特殊的新闻价值的？这次公共关系活动借助了怎样的策划“新闻点”？对我们有什么启示？

第四章

公共关系职能

公共关系是一种独特的管理职能。它帮助一个组织建立并维持与公众之间双向的交流、理解、认可与合作；它参与处理各种问题与事件；它帮助管理者及时了解公众舆论，并对之作出反应；它明确并强调管理部门为公众利益服务的责任；它作为社会变化趋势的监视系统，帮助管理者及时掌握并有效地利用社会变化，保持与社会变动同步；它运用健全的、正当的传播技能和研究方法作为主要工具。

——【美】雷克斯·哈罗

公共关系的功能在于向大众解释管理当局，把大众态度解释给管理当局。

——【美】弗雷泽·西泰尔

【学习目标】

- 掌握采集信息的内容与方法；
- 掌握组织形象的含义、特征以及组织形象塑造的方法；
- 了解公共关系咨询决策职能；
- 了解公共关系协调沟通职能。

【案例导入】

美国花旗银行的形象

美国花旗银行是世界上最大的银行之一，每天的营业额高达数十亿美元，业务十分繁忙。

一天，一位陌生的顾客走进豪华的银行营业大厅，只是要求换一张崭新的100美元钞票，准备当天下午作为礼品用。但接待这位陌生顾客的银行职员微笑着听完这位顾客的要求后，请他稍候，立即先在一沓沓钞票中寻找，又拨了两次电话，15分钟后终于找到了一张这样的钞票，并把它放在一个小纸盒里递给了这位陌生的顾客，同时还附上一张名片，上面写着："谢谢您想到了我们。"时隔不久，这位偶然光顾的陌生顾客又鬼使神差地回来了，这次来是在这家银行开账户。在以后的几个月中，这位顾客所在的那个律师事务所在花旗银行存了近25万美元。花旗银行的职员通过情感服务，塑造了服务顾客细致周到的组织形象，取得了客户的好感和信任。

（资料来源：卡耐基. www.doc88.com/P-3307345962101.Html）

现代公共关系具有管理职能。它不再是一种盲目的、随意性的活动，而是有意识的、有计划的行为，是一项集管理性、科学性、技术性、艺术性、社会性等于一体的新型事业。本章重点介绍公共关系对社会组织的作用和影响，即公共关系的主要职能。

第一节　采集信息

公共关系活动的本质，就是通过双向沟通，有效地达成组织机构与公众之间的信息交流。采集信息已成为公共关系部门一项基本职能，任何关系到组织生存、发展的信息都是公共关系机构搜集的对象。公共关系部被称为组织的信息情报部，发挥着组织“耳目”的作用。

一、采集信息的内容

所谓信息是指包含新知识、新内容并可以进行传递的消息。公共关系信息指的是为了塑造组织形象而采集、传播的各种消息。大到国家的方针、政策，小到一张名片、一个电话号码都可以看做是公共关系信息。具体地说，公共关系信息主要包括以下内容：

1. 政治信息

政治信息主要包括政府的决策、政治体制改革、领导人的更换、对外交往政策及友好往来等。政治信息关系到组织的未来发展方向和目标，也是组织可以利用的重要信息源。

2. 立法信息

立法信息包括政府颁布的各种法律、法规、条例、章程等。公共关系活动不能触犯或违反法律，否则，必然有损于组织形象。

3. 舆论信息

舆论信息包括新闻舆论和社会公众舆论。由于舆论具有导向功能，因此，公共关系部门通过对舆论信息的分析、加工、反馈或利用，了解公众对本组织的意见、建议，通过开展公共关系活动为组织制造良好的社会舆论。

4. 市场或消费者信息

市场或消费者信息包括市场分布、市场现状、市场占有率、消费者需求、消费心理、消费趋势、消费观念等。组织的公共关系部门了解以上信息可为组织决策提供依据。

5. 同行业竞争者信息

同行业竞争者信息包括同行业的数量、规模、分布、产品质量、服务设施、技术水平等。了解同行业竞争者信息，一方面是为了向同行学习；另一方面也可以做到心中有数，以便有的放矢，在竞争中求生存求发展。

6. 组织形象信息

组织形象信息包括组织内部公众和外部公众对组织的评价，主要是对组织的产品形象、技术水平、服务态度、经营方针、领导者能力、综合实力等进行了解，以准确判断组织知名度和美誉度的高低。

二、采集信息的方法

1. 社会调查法

社会调查是公共关系人员运用科学的手段和方法，对有关社会现象进行有目的、有系统的考察，以此来搜集大量资料，并对这些资料进行定性、定量分析。社会调查根据涉及的范围、对象的不同，可分为普遍调查、典型调查、个案调查研究、抽样调查等方法。公共关系的大量信息是根据社会调查获得的，社会调查也是公共关系工作的起点。

2. 借助传媒法

大众传播媒介，具有信息量大、覆盖面广、传播速度快等特点，因此，它是公共关系获取信息的一条捷径。大众传播媒介是社会大众意愿和要求的最主要的反映渠道，它们是触及社会各个阶层的反映器。同时又是党和国家领导人的传声器，传达着政府的方针政策。从大众传播媒介中获取的信息，往往带有全面性和方向性，它能帮助组织决策者把握发展趋势。

网络使得公关资料的信息容量远远超过了传统传播方式下所能得到的资料。首先，组织可以密切监测公共论坛等场合中对公司的评论和态度，辨识顺意公众、逆意公众和独立公众，或者通过查询相关的新闻组、网络论坛来发现新的利益群体，研究失常态势，为组织提供有价值的信息。其次，公众可以在线直接查询企业数据库及相关信息，与该组织联系，了解该组织的有关情况，从而对该组织的整体印象做出自己的评价。因而，这就要求该组织的基本出发点是“为了满足顾客需求”，站点的设计特点之一就是便于顾客的使用，使顾客能够直接反馈信息。对于企业来说，这种顾客直接反馈系统可以激发工作人员的想法，提高工作质量。这样，供应商、零售商、顾客的重要参与形成了一个互动的系统。对于外部公众，组织要采取不同的信息搜集方式。例如，对竞争者、政府、媒体、社区公众，就和对顾客群体的方式不同。应该通过研究不同的公众的特点及其在网上的活动方式，开展有针对性的信息搜集工作。同时，方便快捷的网上调查，将使组织以更经济的方式快速得到需要的资料和信息。调查，就是就公众对该组织形象的评价进行统计分析，用数据或文字的形式显示公众的整体意见，或者就某一具体公关活动条件进行实际考察。通过调查，可以使一个组织准确地了解其在社会公众中的形象地位，从而策划有效的公关活动方案，及时有效地把握公众舆论。

3. 专家预测法

每一个行业都有自己的专家，他们与政府部门联系密切，甚至直接参与制定和论证即将出台的政策，他们掌握的信息多且具有权威性，组织通过听取专家对经济趋势分析、市场动态预测、组织形象评估的意见，能取得大量信息。

4. 直接听取法

直接听取法是指组织直接听取公众的反映的一种方法，这种方法一般用于初步感知、范围较小的采集阶段。主要包括接待来访者和投诉者、现场面谈、专题采访、追踪调查、设意见箱等方法。这一方法的优点是速度较快、及时灵活，可以采集到有价值的信息。其缺点是采集信息的范围受到限制，对公共关系人员素质要求较高，但它们不失为采集信息的一个好方法。而且由于组织直接面对公众，还可在公众中树立一个善于听取公众意见的良好形象。

5. 参与活动法

组织可通过参与各种活动来搜集信息，如别的组织举办的新闻发布会、产品展览会、订货会、重大庆典、学术交流会、宴会等都是采集信息的好机会，这些活动可以吸引大量公众，所以采集的信息面广、量大。此外，参加外单位组织的会议和活动成本较低，可以和组织的业务活动相结合。

6. 员工意见法

组织的内部员工是组织一个很大的信息源。公共关系部门对内部公众的各种反映也必须认真对待，因为管理者只有通过员工的行动才能实现自己组织的目标。组织要了解员工在想些什么，对领导层有什么看法，对本组织的前途是否有信心，组织的产品是否能满足顾客需要等，总之要广泛搜集员工的意见、建议、要求等信息。

三、处理信息

处理信息是公共关系人员重要的日常业务之一。所谓处理信息，是指公共关系人员根据本组织公共关系的目的和要求对采集的初始信息进行加工的过程。其目的在于：把原始信息变换成便于观察、传输、分析和处理的形式；对原始信息进行去粗取精的筛选并加以分类整理、编辑、浓缩、提炼、分析以及做必要的统计计算；把某些信息集中并存贮起来，作为事后的分析参考资料。

1. 信息处理的要求

信息处理要求及时、准确、适用和经济。及时，指传递信息要快、适时。准确，指信息反映的情况要真实可靠。适用，指信息要适合实际需要。经济，指要符合经济效益的要求。

2. 信息处理的程序

信息传播要遵循一定的程序，这样才能有效地进行公共关系信息传播。具体信息处理的程序包括如下方面：

（1）搜集，即搜集原始信息。原始信息是零星分散的，将其及时地集中起来，是信息处理过程中一项十分关键的基础工作。全面可靠的原始信息，有助于信息处理质量的提高。

（2）加工，即整理信息的过程。加工的依据是某项任务的需要或组织长远发展的需要，是对信息进行选择、比较、分类、排序、计算等方面的工作。

（3）传输，即利用相应的装置和设备实现信息的流动。需要考虑到时间、距离、费用和效果等因素，还应注意信息传输的方向、顺序和路线。

（4）存贮，即保存必要的信息。经过加工处理的信息，有的马上就用，有的待用，有的则可供日后参考。因此将有关信息放相应的存贮器中，妥善保留起来是十分必要的。

（5）检索，即查找信息。检索分手工检索和机器检索两种。手工检索主要是指在有关的文献和工具书中查找信息；机器检索则指在电子计算机（或其他存贮器）中查找信息。迅速而准确地检索出信息，就会充分发挥信息的作用。

（6）输出，即将用户所需的信息及时传输提供的过程。输出的信息要根据要求将其编制成各种形式。

第二节　塑造形象

组织形象是社会进入工业文明时代以后提出的新课题。现代组织把树立良好形象作为发展战略的重要组织部分，因为良好的组织形象，对于一个组织来说是一笔无形的财富。它可以为组织的产品和服务创造出一种消费信心；可以为组织吸引人才、集中人才，创造优越的条件；同时，还有助于组织寻求可靠的合作者和原料、能源供应者，增加投资者信心，求得稳定而优惠的经销渠道，并增进周围社区对自己的了解，得到公众的赞美和支持。所以，塑造组织形象是公共关系的一项重要职能，组织公共关系的一个重要工作就是树立、维护和发展组织形象，从这个角度看，公共关系部门是组织形象的“设计师”。

一、组织形象的含义

大千世界，万物竞生，千姿百态，各有其形。比如：在自然界里，花有香，树有形，月有圆缺，日有阴晴。在人类社会中，人无论是男人、女人，婴儿、少年、中年和老年，还是高、矮、胖、瘦的人，也都有其可以识别的形象。同时，人们对某一事物的判断，即好与坏、美与丑、善与恶、对与错的认知，都会有自己的评价。因此，在浩瀚的大千世界里，人们面对千姿百态的客观事物，无不从不同的方面来描绘它们的形象。那么究竟什么是形象，什么是组织形象呢？

“形象”，为客观事物的形状相貌之义，又指能够引起人们的思想或感情活动的具体形状或姿态。从一般意义上说，形象这个词有三层意思:第一层，形象是客观事物所有外部状态的反映，并且这种形象不是虚幻的、抽象的，而是直观的、具体的、可图像化的。一件物品的大小、宽窄、方圆等形状，都可以用语言描述出来。第二层，形象是客观事物在人们头脑中的再现。由于人是形象的感受者，任何一种具体事物都可通过人们的感知反映出来，因而形象就成为人们对某种事物的总体印象。第三层，形象对人们的思想和感情会产生深刻影响。尽管形象的本源是客观的，但人们感受它之后，就会对人们的思想和感情发生作用，成为其选择、采取这种或那种行为的依据。总的来说，形象是人们的主观世界对客观事物的认知和反映，是人们在获取客观事物的大量信息后所形成的综合印象。

同其他客观事物一样，每个组织，特别是企业也都有自己的形象。在当今市场经济时代，市场竞争犹如一场以市场为舞台、以消费为裁判的企业选美大赛。谁能赢得这场大赛，谁就能获得生存、发展与成功，否则将会被无情地淘汰。在这场比赛中，一个企业自我感觉良好，不一定会得到裁判们的青睐；搔首弄姿，坑蒙拐骗，只会被驱逐出市场；自惭形秽，不求进取，也于事无补；只有厉兵秣马，遵循规则，强化训练，提高素质，敢于创新，充分展示实力，才能赢得胜利，获得生存和发展。在世界餐饮业的激烈竞争中，麦当劳以自己的独特形象占据鳌头：深红色的衬底托出金黄色的 M 形拱门，装饰一新、干净幽雅的饮食环境，着装一致、笑脸相迎的服务人员，标识一致、独具特色的饮料杯、薯条袋，品质、规格、口味一致的“汉堡包”等，给人们留下深刻的印象。这就是麦当劳在世界消费者心目中形成的美好的组织形象。

所谓“组织形象”，是指社会公众对组织综合评价后所形成的总体印象。这一涵义说明: ①组织是塑造自身形象的主体。以企业为例，企业的自身情况，包括它的精神面貌、价值观念、行为规范、道德准则、经营作风、管理水平、产品质量、服务水平、技术力量、人才阵容、资金实力、设备状况、厂区环境、广告宣传、公共关系、经济效益、福利待遇等要素，都是社会公众评价的客观基础。如果企业的每个要素都能调节到最佳状态，即企业的自身状况是令人满意的，那么它的形象就会获得人们的较好评价，经得起实践和时间的检验，获得较好的总体形象。企业自身状况不佳，是无法获得社会公众良好评价的。②社会公众是组织形象感受主体。离开社会公众这一感受对象，组织形象就无从得到反映。③组织形象是社会公众的总体印象。组织形象并不是某个人对组织一时一事的认识结果，而是社会公众经过对组织的长期观察、认识、了解之后所形成的综合印象。因此，塑造组织美好形象决非一日之功，而要经过长期、全面、艰苦的努力。

从上述看出，组织形象受组织自身、社会公众等多种因素的制约。一般来说，组织自身状况是其形象塑造的客观基础或原型，公众印象是对组织原型的反映；公众反映可能与组织原型不一致，这就要通过相互沟通与协调使两者一致起来。

二、组织形象的特征

概括起来，组织形象具有以下五大特征：

1. 整体性

组织形象是一个有机的整体。一方面，组织形象构成因素具有整体性。组织形象是由企业内部的诸多因素组成的，如企业历史、社会地位、经济效益、社会贡献等综合性因素，员工的思想、文化、技术素质及服务的态度、方式、质量等人员素质因素，产品质量、产品结构、经营方针、经营特色、基础管理、专业管理、综合管理等生产经营管理因素，以及技术因素、物质设施等因素。这些不同的因素形成不同的具体形象。但是，组织形象作为社会公众的整体形象，是各个形象要素所构成的具体形象的总和。企业的某一具体形象只是构成企业整体形象的基础，而完整的组织形象才是对企业具有决定意义的宝贵财富。另一方面，组织形象在表现上要有整体性。在组织形象表现上，往往是某一具体形象比较突出，可能掩盖其他因素所形成的形象。就社会公众来说，他们不能对企业的各种因素以及各个方面的情况都进行评价，总是根据其所了解的状况来认识和评价企业。所有这些都可能造成组织形象的不完整性。因此，要避免组织形象表现上的片面性或不完整性，就既要全方位地探讨组织形象的构成因素，进行科学的塑造和建树，还要采取必要的步骤和措施，使广大公众真实地感受组织形象，从而在公众心目中形成总体印象。

2. 客观性

组织形象既然是人们在获取客观事物的大量信息后所形成的综合印象，因而组织形象所赖以形成的物质载体即企业原型是客观的。形象是一种观念。观念是对客观事物的反映。组织形象是由企业存在决定的。就是说，组织形象作为现实企业各方面活动和所有外表等客观事物的映象，是不以人们的意志为转移的。虽然人们可以运用一定的手段策划一个企业的形象，但不能在虚幻的基础上构筑组织形象，此为其一。组织形象受一定社会环境的影响和制约，不可能脱离赖以存在和发展的社会和自然条件而独立存在，此为其二。组织形象是企业把自己的实态通过各种途径介绍给公众，使公众感知后形成一定的印象，因而组织形象的形成过程是客观的，此为其三。组织形象的评价标准，即社会效益、公众信赖等标准，是不以企业经营者或策划者个人的主观意愿为转移的，此为其四。因此，塑造或改善组织形象，最关键的在于努力改善企业实态，在企业原型的塑造上下工夫。

3. 主观性

组织形象虽然是在企业实态的基础上形成，具有客观的现实基础，但是作为评价主体即社会公众来说，它是认识主体对企业客体的反映，因而社会公众对企业的认识、评价带有主观性。社会公众本身具有差异性，即他们的社会地位、价值观念、思维方式、认识能力、审美标准、经济利益、生活经历等各不相同，同时他们观察企业的时空条件、审视评价企业的角度、标准也有区别，这样社会公众对同一企业及其行为的认识和评价就必然有所不同。此外，在组织形象的塑造和传播活动过程中，必然要发挥企业员工的主观能动性，渗透着企业主体的思想、观念和心理色彩。这种组织形象的主观性离不开企业实体的客观性。因此，在塑造组织形象过程中，既要全面分析企业内部的各种影响因素，更要研究社会公众自身的因素，使主观和客观相统一。

4. 相对稳定性

当社会公众对企业产生一定的认识和看法以后，也即组织形象一旦形成，无论其好与坏、美与丑，一般不会轻易地改变或消失，而具有相对的稳定性。这是因为：企业及其形象因素因条件限制不会瞬息万变，即使企业性状及其行为可能发生这样或那样的变化，这种变化也不会马上改变企业已存在的形象模式；社会公众在经过反复获取企业信息和进行过滤分析后，由表象的感性认识发展为深入的理性认识，从而对企业产生比较固定的看法，即对企业的认识总是倾向于原有对企业的印象，并不会因企业性状及其行为的某些变化而改变对企业的评价。这种现象会产生两个方面的结果：一方面，具有良好形象的企业，可利用其形象稳定的特点，开展有成效的生产经营活动，保持独立风格，提高知名度和美誉度，激发强大的名厂、名店和名牌效应；另一方面，形象不良的企业，由于形象相对稳定而难以摆脱不良形象的阴影，势必要影响企业生产经营活动，甚至生存和发展。对此，企业就要保持清醒的头脑，敢于和善于揭露自身的问题，经过不懈努力，消除负面影响，挽回声誉，重塑形象。当然，组织形象的稳定性是相对而言的，它会随着企业内部因素、外部环境及公众因素的变化而发生变化。

5. 创新性

创新是企业的生命。组织形象形成的过程也是企业不断创新的过程。这不仅在于企业以其独特的个性展示自己的面貌，而且还在于社会公众特别是消费者的需求不断更新、市场环境不断变化，因而对组织形象塑造会提出新的要求。尤其是在激烈的市场竞争中，各个企业除在“硬件”方面展开竞争外，更在“软件”方面即组织形象上开展竞争。后者是一种更高层次的竞争。一个企业要想在竞争中制胜，就必须不断创新自己的形象，以其良好的新形象去赢得顾客、赢得市场。

三、塑造组织形象的方法

塑造组织形象的方法很多，这里主要介绍一下完善管理形象、完善企业家形象和完善员工形象三种方法。

1. 完善管理形象

企业管理形象是企业形象的重要组成部分。超一流的企业无不得益于卓越的企业管理。卓越的管理不但能提高企业的产品和服务的质量、工作效率等，而且能使人产生良好印象，从而消除危机隐患。以北京“肯德基”快餐为例，为了预防与顾客发生矛盾和纠纷，他们严格执行三点铁的纪律：一是餐厅制作炸鸡严格按“七、十、七操作法”进行，即将一袋鸡放到鸡蛋液中浸七下，再放粉里滚十下，最后再按七下；二是鸡块炸出超过一个半小时就不能再卖，不管剩下多少都要扔掉，不准作廉价处理，不准给员工吃；三是运用科学手段保证炸鸡分量。在制作过程中，餐厅运用电脑控制机能选用肉鸡体重均达 1.13~1.23 千克，保足分量。这些做法无疑是使“肯德基”强化了管理形象，为预防危机事件提供了有益的保证。

（1）加强现场管理。现场管理是用科学的管理制度和方法，对生产现场的各种生产要素，包括人、机、料、能、法、环、信等，通过计划、组织、协调、控制和激励等管理职能，使其达到合理配置的优化组合，处于生产良好的状态，保证生产正常的运行，以实现优质、高效、低耗、均衡、安全和文明生产。现场的好坏直接关系到企业的形象，也是衡量一个企业管理水平高低的主要标志之一。现场管理是我国企业管理的薄弱环节之一，其滑坡比例高达 53%，所以加强现场管理应成为目前加强企业管理的一个重点。加强现场管理首先要制定标准，包括行业标准和企业标准，做到有章可循。其次，要加强指导，督促检查。再次，要适当投入，创造条件。目前，企业加强现场管理要达到的一般标准是：物流有序、信息准确、生产平衡、设备完好、纪律严明、环境整洁。在此基础上，再向更高的目标迈进。

（2）加强质量管理。产品质量是企业的生命，是影响企业形象的重要因素，是企业形象的“窗口”。针对我国企业质量损失惊人的状况，必须加强质量管理。加强质量管理必须健全质量保证体系，质量管理机构和人员解散了的要迅速恢复，没有的应尽快建立；从产品设计、工艺流程、加工装配到销售全过程，都要有严格的质量考核，并与经济责任制挂钩；要重点抓质量，逐步做到质量标准国际化、管理标准化、考核严格化、体系规范化；要大力推进质量管理与国际管理接轨，积极推行 ISO9000 系列标准。

（3）加强营销和供应管理。应该把加强产品营销和物资供应管理作为修复维护企业经济效益堤坝的一项基础工程来抓，这也是企业管理形象的重要方面。

第一，要改革企业内部供应管理体制，完善约束机制，提倡把供销部门的供销职能与管理职能分离，形成相互制衡又相互促进的管理机制。

第二，要严格把好“三关”，即产品销售和物资采购的定价关、销售货款回收关、物资进厂验收关。

第三，要加强产销合同和物资供应的计划管理，避免盲目生产、销售和采购，以加速资金周转。

（4）加强基础管理。要健全技术、管理和工作标准体系、定额管理体系、原始记录和台账体系，力求先进合理、科学可靠。计量工作要准确、严格，必要的计量检测设备要齐全，企业的各项基础制度和专项制度要健全并认真加以贯彻执行。

2. 完善企业家形象

“形象”就其本义来讲是指形状相貌，这种形状相貌“能够引起人的思想或情感活动的具体形状或姿态”，从这一角度来说，形象突出的特征是它的具体化和感性化。企业家的形象当然也毫不例外地包含了这两方面内容。

（1）良好的外在形象。企业家的良好外在形象是从仪容仪表和言谈举止两方面集中体现出来的。

日本松下公司的创始人松下幸之助，在日本被誉为“经营之神”，为了事业的缘故，他曾经整天忙碌、不修边幅，并且对此未感到有什么不妥。一次，在他理发的时候，理发师毫不客气地批评他，说他太不注意自己的外在形象：“你是公司的代表，却这样不重视衣冠，别人会怎么想，连人都这样邋遢的公司会好吗?”并且提出建议，为了整个公司利益，松下应该专程到东京理发，松下幸之助觉得这话很有道理，从此就开始重视起自己的仪表了。可见，适当的装束、良好的仪容，对于一个企业家来说并不是可有可无的。实际上，良好的仪容留给公众的不仅是一种外表，而且这些外在形象使公众感受到企业家的积极态度和进取精神，感受到他的自信心、自豪感，并联想到他所在的企业正处在兴旺发达的景况中，由此就会对企业的乐观情景充满信心。企业家作为法人代表，经常要代表企业出现在各类公众面前，他们个人的外在形象往往会影响公众对这个企业组织的看法。对生活在今天的现代人来说，适当得体的衣着是最显著的外在形象，企业家如果因为这方面的原因而使整个外在形象受到损害，是十分不值得的。

就企业家来说，注重衣着服饰与其追求豪华、高档、时髦，莫如更注重其合体、整洁，从创造一个诚实、可信、稳重的企业家形象来说，豪华、时髦的装束并无益处。美国一位颇有成就的企业家曾写过名为《成功的形象》的著作，专门谈到了生意场上、公众面前的企业家衣着问题，他认为对企业家来说，最保险的选择应该是那些在式样、色泽上都倾向于保守一点的服装。人们通常都愿意与那些具有诚实、可信形象的人交往，在商业活动中尤其如此。所以，企业家在塑造良好的外在形象时，不要由于追求新潮、豪华，造成浮华不实的消极印象。

当然，只是仪表端庄、服饰得体，并不是企业家良好外部形象的全部，仅此还未必就是具有富于魅力的风度，从根本上说，风度是人的心灵的表象化，是人的精神世界的外部感性形式，风度不仅包括衣着服饰，更重要的是言谈、举止、作风等诸方面，所以最终还要从提高内在的知识水平、文化修养来完善外在形象。

语言文字的表达能力是我们认识了解一个人的重要途径，对于一名企业家来说，更是其力量和魅力的源泉之一，通过语言文字能力，公众可以了解到一个企业家的才华，同时，这种力量也是企业家与各种公众对象交流沟通的必要条件。美国汽车业的卓越企业家艾柯卡曾经指出：演讲是一个成功企业家必不可少的素质之一，当他刚刚被任命为福特公司卡车训练部经理时，非常害怕在众人面前讲话，畏畏缩缩，十分胆怯。后来，他到卡耐基的公开演讲班学习，掌握了公开演讲的基本技巧，终于成为超级企业家后，他仍然对当年学习演讲的重要性深信不疑。在自传中他写道："作为一个经理，除了决策，还必须为会员群众和你手下的人沟通思想，最经常的办法是向他们集体讲话，被称之为动员一大批人的最佳办法的公开演讲和个人谈话是完全不同的"，"一个人有才智而不将自己的想法告诉董事会或委员会，那也是一种耻辱。"

任何企业家要赢得公众的信赖、尊敬，就必须下决心提高自己操纵语言文字的能力，努力成为一个既能干也会说的现代企业家。

此外，企业家还要注意自己的举止，因为企业家的一举手、一投足，都是关系到企业形象的。在我国发生的"一口痰"吓跑外商的现象是值得我们警示的。

中国长江医疗厂准备引进"大输液管"生产线。美国客商约瑟对该厂的范厂长很佩服。范厂长考虑问题缜密，通晓生产线行情，不仅对设备的技术要求高，而且把价格压得很低。约瑟在中国似乎还没遇到有这样实力的对手，他决定与范厂长长期合作，双方决定第二天正式签订协议。由于天色尚早，范厂长请约瑟到车间参观。车间秩序井然，约瑟赞许地点着头。范厂长突然感到嗓子不适，本能地咳了一声，到车间的墙角吐了一口痰，然后连忙用鞋子擦去，油漆地面留下了一片痰迹。第二天一早，翻译送来了约瑟的一封信，信中写道："尊敬的范先生，我十分佩服你的才智和精明，但是您在车间吐痰的一幕使我彻夜难眠。恕我直言，一个厂长的卫生习惯可以反映一个厂长的管理素质，况且，我们今后将生产的是治病的输液管。贵国的成语说得好：人命关天！请原谅我的不辞而别，否则，上帝会惩罚我的……"

由此典型实例不难看出，企业家的举止关系到自己的形象，也关系到企业的形象，所以企业家必须谙熟礼仪规范，注意举止才行。当然企业家真正的"能言善辩"和"举止得体"是以深厚的知识素养和广博的学识为基础的，此中道理企业家不可不察啊！

（2）优秀的内在素质。人的形象，内涵是极其丰富的，一个人的知识、修养、志向、心灵都是形象的组成部分，在某种意义上说，内涵是更重要的，对于企业家的形象而言，培养优秀的内在素质尤其重要，它比外在形象具有更长久更深刻的影响力。企业家优秀的内在素质主要体现在如下几个方面：

第一，学识。在知识经济时代，仅凭苦干、缺乏谋略的经营者最多是一名小业主，作为一名企业家，没有知识与智慧就很难成就大业，而能够使公众折服的必然是企业家的博学与智慧。在企业形象的塑造中，首先要有质量过得硬的产品，才能赢得消费者；而一个企业家只有具备良好的素质才能使公众敬佩。学识则是企业家素质中最重要的基础。否则，不学无术必然给公众利益和人民事业造成损害，同时也毁掉了企业家自己的声誉，企业也陷入了危机。古人云："不学无以广才"，今天的企业家面对着更复杂的市场环境、更复杂的决策因素，因此需要多方面的才能来胜任自己的职责，而学习是企业家获得成功的必要准备，是企业家增长才干的重要途径，是企业家树立良好形象的重要组成因素。

第二，决策。决策是企业经营管理的重要步骤，在企业的运营过程中具有战略意义的重要环节，而对于企业家，决策是他全部活动中最重要、最核心的工作内容；决策不仅是企业家素质的集中表现，同时也是企业家形象的组成内容。由于决策具有战略意义，一个成功的决策往往能够为企业挽狂澜于既倒，这样自然就确立了企业家在企业中的权威和中心地位，因此而赢得下属的敬佩和信赖。

关于决策的具体行为，每个企业家有不同的做法，这是由于他们的个性、习惯、经历以及企业性质、经营方式不同所决定的。通常来说，没有优劣长短之分，如有的企业家喜欢"快半拍决策"，而有的企业家喜欢"慢半拍决策"，不同的决策风格都有独到之处。

英国石油公司董事长彼得沃尔特，因"快半拍决策"而获得成功。他曾讲过这样一件事，1967 年埃以战争爆发后，一位商船主打电话到英国石油公司总部，询问该公司是否租用他的商船，如果在 2 小时内得到肯定答复的话，他将出租全部商船，当时，彼得沃尔特只是公司的副总裁，按照惯例无权给对方答复，但时值周末又找不到更高一层的决策人，所以沃尔特决定租用他的商船。此时由于埃以战争，油价又上涨了一倍。对此，沃尔特说：如果当时采用其他办法处理这个电话，今天我就不会是董事长了。

当然，运用"慢半拍决策"也有很成功的企业家，日本的松下幸之助就是这方面的行家。从创业一开始，松下就不以开创新技术取胜，直到今天，松下公司也很少首创新产品，而是采取"追随战略"。该公司拥有 23 个生产技术研究所，但松下要求他们完成的任务不是开发新产品，而是分析竞争中的产品，筹划怎样做得更好，以后发制人获得成功。例如，索尼公司开创了磁带录像技术，并且在磁带录像市场上，最初处于领先地位，松下公司通过市场调查了解到：消费者需要比索尼生产的两小时录像带更长时间的产品，于是就设计生产出一种更加紧凑的磁带录像机，而且性能可靠，价格比索尼公司的产品低10%~15%，很快，松下公司的录像机产量超过了索尼，扩大了市场占有率，实现了后来者居上，这就是“慢半拍决策”的效应。

不论采用哪种决策方式，事实上都是多种因素制约的结果，而保证决策成功的根本原则是企业家的学识、指挥、经验，一个决策很少失误的企业家必然会为自己树立起值得信赖、富有权威、见地卓越的良好形象。

第三，用人。古今中外卓越的领导人无不注重使用人才，善于用人是一切事业成功的秘诀之一。对于现代企业家来说，用人具有至关重要的意义，因为在市场竞争中取胜的最本质的实力其实是人才的实力。所以美国通用汽车公司前总经理斯隆说：“把我的财产拿走，但要把公司的人才留下，5年后我将使被拿走的一切失而复得。”可见用人之道与企业家的成功休戚相关。不仅如此，用人也是企业家内在素质的组成部分，有句经验之谈说：要了解一个人就看看他交的朋友，要评价一位领导就看看他任用的干部，这话用于企业家也同样是有道理的。从树立良好形象的角度看，用人往往是一名企业家是否心底无私、心胸博大、富有魄力的标志。正所谓“小智者善于治事，大智者善于治人”，治人是治事的前提，企业家的管理和决策无疑也包括对人才的管理和任用。

爱才不易，用才更为不易。特别是那些有缺点的人才，犯过错误的人才，能力超过自己的人才，与自己人有过嫌隙的人才。人们总是把用人不计前嫌、不避宿敌看做是一个领导者人品高尚、胸襟宽阔的标志，可以说，“用人不避仇”这也是很难的，而一个真正做到这点的企业家，往往会赢得更多的尊重和敬仰。

第四，廉洁。廉洁是企业家获得良好公众评价的主要基石，特别在我国，公众对领导者的清廉品质比西方国家的公众看得更为重要。在中国老百姓的心目中，有能力而又清廉，就会被誉为功德无量、大贤大能的“好官”，将之传颂千古。而某些人虽然功勋卓著，但骄奢淫逸，营私舞弊，不仅不被公众恭维，反而为人所不齿。中国民众重视领导廉洁品质的传统价值观念，已经深深根植于中国文化之中，因此，企业家必须十分重视廉洁问题，以保证自己在公众中的良好形象。否则，即使因经营有方取得事业成功，也会由于掉入物欲的陷阱而毁灭自己。

廉洁永远是一个人立身处世的基石，也是一名企业家不可忽视的自我修养和良好品质，这是企业家们必须注意的。

3. 完善员工形象

对于一家公司来说，如果其员工个个精神焕发、衣着整洁、语言文质彬彬、待人落落大方、热情周到，那么，每一位光临该公司的人都会有一种心情愉快的感觉，从而有很高的“回头率”，也更利用于其业务活动的开展。相反，如果公司员工精神萎靡、衣冠不整、语言粗俗、态度冷淡，就会给人一种该公司毫无生命力的感觉，从而使该公司在顾客公众中的印象较差，以至无人愿意与之合作，公司最终将走向衰败。实践证明，员工形象好的企业与顾客发生纠纷少，一旦发生也极易解决，使企业远离危机。因此，良好的企业员工形象对于每一个现代企业来讲是必不可少的。

（1）职业道德。职业道德被认为是企业员工形象的一个基本要素，不容忽视。良好的职业道德相应地会引发优良的服务态度、积极的精神风貌、得体的装束仪表；而败坏的职业道德则与低劣的服务态度、消极的精神风貌、不得体的装束仪表紧密相联。职业道德可以分解为两方面：一是对企业追求的目的及企业内外利益关系的认识。具备高尚职业道德的企业员工，不将利润作为企业追求的唯一目的，而是将比金钱更高更远的价值观作为企业追求的目的。他们在处理国家、集体、个人利益关系问题上，以国家和集体的利益为重，将二者统一起来认识。二是企业员工的劳动态度。具备高尚的职业道德的企业员工热爱本职工作，以主人翁的姿态进行劳动，严格遵守劳动纪律，努力发挥主动性和创造性。对一个企业而言，如果高尚的职业道德已成为员工的共识，那么就等于为良好的员工形象的树立提供了强大的思想动力和坚实的行动基础。

（2）精神风貌。良好的企业员工形象的构成倚重于企业员工积极的精神风貌。一个企业的员工想在广大顾客心目中留下积极、团结、振奋、踏实、创新的良好形象，必须做到以下五个方面，即企业员工必须具有当家做主的主人翁精神、脚踏实地的求实精神、锐意改革的探索精神、亲密无间的合作精神以及力争进步的进取精神。

当今世界上的一些著名企业无不重视对企业员工精神风貌的塑造，以期变精神为物质，为企业创造更大的财富。如日本著名的三大电器公司之一的日立制作所，自 1910 年创办至今一直深受第一任总经理小平先生提出并实施的“小平精神”影响。所谓“小平精神”，包括诚实、独创、积极进取与齐心协力、团结一致三个方面。在“小平精神”的熏陶下产生了一代代“日立人”，他们勇于认错，敢于自由发表意见，并且能够真诚相处、和睦工作。正是“小平精神”孕育了“日立人”，又正是“日立人”缔造了“日立的王国”，并且使之不断地发展和壮大。

由此可见，一个企业的员工如果拥有了这样一些精神，就等于为这个企业增添了一笔巨大的无形资源。对内，它能够鼓励企业出人才、出技术、出成果；对外，又能给广大顾客留下深刻印象。二者集聚成一股巨大的合力，从而推动企业的进步和发展。

(3) 装束仪表。装束仪表是指企业员工的衣着服饰、外表风度等，它是构成员工形象的四大要素中最直观的一个要素。人们都知道，人际交往中“第一印象”很重要，而顾客等公众对企业员工形象的第一印象就来自于他（或她）对员工装束仪表的评价。一般来说，一个企业的员工尤其是那些经常与顾客打交道的、最能代表企业员工整体形象的职员，如公关人员、管理人员、服务人员、接待人员等，如果服饰整洁、举止大方、风度得体，则较易在顾客心目中留下良好的“第一印象”，从而为塑造企业员工整体形象产生积极的推动作用。

装束仪表作为企业员工形象的构成要素，主要表现在两大方面：一个是衣着服饰，另一个是仪表风度，二者交相辉映，必不可少。在这方面企业员工要做到举止大方、彬彬有礼、言谈适度、精神饱满，才能给公众留下良好的印象。日本已有近300年历史、拥有资产200亿日圆的三越百货公司非常注重礼貌服务。每天开业时，公司各分店的员工都在门口站立两行，九十度鞠躬，向顾客行迎宾礼；顾客进到商店后，售货员做出迎客姿态，以示欢迎；顾客挑选商品时，售货员迎上去向顾客行礼说“欢迎您”，并主动介绍商品；顾客多的时候，给其他顾客打招呼“请您等一等”；顾客走的时候，售货员行礼并说“谢谢！欢迎您再来”。各分店员工从进店开始，就在等客、言行、衣着、仪容上时时留意，处处留心，直到离店。顾客在这样被尊重、受礼待的情境和气氛中，自然也乐于购买产品。三越的员工终以他们的得体风度、礼貌举止赢得了顾客。

此外，员工还要具备熟练的工作技巧、庄重而热情的服务态度、严谨的工作作风、礼貌而令人愉快的语言。员工只有全方位地完善自身形象，才能使企业拥有全新的“自我”。

第三节　咨询决策

当今组织，面对瞬息万变的经营环境，要想争取主动，那种单靠领导者“拍脑袋”、“冥思苦想”或是“秀才不出门，能知天下事”来做决断，难免要出偏差。“智者千虑，必有一失”，一贯正确的人是不存在的。这就要求作为组织决策参谋和智囊的组织的公共关系部，根据组织的具体情况，运用公共关系专业知识和方法，向决策者和各部门提供解决纷繁复杂问题的有关信息资料和咨询建议，为决策提供科学的依据，参与组织决策的全过程，这是公共关系部的重要职能，组织的公共关系工作假如不能渗透到经营决策中去，就不会显示出它的生命力和存在价值。正因为如此，有人称公共关系专家为“20 世纪的军师”，称公共关系部为组织的“思想库”或“智囊团”。

一、提供咨询

公共关系人员在搜集大量信息的基础上，要向组织的决策层和各管理部门提供有关公共关系的情况和意见，这就是提供咨询。它主要有以下几方面内容：

1. 关于组织形象的咨询

由于组织和公众各自的立场、观点和利益的不同，组织在公众心目中的形象和组织期望的形象，或自己心目中的形象往往不是一致的。同时，一个组织的形象在不同的公众中反映和评价也是存在差异的。而且由于组织自身的变化和社会公众评价标准的变化，一个组织的形象随着时间的变化也发生变化，因此公共关系人员要全面搜集公众对组织形象的信息，加以慎重分析，及时向组织决策层提供改善和提高组织形象方面的建议和咨询。

如上海锦江饭店是一家闻名中外的高级宾馆，接待对象是“三高”，即级别高、层次高、规格高。但在一般公众心目中，“锦江”的形象是庄重有余、亲切不足，这对在新形势下扩大业务、提高经济效益不利。饭店公共关系部在调查研究的基础上，确定了“全方位公共关系”的方针，在发挥锦江饭店原有的高贵豪华的形象优势的同时，再赋予它亲切和宜人的情调色彩，树立起“锦江是属于公众的”这一形象，他们请决策层采取措施，打破森严壁垒，开门迎客，使锦江饭店内许多过去曾令市民望而却步的地方成为门庭兴旺的场所。现在“锦江”已发展成为各种组织进行公共关系活动的媒介，甚至成了社会公共关系的枢纽，其形象日趋完美。如果没有公共关系部门的精心分析、论证、及时提供参谋决策意见，“锦江是属于公众的”这一声誉就难以成立。

2. 关于产品形象的咨询

产品形象是组织形象的核心和关键因素，组织是通过产品与广大顾客发生联系的。只有产品被接受、受欢迎，组织存在价值才能得到社会认可。因此，公共关系人员要利用自己与公众之间的广泛联系，从不同渠道搜集有关产品的评价，进行综合分析，提供给组织有关部门参考。

例如，台湾的洗衣粉市场自 1968 年以后从引进介绍期进入成长期，销售量日增，整个市场呈现出一个蓬勃景象。其中最畅销的牌子是“汰渍”、“非肥皂”与“蓝宝”。台湾如意洗衣粉厂几经努力，但其产品的销售并不如意。该厂公共关系售货员经过调查，并请教了有关专家，总结了三条教训：一是包装不当，特大盒的“如意”与中盒的“汰渍”在外观上相差不多；二是价格难辨，特大盒式“如意”是 28 元，中盒的“汰渍”是 16 元，按百克计算，“如意”比“汰渍”少4元，但因缺乏明显标志，消费者反倒认为“如意”售价高；三是行销途径不当，洗衣粉是日用小商品，应放在消费者附近能买到的零售商店里，放在大百货店反而束之高阁了。公共关系人员据此提出咨询建议，使“如意”洗衣粉厂对症下药，不久，“如意”东山再起。

3. 关于公众心理的咨询

公众的行为是由公众的心理活动来决定的。在复杂的社会条件下，人们的心理活动也千变万化。因此正确地分析公众心理，抓住其实质性的需要和动机，对于正确决策十分重要。首先要对公众的心理需要进行咨询。公共关系人员必须对公众，尤其是消费者的习惯心理需要、从众心理需要、新奇心理需要、求异心理需要、偏好心理需要等方面进行了解，并在不断变化的客观环境中，研究和预测这些心理需要。对于这些心理特征的研究和咨询，可以导致组织针对不同的消费者公众制定出分类市场营销的策略。其次要分析和预测消费者公众的心理变化。由于社会环境不断变化，人们的心理状态、结构、趋向也在不断地变化。

因此，公共关系部门不能以静止的观点去看待人们的需要和兴趣，而要时刻观察其动向，掌握其变化趋势。决策部门只有在掌握这类信息的基础上才能做出适应时代潮流和领导时代潮流的战略决策，这就要求公共关系部门提供这方面的咨询和建议。

此外，公共关系部门还要向组织提供组织的方针、政策及其实施结果的评议和咨询。

二、参与决策

所谓决策，简单地说，就是对于组织未来行动的选择和决定。具体说来，它包括确立目标、搜集资料、拟定方案及评估选择等不同环节。在这些环节中，每一个具体步骤都渗透着公共关系的内容，离不开公共关系部门的参与和协助。

1. 帮助组织确定决策目标

所谓决策目标，就是组织通过努力所要达到的目的以及衡量成功与否的具体指标。由于现代组织决策的专门化，整体决策目标往往被分解为各个职能部门的专门决策目标，如生产决策目标、技术开发决策目标、财务决策目标、市场营销决策目标等。各职能部门的专家和管理人员往往将决策的焦点高度凝结于本部门的职能目标，难以从社会和全局的角度去考虑整体决策目标。因此，亟须公共关系部门充分发挥自己与公众联系密切的优势，站在社会和公众的立场上，通过对组织公众态度的调查、舆论的分析、民意的测验，综合评价职能部门的决策目标可能引起的社会问题，从公众利益的角度去观察组织的不足，敦促有关部门或决策当局，依据公众需要和社会价值，及时修正可能导致不良社会效果的决策目标，使组织决策目标既反映组织发展的要求，也反映社会公众的利益，使公共关系目标成为整体决策目标系统的重要因素。

2. 帮助组织获取决策信息

帮助组织决策搜集和整理信息既是公共关系的主要职能，也是公共关系部门参与组织经营决策活动的重要形式。

信息是决策的依据，组织的决策在确定目标后，就要尽可能全方位地搜集和整理影响决策目标实现的各种限定因素和数据资料，并在此基础上运用各种有效的科学分析方法，对其进行综合分析，制订出达到决策目标的各种决策方案，以供选择。只有获得大量的信息，才能制订达到目标的可靠方案。公共关系对决策信息的获得具有不可忽视的作用。

从公共关系角度而言，组织决策方案制订的信息主要来自两方面，一方面，公共关系部门利用它与外部各界的广泛联系，为决策开辟广泛的外源信息渠道，提供第一手的准确信息。如公共关系人员和消费者打交道，就能直接了解市场动态；参加类似“厂长联谊会”这样的活动就能够了解竞争对手的某些情况；与政府有关部门、投资部门、原料供应部门、新闻单位交往的过程中，决策者都能够得到各种有益的信息，这些信息往往对决策有重大影响。另一方面，公共关系部门利用它在组织内部的沟通渠道，为决策提供内源信息，促进决策科学化、民主化。如公共关系部门组织员工对本组织的实力和弱点进行综合性评价，发动员工参与决策的活动及健全合理化建议制度都是获取决策信息的有效途径。

3. 帮助组织拟定决策方案

决策方案是保证决策目标得以实现的各种措施的总和。决策方案的拟定包括两个环节：设计方案环节和选择方案环节。

设计方案环节是指公共关系部门根据影响决策目标实现的各种限定因素和数据资料，运用科学的方法和手段，寻找可供选择的各种实现决策目标的行动方案的环节。在设计方案这一环节中，公共关系部门要力求把公共关系目标在方案中得到落实，决策方案应包括能够实现公共关系目标的措施。不但在决策目标系统中要包含建立信誉、塑造形象等的公共关系目标，并且相应地，在决策方案中也要提出实施这些公共关系目标的具体措施，如建立信誉、塑造形象的具体步骤或方式等。同时，公共关系部门还应提醒设计者考虑各类公众情况的变化，制定灵活的应变措施，使决策者充分注意这种变化，把握变化的趋势，真正做到为明天而决策，为发展而决策。

选择方案环节是指组织决策者在有关组织未来发展战略众多备选方案中，通过对各种方案进行比较和评估，选择一种最终决策方案的环节。在选择方案这一环节中，公共关系部门应力求把公共关系原则放进方案选择的标准中，衡量所选方案是否符合社会的整体利益、是否满足公众需求、是否会给公众造成危害等。如果能自觉遵守这一方面的原则，就可以使组织圆满地达到目标，反之则可能导致失败。同时公共关系部门还必须把公众当作决策方案最权威的评议者，这样能使决策目标与公众更好地联系起来，对涉及公众利益和态度的因素做出客观的判断。

4. 帮助组织实施决策方案

决策实施是决策过程的终极阶段。在这个阶段，组织公共关系人员一方面协助决策者向各执行部门传达和解释组织决策方案的目标、意义和内容，以及实施决策方案的基本步骤与要求；另一方面要注意搜集执行部门对决策方案的意见和态度，并对实施效果进行观察、分析、评价，发现新情况、新问题，并及时反馈给决策部门，以便决策者不断地调整和改变决策目标，使决策方案日臻完备，并为新的决策活动提供信息。

总之，公共关系部也有一个在决策层中正确、有效地发挥自己的作用，从而树立自己的形象，提高自己的信誉的问题。

第四节　协调沟通

组织环境具有不确定性、可变性、复杂性等特点。社会组织时常与各种环境因素发生摩擦和矛盾，作为公共关系部门，其中一个重要职能就是要协调组织公众之间的关系，解决各种矛盾和冲突，广结善缘、广交朋友、传播信息、双向沟通。这是公共关系的重要职能，社会组织的良好形象就是在协调沟通中建立起来的。

一、协调沟通的内容

公共关系的协调沟通的内容包括两个方面：其一是组织内部的协调沟通；其二是组织外部的协调沟通。

1. 组织内部的协调沟通

在组织内部公共关系部门需要协调沟通三种关系：领导者与员工之间的关系，部门之间的关系，员工与员工之间的关系。公共关系在其中起着承上启下、传播信息、沟通反馈等作用。一方面，公共关系部门或人员应下情上呈，积极主动向领导反映员工的意见、建议和要求，并提出合理化建议，从而使领导及时把握员工的心态、要求，协调领导与员工之间的关系，化解矛盾。另一方面，公共关系部门或人员应上情下达，积极主动向员工宣传组织的方针、政策、价值观念、目标方向，传达领导的目标、意见等，使员工拥有方向感。及时了解组织的现状、目标、发展方向，从而使员工能积极配合领导工作。

组织是一个系统，要使这个系统由无序走向有序，各子系统就必须密切配合。要保持组织系统和谐有序地相互作用、共同发展，其调节机制就是公共关系部门的协调沟通。员工之间产生矛盾后，也将影响到内部的团结稳定，影响组织的凝聚力、向心力和战斗力。因此，协调沟通员工间的关系也是公共关系的职能之一。

组织内部的协调沟通，就是要建立协调机制，畅通传播沟通渠道，实行双向信息交流，统一思想，提高认识，增强组织的凝聚力和向心力。否则，组织内部信息不畅，员工没有方向感，必然产生麻木不仁、无所事事或焦虑烦闷、人心涣散等消极情绪和现象。产生这种现象是公共关系的失职和失误。

2. 组织外部的协调沟通

公共关系部门是组织的“外交部”，在对外交往方面它具有独特的功能。公共关系在内求团结的基础上，外求和谐发展，广结善缘，为组织的生存和发展扫清障碍，减少阻力。

公共关系外部协调沟通应分清主次公众，确定公众类型。首先，一般情况下，组织外部公众沟通的重点是消费者公众、政府公众、新闻媒介公众、社区公众等，任何组织的发展都离不开这些公众的配合与支持。其次，组织还必须注意协调沟通各种职能部门，如工商管理局、税务局、公检法机关、海关等部门的关系。再次，组织还要沟通与组织具有一般往来关系的其他公众关系，如社会名流关系、文艺界关系、体育界关系、教育界关系等，建立公共关系网络，广交朋友，妥善解决组织与公众间出现的矛盾和纠纷，化解冲突，以建立起相互信任、相互合作的友好融洽的关系。

二、协调沟通的方式

组织与公众的关系错综复杂，协调和沟通的公众类型各种各样，因此，公共关系协调沟通的方式也多种多样。

组织通常采用的方式主要有以下几种：一是直接对话。组织就公众关心的问题邀请公众代表直接对话，协调组织与公众间的误解及矛盾，寻求共识。目前，这种方式已成为公众喜闻乐见的一种方式，有的组织与新闻媒介合作，采取现场直接对话的方式开展活动，获得了令人满意的协调沟通效果。二是设立热线电话。有的组织成立民主管理委员会或其他专门机构，设立热线电话，由专人负责管理公众提出的任何问题，赢得了公众的信任与支持。三是领导接待日制度。一些组织建立领导接待日制度，每周都有一天，由各位主要领导轮流值班，接待所有对组织有意见或建议的员工。这种方式满足了员工希望与组织领导直接见面的愿望，也缩短了领导与员工间的距离，密切了领导与员工间的关系。四是开展咨询服务。组织针对公众对国家政策、法律、法规及组织的有关规定缺乏认识、理解不深刻等情况，专门组织开展咨询服务，通过讲解、发放有关资料等方式协调沟通。五是谈判。组织与有共同利益的对方就有关问题举行谈判，协商解决，使各方互相谅解，达成共识，加强合作，共同发展。六是人际关系。组织利用人际关系的特殊作用，通过专访、游说、会谈等方式，利用组织公共关系人员或其他工作人员与交际对象间的私人关系，或利用业缘关系、地缘关系等进行人际协调沟通，为组织化解矛盾，结良缘、交朋友。

公共关系协调沟通的方式还有很多，比如利用新闻媒介进行宣传解释、举办开放日活动、会议交流、建立信访制度、礼节性互访等。采用何种协调沟通方式取决于组织所面临的环境因素、公众关系的复杂程度和实际需要。

同时，在网络公关中，还要注意与网络公众的协调与沟通。在传统公关中，对公众的刻画是粗线条的群体式的，而网络使得组织有能力获得更详尽的资料，根据所得的较为详尽的个性化资料进行分众化的服务。需要注意的是，组织对公众的问题应该尽量快速详尽地予以答复。国外著名的 CISCO 公司的经验是：利用客户数据库，使一部分用户获得密码，允许他们接近公司某些重要的信息；而对另一部分用户则保密。这样，公司能灵活的按照不同类型的顾客创建内容和服务。同时，将用户的问题分层分类，分布回答各类问题的优先顺序，还公布各层问题的时间限制。如果出现的问题涉及某人的根本利益，公司就建议此人打电话。北京市政府创建的首都之窗网站，从 2001 年 8 月起日均访问达 4000 次以上。这种电子政务的方式也可以认为是一种个性化的公关手段，通过政务公开，办公便民，使北京市民对市政府的印象有了很大的改观。

总之，组织通过公共关系的协调沟通工作，可以使组织与相关公众产生耦合，化解矛盾和冲突，达成共识，保持正常的联系，建立友好和谐关系。

【案例讨论】

一张照片后的巨额利润

1964 年，《中国画报》的封面刊出这样一张照片：大庆油田的“铁人”王进喜头戴大狗皮帽，身穿厚棉袄，顶着鹅毛大雪，手握钻机刹把，眺望远方，在他背景远处错落地矗立着星星点点的高大井架。几乎同时，《人民中国》杂志撰文报道说，以王进喜为代表的中国工人阶级，为粉碎国外反动势力对我国的经济封锁和石油禁运，在极端困难的条件下，发扬“一不怕苦，二不怕死”的精神，抢时间，争速度，不等马拉车拖，硬是用肩膀将几百吨采油设备扛到了工地。不久，《人民日报》报道了第三届全国人大开幕的消息，其中提到王进喜光荣地出席了大会。

当时，由于各种原因，大庆油田的具体情况是保密的。然而，上述几则由权威媒体对外公开播发的极其普通的旨在宣传中国工人阶级伟大精神的照片和新闻，在日本三菱重工财团信息专家的手里变成了极为重要的经济信息，揭开了大庆油田的秘密：

（1）根据对照片和新闻报道的分析，可以断定大庆油田的大致位置在中国东北的北部，且离铁路线不远。其依据是：唯有中国东北的北部寒冷地区，采油工人才需戴这种大狗皮帽和穿厚棉袄；唯有油田离铁路线不远，王进喜等大庆油田的采油工人们才能用肩膀将百吨设备运到油田。因此，只需找一张中国地图，就可轻而易举地标出大庆油田的大致方位。

（2）根据对照片和有关新闻报道的分析，可以推断出大庆油田的大致储量和产量，并可确定是否已开始出油。其依据是：首先从照片中王进喜所站立的钻台上手柄的架式，推算出油井的直径是多少；其次从王进喜所站立的钻台油井与他背后隐露的油井之间的距离和密度，又可基本推算出油田的大致储量和产量；再次从王进喜出席了人代会，可以肯定大庆油田出油了，不然王进喜是不会当代表的。

（3）根据中国当时的技术水平和能力及中国对石油的需求，中国必定要大量引进采油设备。

于是，日本三菱重工财团立即集中有关专家和人员，在对所获信息进行剖析和处理之后，全面设计出了适合中国大庆油田的采油设备，做好充分的夺标准备。果然不久，中国政府向世界市场寻求石油开采设备。三菱重工财团以最快的速度和最符合中国要求的设计、设备获得中国大量订货，赚了一笔巨额利润；此时，西方石油工业大国却目瞪口呆，还未回过味儿来呢！

（资料来源：查灿长. 公共关系实务与案例［M］. 青岛：青岛出版社，1994.）

讨论题：

1. 三菱重工财团采用了哪些收集信息的方法？这些方法有何优点？
2. 本案例给我们的启示是什么？

【实训项目】

房地产公司的形象宣传

实训目的：

由于受美国次贷危机的影响和中国紧缩宏观调控政策的实施，中国的房地产业面临着严峻的考验，一些中小经营不善的房产商也面临着倒闭的风险，房地产公司如何在环境变坏情况下不但立于不败之地，而且还能脱颖而出，提升自己公司的形象成为本次活动的宗旨。

实训时间：

2 学时。

实训地点：

多媒体教室。

实训步骤：

(1) 全班分成以 6 人为单位的若干小组。

(2) 查阅资料：中国房地产业的发展现状，包括行业经营竞争和形象推广模式。

(3) 结合所选公司的特点策划公司形象推广战略。

(4) 小组成员分角色介绍、展示公司的理念、产品。

实训手记：

通过训练，我的收获是：________________________________。

【课后练习】

一、名词解释

1. 社会调查法
2. 处理信息
3. 形象
4. 咨询决策
5. 组织形象

二、单选题

1. （　）已成为公共关系部门一项基本职能。

A. 采集信息　　B. 组织活动

C. 联络关系　　D. 筹备会议

2. 一般用于初步感知，范围较小的采集阶段的方法是（　）。

A. 参与活动　　B. 间接听取

C. 参与活动　　D. 员工意见

3. 学校利用校庆进行广泛的社会宣传，这一活动本身表明它重视塑造自己的（　）。

A. 文化形象　　B. 产品形象

C. 社区形象　　D. 公众形象

4. “形象不良的企业，由于形象相对稳定而难以摆脱不良形象的阴影，势必要影响企业生产经营活动，甚至生存和发展。”这一句话描述的是组织形象的（　）特性。

A. 整体性　　B. 客观性

C. 主观性　　D. 相对稳定性

5. 大力推进企业管理与国际管理接轨，积极推行ISO9000系列标准，重点加强企业的（　）。

A. 加强现场管理　　B.加强营销管理

C. 加强供应管理　　D.加强质量管理

三、多选题

1. 优秀企业家的内在素质有（　　）。

A. 学识　　B. 决策

C. 用人　　D. 沟通

E. 廉洁

2. 完善企业管理形象的内容有（　　）。

A. 加强现场管理　　B. 加强营销管理

C. 加强供应管理　　D. 加强质量管理

E. 加强基础管理

3. 组织形象的特征包括（　　）。

A. 整体性　　B. 客观性

C. 主观性　　D. 相对稳定性

E. 创新性

4. 公众对企业进行评价的内容包括（　　）。

A. 精神面貌　　B. 价值观念

C. 行为规范　　D. 道德准则

E. 经营作风

5. 在处理信息时要求注意（　　）。

A. 及时　　B. 准确

C. 适用　　D. 认真

E. 经济

四、简答题

1. 简述组织形象的特征。

2. 完善企业家形象。

3. 信息处理的程序。

4. 试说明采集信息的方法。

5. 请分析采集信息的内容。

五、论述题

1. 组织形象有哪些含义？

2. 企业公共关系部门参与决策的方法和内容。

六、实操题

1. 公共关系采集信息的方法有哪些？选择其中一个方法进行举例说明。

2. 在“我的公关生涯”中，这位外资企业公共关系人员进行了大量的公共关系工作，这反映了公共关系的哪些职能？

3. 案例分析

让放电影的人上银幕

一年年末，上海国泰电影院的领导（经理）把员工包括离退休人员及其家属都请到电影院来参加一个茶话会，专门制作了有关这些离退休员工和在职职工生活工作的录像片，会上放给大家看，每个人，尤其是离退休职工非常感动。原因很简单，这些人一辈子干的活就是放电影给别人看，从未感受到自己上银幕是什么滋味，今天他们有机会在电影院里，在给人家放了一辈子电影的电影院里，看自己也上了银幕，感到国泰影院没有忘记自己这辈子的辛劳，他们能不激动吗？他们很自然地就产生并加深了对自己单位的情感，同时也使在职职工感到振奋，团体凝聚力大增。

国泰影院的做法也赢得了新闻单位的广泛报道，其知名度和美誉度大增，获得了很好的经济和社会效益。

问题：上海国泰影院为什么能取得如此大的公关效应？这一案例体现了公共关系哪些职能？请分析评论。

第五章
公关工作程序

每一个公关计划或解决方案都应从调研开始。但遗憾的是，多数的方案都没能做到这一点。

——【美】弗雷泽·西泰尔

公关计划主要指明的是“需要做什么”以及“应该怎么做”，这些对于实现公关目标当然是很关键的。

——【美】弗雷泽·西泰尔

一旦问题被确定并且提出解决的方案以后，则下面的步骤就是行动和传播。

再没有什么主题能像项目评估——整个流程的最后一步——这样在实践操作中起着那么大的主导作用了。

——引自【美】斯各特·卡特利普、艾伦·森特、格伦·布鲁姆《有效公共关系》

公共关系活动的全过程大体分为调查研究、策划方案、组织实施、评估效果四个阶段，又称为公共关系的“四步工作法”。

【学习目标】

- 掌握有效开展公共关系工作的基本步骤和方法；
- 掌握公共关系调查的方法，熟悉公共关系调查的内容；
- 培养公共关系调查问卷的设计，能够撰写公共关系调查报告，具备进行公共关系调查的初步能力；
- 掌握公共关系策划的程序，能根据组织情况进行基本策划并制订具体的活动计划；
- 能够有效地实施公共关系方案；
- 掌握公共关系效果评估的内容和方法。

【案例导入】

康佳集团

1996年初，全国彩电业龙头老大“长虹”突出奇招，率先降价，由此拉开了中国彩电业降价大战的序幕。一年下来，各家均伤痕累累，一些规模较小的厂家退出了竞争市场。康佳虽然仍然居于国内彩电行业的前列，但整体市场也不容乐观。城市消费空间相对饱和，市场竞争进一步加剧，彩电生产总量明显供大于求，1/3的彩电将面临滞销积压的危险。面对此境遇，康佳集团该何去何从呢？

为了使企业能够走出困境，康佳集团采取了以下行动：

第一，进行详细的调查。得出的结论是，未来的市场走向必然是农村，因为农民正逐渐富裕起来，对彩电拥有越来越强的购买力；而且随着通信网络向农村的延伸，农村的收视率会大大提高，同样也能带动彩电的销售。

第二，针对此结果，康佳集团做出了一个形象策划，即以京九线为载体，树立“康佳和老区人民心连心”的形象。

第三，落实第二步设想，实施公共关系传播，开展了一系列活动。首先买断了京九线“105/106次”列车的冠名权，使其成为“康佳号”。其次是投资2000万元，在京九线建立100个“康佳县”，在当地自主建立卫星转播台。再次是在江西、安徽、湖北等革命老区建立“希望小学”，组织“康佳艺术团”巡回演出。最后，帮助老区人民脱贫致富。

第四，实施测评。“康佳”集团的这次公共关系策划取得了很大成功，被誉为“没有商业性的商业行为”，传为国内知名品牌策划中的“佳话”。

（资料来源：段文杰，曲丹辉. 公共关系基础与实务［M］. 北京：科学出版社，2007.）

第一节　公共关系调查

有一家宾馆新设了一个公共关系部。开始，该部配备了豪华的办公室、漂亮迷人的公关小姐、现代化的通信设备等，但该部部长却不知下一步要做些什么了。后来，这位部长请来了一位公共关系顾问，向他请教“怎么办”。于是，这位顾问一连问了以下几个问题：“本地共有多少宾馆？总的铺位有多少？旅游旺季时，来本地的外国游客每月有多少？台港澳游客有多少？国内的游客有多少？贵宾馆最大的竞争对手是谁？去年一年中，有哪些因服务不周而引起房客不满的事件？服务不周的症结在哪里？”这样一些极为普通而又极为重要的问题，使那位公关部长无以对答。于是，那位被请来的顾问说：“先搞清这些问题，然后开始你们的公共关系工作。”

这个事例清楚地昭示我们：要开展公共关系活动，必须从调查研究开始。调查研究作为组织开展公关活动的先导，是整个公关活动的“轴心”。正如西蒙所说：不论人们如何表达公共关系活动的流程，调查研究都是举足轻重的。因此，作为一个组织，应充分认识开展公关调查研究的重要性，将调查研究视为正确、妥善地解决问题和纠纷的基本前提。

一、公共关系调查的内容

公共关系调查的内容及范围主要涉及组织的基本状况、组织形象、公众评价和组织开展公关活动条件调查等。

1. 组织情况调查

组织的基本情况是公众评价的首要对象。要正确地评价公众的意见，公关人员必须对组织的基本情况了如指掌。关于组织基本情况调查，主要有两方面的内容。

（1）组织的经营发展情况，包括组织创建的时间、组织经营发展的目标（包括近期、中期、远期的目标）；组织发展过程的重大事件及在社会上、舆论界的反响；组织对社会的贡献；企业组织的市场分布、市场占有状况以及市场竞争状况；企业组织的产品、服务及价格特点；组织的管理特点；企业组织的外观、厂名及商标特点等。

（2）组织成员的基本情况，包括组织成员人数的变化、组织成员的精神面貌、一般成员的状况以及对组织发展做出过重大贡献的成员的情况和组织领导者的总体情况。员工的一般状况，包括年龄、文化程度、专业特长、兴趣爱好、家庭生活等；为组织做出重大贡献的员工、劳模的成就与经历；组织主要负责人的一般情况。

2. 组织形象调查

组织是通过评价和衡量组织形象的两个指标——知名度和美誉度来完成组织形象调查的。

（1）知名度。知名度表示有多少公众知道和了解组织及其知道和了解的程度，包括机构的名称、标记、经营内容、历史、规模、产品、服务等。组织的知名度在一定意义上决定着组织获得公众理解与支持的范围，所以该调查的公众范围一般比较广泛，可以是对组织诸多因素的综合考察，也可以是对其中的单项因素进行调查。通过知名度调查，能明确显示组织在公众心目中排名榜上的地位，而且可以详细了解组织的诸多构成因素对其知名度形成的具体作用。同时，也能为其他项目的调研工作提供基础资料。

（2）美誉度。美誉度表示有多少公众信任和赞赏组织及其信任和赞赏的程度，包括对机构名称、标记、经营方式、产品或服务是否喜欢、信任等。组织美誉度的高低，基本上反映了组织的信誉与社会形象。该项调查一般是在组织知名度调查基础上进行的更深层次的调查工作。通过美誉度调查，在一定程度上能为组织指明努力的方向。一个组织可能会为自已的高知名度而沾沾自喜，然而如果美誉度调查显示出反向结果的话，则表明臭名远扬。组织要及时追根寻源，努力修正不良影响，以免后患无穷。

以下是组织知名度、美誉度的调查表，可供组织在公关调查实践中参考，见表 5–1、表 5–2。

表 5–1　知名度调查问卷设计

项目	1	2	3	4	5	6	汇总
机构名称							
地点							
标记							
代表色							
历史							
规模							
经营内容							
产品 A							
产品 B							
服务							
	（低）					（高）	

注：请被调查者对准项目在空格中写“√”，根据总分及各项得分，综合评价机构知名度。表中 1~6 分别表示不知道、好像知道、知道、有些了解、了解、非常了解。

表 5-2　美誉度调查问卷设计

项目	1	2	3	4	5	6	汇总
产品 A							
产品 B							
售前服务							
售中服务							
售后服务							
	(低)					(高)	

注：请被调查者对准项目在空格中写“√”，根据总分及各项得分，综合评价机构美誉度。表中.1~6分别表示不怀疑、怀疑、一般、比较信任、信任、非常信任。

3. 公众评价调查

所谓“公众评价调查”，就是通过评估公众的意见和公关活动的效果，了解社会公众对组织相关行为的具体反应和建议。

（1）公众意见。公众意见表示社会公众对组织有关问题的反应以及形成反应的具体原因，包括组织的产品、服务、价格、管理、人员素质等问题。

公众意见调查要探明组织在目标公众心目中的形象以及他们所以会有如此评价的形成原因。该项调查一般可以对相关公众作广泛了解，也可以聘请一些熟悉业务、具有经验和综合分析能力的专家，运用座谈、信函的形式，请他们对组织面临的问题进行诊断并提出解决问题的建议。

公众意见调查不仅需要针对不同公众的知识水平、理解能力等多方面、多层次进行有的放矢的调查，而且对各方面意见的汇总、整理也需要耗费比较多的精力。例如，某个企业在消费者心目中形象不佳，那这种不信任究竟源于何处呢？是产品质量不过关，还是推销方式不适宜？是不相信企业的经营水平，还是对企业存有偏见？只有追根寻源，才能找到解决问题的关键。

（2）活动效果。活动效果是了解社会公众对组织实施的公共关系专门活动的评价。正确评价公共关系活动的真实效果并不简单。作为一种长期为组织树立良好形象、为组织获取最大经济效益创造条件的公共关系活动，相当多的情况下是无法要求它直接创造利润的，所以，对组织实施的公共关系活动，往往不能用数量式的硬性指标来衡量，必须考虑到它所产生的滞后效应。

然而，通过公关调查，可以在一定范围内，用定量分析的方式，了解组织的公共关系活动是否达到以最少的投入使信息传递到最大空间的目标，一般有接触率、单位宣传费用、单位宣传费用效果三项指标。

$$接触率=\frac{目标公众接触媒体人数}{目标公众人数}\times 100\%$$

$$单位宣传费用=\frac{宣传费用}{受众人数}$$

$$单位宣传费用效果=\frac{宣传后销售实绩-宣传前销售实绩}{宣传费用}$$

4. 公关活动条件调查

所谓“公关活动条件调查”，是指在开展公关活动之前，组织对开展活动的主客观条件进行调查研究。为了避免闭门造车，给组织带来不必要的损失，组织的公关人员在开展公关活动之前或是在公关活动策划时，对支持公关活动的具体条件进行调研工作。其内容主要包括以下三个方面：

(1) 公关活动主体的人力分析。组织要使公关活动达到预期的目的，应该考虑由哪些人员参加，人力是从组织内部挑选还是由外部公关公司承担，人员具备哪些特长，工作能力、经验和业绩如何，能否胜任工作等。

(2) 公关活动主体的财力分析。从某种意义上讲，这是一种投入—产出比分析。针对公关活动来说，就是组织所能投入的资金和活动所产生的效益是否成比例、资金的使用是否合理等。

(3) 公关活动的客观环境调研。客观环境分为宏观调研和微观调研两部分。宏观调研是对组织的经济环境、政治法律环境和社会文化环境的认识。组织在开展公关活动之前，应对社会、政治、经济形势进行冷静分析，对市场和公众的社会心理进行认真研究。在市场活跃或疲软的不同环境下，公关活动的内容和效果是不大一样的。微观调研是对开展公关活动的具体条件进行调研，对活动的场地、设备以及各类有关规定等进行调研。公关活动的场地分为室内和露天。事先要调查场地面积、人员交际、食宿场所和流动的通道等。公共活动设备的调研一方面要调查清楚活动所需家具（桌椅、餐具、茶具）的数量、质量和档次，另一方面要调查清楚电子设备（电话、电视、音响、扩音器、投影仪、照明设备、话筒等）的数量及使用效果。

二、公共关系调查的程序

公共关系调查研究是一门艺术，既有科学性又有技巧性。掌握公共关系调查的科学程序，是提高调查艺术、强化调查效用的基础。

1. 确定公共关系调查的选题

确立公共关系调查选题，实际上就是确定调查的方向。对于公共关系人员而言，需要调查的情况十分繁杂。但是，在一次具体的调查活动中，由于时间、人力以及调查容量自身的限制，不可能也没有必要进行全方位、大规模的调查，通常只能开展有针对性的、专题性的、围绕某一个方面内容的调查活动。

(1) 确定公共关系调查选题的原则。公共关系调查选题的确立，是一项科学性与艺术性很强的工作，需要遵循以下几个原则：

第一，需要性原则。所谓“需要性原则”，即根据社会组织的需要来选择和确定调查选题。根据社会组织的发展战略与规划，优先选择的调查选题应当是公众问题、市场问题、内部自身问题和环境问题。公共关系调查具有很强的功利性和服务性，应当针对社会组织当前迫切要解决的问题进行调查。例如，在开发新产品时，企业亟待了解的是公众的需求、对老产品的意见、经济承受能力等，故多以公众愿望、经济生活情况为调查选题。在处理经营危机时，社会组织亟待了解的是造成危机的原因、危机事件的动态情况、公众受损害的情况、危机事件的影响范围等，以便制定消除危机事件不良影响的对策，故此时多以危机事件本身作为调查选题。

第二，创新性原则。对于公共关系调查而言，创新不仅可以提高公共关系调查成果的社会价值，而且可以提高公众参与调查、回答问题的积极性。这就要求我们在选择公共关系调查课题时，善于运用新理论、新思维、新方法，从新的角度提出有别于以前的调查选题和有别于竞争对手的新选题，确保公共关系调查活动的顺利开展。当前，公共关系调查有自己的独特性，不同于一般的公共关系宣传活动，“创新求异”有自己的“度”，不能一味地求新求异，而应以社会组织需求为前提。也就是说，在公共关系调查选题确立过程中，需要性原则与创新性原则相比，需要性原则是第一位的。

第三，可行性原则。所谓“可行性原则”，即社会组织所选择的公共关系调查课题在规模上、深度上要符合社会组织现有的调查工作的能力水平。如果公共关系调查选题规模过大，社会组织没有相应的人力、物力、财力条件就不可能达到预期的调查目的。如果公共关系调查选题既深又难，而社会组织没有具备相应知识和文化素养的调研者，同样也不可能完成公共关系调查的任务。

第四，科学性原则。任何事物都有其内在的科学规律性。在确定公共关系调查选题过程中，要进行科学分析和科学假设，运用相关学科、专业知识判断公共关系现象之间的内在联系，提出源于科学判断的课题，以保证公共关系调查活动的科学性。

（2）确定公共关系调查选题的过程。公共关系调查选题的确定不是一蹴而就的，它需要经过筛选、判断、分析的过程。该过程由一系列环节构成：

第一步，根据社会组织需要，尤其是公共关系决策的需要，明确公共关系调查选题的基本概念与内涵，指出公共关系调查的方向和必须达到的目标。

第二步，运用文献调查方法和直觉判断方法，明确公共关系调查选题的中心内容。公共关系人员在明确了选题概念以后，可以运用文献调查方法，了解以往相关的调查研究成果，为确定本次公共关系调查选题的中心和重点内容提供参照体系，以便找出本次公共关系调查选题的关键所在。

第三步，运用相关的学科理论和方法，形成公共关系调查选题的假设命题。在收集了与公共关系调查选题概念相关的文献资料的基础上，公共关系人员即可根据相关的学科理论，进行推理分析，在科学理论指导下，围绕选题概念，撰写本次调查选题的假设命题。

第四步，运用比较、判断方法，对调查选题的假设命题进行综合评估。评估的标准有实用性、创新性、可行性、科学性等。如果判断结果表明：假设命题对社会组织亟待解决的问题具有实用性，与以往课题相比具有新颖性，同社会组织人力、物力、财力等条件又相符，用学科理论来衡量又具有科学性，那么选题就有价值，应当及时据此撰写调查问题，开展调查活动。反之，就说明选题工作有问题，需要重新设定标准，重新选择公共关系调查的重点，重新设定调查选题。

2. 制订公共关系调查方案

为了使公共关系调查工作能够顺利、系统并且有针对性地进行，拟订调查计划方案是必不可少的。它是公共关系调查的总体方案，是进行实际工作的行动纲领。

（1）确定公共关系调查的目的。公关调查的目的是了解社情民意，通过征询公众意见，分析社会趋势，研究公众的社会需要，寻找建立信誉、协调经济效益和社会服务效益的途径。调查的任务是：寻求解决问题的具体办法，了解公众有哪些具体看法、具体要求和具体建议、希望解决问题的实际内容，达到解决问题的目的。例如，确定了产品换代问题是企业组织中的长期的最大的问题，就应围绕这一问题搞清以下情况：①企业所面临的经济、政治、技术、社会等因素的变化趋势。②企业应采取哪些行动影响公众在产品换代问题上取得成效，并适应环境变化。③社会公众对产品换代问题的关心程度、紧迫感和提出问题所考虑的因素。

（2）确定公共关系调查的对象。对象是调查的客体。明确了公共关系调查的目的后，就应该确认调查的对象。调查对象首先是“公众”。这些个人或团体具有一些共同的特征，受相同关系或问题的影响。例如，面对相似的问题，对该问题有各自的看法、态度、主张，试图处理解决这一问题，确定了调查对象后，还要注意以下两点：一是对目标“公众”进行分类，借以确定调查对象的类别及其组合。二是考虑到目标“公众”数量的大小、分布集中与分散程度各不相同，“公众”的背景、对问题的知晓程度和参与的积极程度也各不相同；应该考虑决定公共关系调查对象的具体构成，包括调查对象的总量、分布地区、涉及的“公众”类型、涉及的社会领域、对象的知晓度和积极性。

（3）确定公共关系调查的项目。项目是调查内容的具体化。按照一定的逻辑顺序在调查项目下面注册需要调查的具体问题。公关调查主要有四项内容，即组织情况调查、组织形象调查、公众评价调查、公关活动条件调查。

（4）确定公共关系调查的方法。公关调查的方法是公关调查所采取的手段。确定公关调查方法的根据是：①有利于定量与定性分析。②能达到公关调查的目的。③考虑现有条件。公关调查多以统计、社会测量、抽样和民间测验为主，这就要设计好统计表和问卷。

3. 实施公共关系调查方案

实施公共关系调查工作方案，实际上就是调查者根据调查方案的既定计划，在既定的范围和时间内，利用既定的调查方式、方法，向既定的公众收集信息资料。这是整个公共关系调查过程中最重要的环节。公共关系调查实施过程中的主要工作有以下几项：

（1）组织公共关系调查对象群体。公众是分散的，而且数量庞大。我们要根据公共关系调查工作计划中的抽样方案，选择调查样本，把符合调查样本要求、具有代表性的公众挑选出来，作为本次公共关系调查活动的调查对象。

（2）积极协调各种公共关系。公共关系人员根据抽样方案选择的调查对象，一般与企业没有任何直接的关系；即使存在一定的关系，多半也是顾客关系，公共关系人员对他们没有任何行政约束力。因此，在调查工作中，公共关系人员是否积极主动地协调好各种公共关系，取得公众组织、群众网络、公众代表的配合与支持，就成为整个调查工作成败的关键。

（3）发放问卷，引导调查对象回答问题。为了提高问卷资料的可信度，在公众填写问卷前，公共关系人员应做好动员、教育工作，使调查对象理解本次调查活动的价值以及他们填写问卷的注意事项，提高他们填写问卷的主动性和规范性。

（4）回收、清理问卷。调查对象填写完问卷后，公共关系人员应及时回收问卷，并进行初步的问卷整理，把不符合要求的问卷作为无效问卷清理出来，归档另外收藏。一般出现以下情形的问卷都应列为无效的问卷：①常规项目填写明显失误的问卷。②只对少数问题作出回答而对大多数问题没有作出回答的问卷。③问卷回答带有明显不认真标志的问卷，如整张问卷中所有问题都填写一个答案序号。这说明调查对象是未加思考、随意填写，虽有答案，但并未反映出调查对象的真实状况。

（5）观察、记录公众的言行。在公共关系调查中，调查者要认真观察公众的言行，收集公众在言谈举止中流露出的真实信息资料，并及时做好记录。利用这种方式收集到的资料，比用问卷收集到的资料更加真实、典型，因而更加具有公共关系价值。

4. 整理公共关系调查资料

资料收集任务完成后，即可转入信息整理阶段。资料整理不仅有利于分析、研究资料，而且有助于调查工作的后期总结。

（1）公关调查资料的整理环节。公共关系调查资料的整理，在操作上有以下几个环节：①问卷核实与清理。公共关系人员根据本次调查活动的特点，定出核实问卷的标准和要求，分拣出无效问卷。②建立分类体系和分类标准，对资料进行归类。③资料主题小结。对于一些文字类资料，如问卷调查中的开放题答案、调查人员的观察记录材料等，相对说来比较零乱，公共关系人员应列出主题项目，对各种资料按主题项目进行小结、归纳，制作出“主题项目资料登记文摘卡”。④资料统计。对于问卷调查中的封闭答案资料，公共关系人员可以借助电脑进行统计，计算出公众在每个问题上的意见分布数值。⑤进行数据处理，建立数据库。根据问卷的问题设置，分项目编制表格，把统计的数据结果填入相应的表格项目中建立起本次调查结果的数据库。

（2）公关调查资料的类型。公共关系调查资料经过整理后，主要有两大类型，即文字类资料和数据类资料。文字类资料，就是把公众在发放题中所写的意见、在交谈过程中所表达的观点、调查者在观察中所记录的资料等经过归类以后所形成的公众意见信息资料登录下来。数据类资料，一般是指公共关系调查资料数据库和数据表。

5. 总结公共关系调查工作

总结是公共关系调查工作的最后一个环节。在这个阶段，涉及的工作主要有两个方面的内容：

（1）撰写调查报告。调查报告是调查者根据公共关系调查活动获得的信息资料和据此形成的分析结论所拟写的一种应用文。公共关系调查报告有其基本文体格式、写作内容方面的要求，但在具体写作过程中仍应针对具体情况灵活安排其写作结构。表 5-3 是作为一般意义上设置的公共关系调查文体格式与写作要求。

表 5-3　公共关系调查报告文体格式与写作要求

文体格式		常用形式	基本内容	写作要求
标题		公文式标题 新闻式标题		醒目 精练 新颖
正文	导言	叙述式 提问式 总结式	介绍调查工作概况（如调查时间、范围、方式、内容、目的等）	点明主题 高度概括 精练简短
	主体	逻辑分叙式 表格说明式 条文列举式	现状资料分项目汇总叙述；分析造成该现状的内外原因和影响因素；提出建议和措施	主题明确 中心突出 材料典型 逻辑性强 条理清晰
	结尾	归纳式 警告式 口号式	全文小结	渲染全文 加深印象
署名		标题之下 或全文之后	调查单位 写作时间	简单明确
附件		原件 资料卡 表格等	调查表 典型材料 数据库	为正文服务

（2）撰写调查工作总结报告。调查工作结束时，应及时进行工作总结，找出经验教训，并撰写公共关系调查工作总结报告，为以后开展调查活动提供参照体系。公共关系调查工作总结报告是一个总回顾。在写作格式上，一般包括标题、正文和署名三部分。标题可以用公文式的写法，也可以只有内容概括。正文的内容主要有调查工作基本情况概述、成绩、经验、缺点、问题、经验教训以及认识体会、对今后工作的建议等。最后是署名和写作日期。

三、公共关系调查的方法

公共关系调查的全过程是由相关的基本步骤组成的。这四个步骤是：确定调查任务、制订调查方案、搜集调查资料、处理调查结果。要顺利地实现上述步骤，必须借助于行之有效的科学调查方法。公共关系调查所运用的主要方法有访谈调查法、问卷调查法、抽样调查法等。

1. 公共关系访谈调查法

公共关系访谈调查法指访问者通过口头交谈等方式向被访问者了解公众情况的方法。它表现为公共关系调查人员根据设计要求，围绕某个主题，通过与被调查者谈话，以讨论有关问题及了解人们的行为特征和动机，达到搜集材料的目的。

（1）公共关系访谈调查法的特点。了解公共关系访谈调查法的特点，运用时扬长避短，对公共关系调查人员来说，无疑是重要的。访谈调查法具有如下特点：①具有灵活性。它既可提高被调查的兴趣，达到很高的回复率，也可限定某一特定的人回答，增加回答问题的针对性。调查人员可根据访谈时的具体情况而调整访谈的方式、内容及时空。②调查的范围比较广泛。它不仅可以了解当时当地正在发生的各种现象，还可以询问过去和外地发生过的现象。③适用于各种调查对象。它不仅能适用于有一定文化程度的人，也可以适用于文化程度较低的人。④受到调查者与被调查者两方面的限制。调查者个人的访问技巧、人品气质、性格特征等都会直接影响调查的结果；被调查者的合作态度和回答问题能力的差异使其所提供的材料的质量也不一样。⑤有些问题不宜当面询问。如涉及个人隐私或较敏感的问题，即使被调查者作了回答，也常常是不真实的。⑥需要的人力、物力、财力和时间较多。所以一般应用于那些对准确性要求较高的问题研究上，或应用于探索性研究。

（2）公共关系访谈调查法的类型。公共关系访谈调查法的类型指根据不同的标准划分出的访谈类别。主要有以下三种：①结构访谈和无结构访谈。结构访谈是按照预先制订的计划和既定的程度进行的，其特点是把问题标准化，然后由被调查者回答或选择；无结构访谈是公共关系调查人员只对所要询问的问题有基本上的要求，以开放式问题为主，答案不受限制。②个别访谈和集体访谈。个别访谈是由调查者同被调查者逐一进行面对面的谈话，将回答记录下来；集体访谈是由调查者同若干被调查者进行的座谈，它要求把握好主题，创造民主、自由的气氛。③一次性访谈和追踪访谈。一次性访谈是就某一时候或时期内人们的态度、行为等情况进行的调查，它通常是对某一特定的问题或某事件的调查；追踪访谈是对人们的态度、行为等情况进行的连续的、长期的调查，它通过多次访谈，调查了解人们的动态信息。

（3）公共关系访谈调查法的实施。公共关系访谈调查的具体实施步骤是：①访谈准备。制订访谈计划，草拟谈话提纲，了解被调查者情况，选择适宜访谈的时间和地点，预备必要的访谈工具，如调查表格、记录笔纸、录音机及本人证明等。②创造良好的访谈环境。见面伊始，要大方有礼，友好寒暄，同对方建立起相互信任的关系；说明来意，使对方了解调查的目的和内容；说明调查对被调查者的意义，被调查者知晓调查对自己有益，可能会更主动地配合；谈话要尽量自然和轻松愉快，并且态度要保持中立，不宜对回答做肯定或否定性评价。③建立共同的意识范围。应做到双方对同一问题的理解一致，避免答非所问的情况；最好从被调查者感兴趣的问题入手，逐渐深入到调查的核心问题；如果对方对某些问题不愿回答或不便回答，应体谅对方的难处，不要急躁或施加压力，采取耐心温和的态度，成功的可能更大。④做好记录。记录要客观真实，不能把调查者自己的意见、态度掺进去；访谈中记录可能较乱，之后要立即核实整理。

2. 公共关系问卷调查法

公共关系问卷调查法指根据调查目标设计调查表并通过公众填写调查表而进行调查的方法。它简单易行，是目前国内外社会调查中使用较为广泛的一种方法。按问卷投递的不同，可将公共关系问卷调查方式分为：报刊问卷、邮政问卷、送发问卷和访问问卷等。

（1）公共关系问卷调查法的使用条件：①调查范围较广，不易当面访谈，应采用问卷法。②被调查者文化水平太低，对问卷看不懂，则不宜采用问卷法。③如果所要取得的材料是常识性的事实、行为或态度，回答者不会因顾虑而拒绝回答，可采用问卷法。④一般情况下，问卷的回收率不高，65%以上为较好。因此，如果要求较高的回收率，最好采用与访谈法相结合的方式来进行调查。

（2）公共关系问卷的分类。问卷的类型主要有三种：①开放型问卷。这种问卷的问题虽然对每一被问者是同一的，但被问者可以根据自己情况自由作答。比如：你对本公司有何评价？②封闭型问卷。这种问卷不仅问题是相同的，而且每一个问题事先都列出了答案，供被问者从中选择自己认为最恰当的答案，比如：你对本公司满意吗？（很满意____、满意____、无所谓____、不满意____、很不满意____）③半开放型问卷。这种问卷是前两种问卷的混合型，既有供选择的答案，又有供发挥的问题。

不论哪一种问卷，都应根据公共关系调查的需要，根据问卷的类型来设计，便于提出问题，便于整理资料。

(3) 公共关系问卷的技术设计。问卷法的主要优点在于标准化和成本低，问卷的设计要求规范化并可计量。①题目的设计。题目是调查的主题，其设计要求，第一，题目本身要与调查目的相符；第二，题目要使被调查者在感情上易于接受。有时，为了使被调查者易于合作，设计者会故意把题目设计得不十分明确。②说明信的设计。说明信也就是指导语，它对被调查者回答问题的态度影响较大。说明信一般由以下几部分组成：称谓，调查的出发点和目的，调查与被调查者自身利益的关系，回答问题的原则、具体要求以及两方的责任，对有关问题的解释等。最后注明联系人、联系地址和电话号码。说明信证据要诚挚、热情、恳切，用语简练，表达明确。③问卷具体内容设计。一般来说，较为完整的问卷包括两类问题，一是事实问题，二是态度问题。

事实问题指那些曾经发生过的、现在的事件以及一些实际的行为。它又可分为静态资料和实际行为类问题两部分。静态资料包括性别、年龄、文化程度和职业等，这些一般项目是对获得的资料进行整理和分析的最基本的条件；实际行为类问题，旨在了解实际行为发生的情况。比如，您对下列饮料的饮用情况，见情况调查表 5-4。

表 5-4　情况调查表

类别	经常饮用	偶尔饮用	不饮用
啤酒			
汽水			
可乐			
茶			
咖啡			

态度问题包括意见、情感、动机、观点、人格等。它又可分为意见问题和态度问题。意见问题通常属于表面和暂时性的看法，它往往是一次性的，时过境迁也许就变了。对这类问题，可对每个问题单独分析了解趋势。比如：

你对实施公平竞争法的看法是：

非常赞成_____，赞成_____，无所谓_____，不赞成_____，非常不赞成_____。

态度问题属于比较持久和稳定的认识。这类问题不能单独分析，要把整个部分或分组分数与其他变量求相关度或作因素分析。一种态度不能通过一两个问题就加以确定，往往要通过一组题目测定，这样才能使得稳定的态度体现出来。比如，对组织形象的态度，用一两个问题是很难测定的。

设计问卷须注意：一张问卷上问题不宜过多（30 分钟~40 分钟答完）；问题

的措辞应该简洁、准确、易懂，不带倾向性、引导性和强迫性；问题的顺序应按问题的类型、逻辑关系、对象心理合理安排。

3. 公共关系抽样调查法

以上调查法都涉及一个调查对象的问题，由于调查者不可能对所有的用户进行访谈，不可能找许多的人开座谈会，也不可能发成千上万张问卷。因此，调查周期短，调查资料准确可靠、节省经费的抽样调查法在公共关系调查中被广泛应用。

抽样调查法是一种科学地从调查总体中选取样本的方法。抽样要遵守随机性原则，即在抽选调查对象时，必须要保证总体中的每一个抽选对象中的机会均等。

（1）公共关系调查中的抽样方法。①简单随机抽样。它的做法是采用抽签的方法，即将总体中的每个单位按调查的编号分别填写一张卡片，然后从中随意抽出一个编号，直到达到样本数为止。②等距抽样。把总体的所有单位按照一定的顺序排列，然后按相等的间隔，抽取组成样本。抽样距离 K 是以总体 N 除以样本单位数 n。③分层抽样。把总体单位按其属性特征分为若干层，然后在各层中随机抽取样本单位。比如，可按职业、性别、年龄、文化程度等分层。④整群抽样。在总体中成组地抽取调查单位，然后对其进行全部调查。比如，对组织内部公众进行调查，只随机抽取若干个车间或班组，然后对这些车间或班组中的每一个人进行调查。⑤多级抽样。它把抽样过程分成两个或多个阶段来进行，即先以总体中进行分层抽样或整群抽样，然后再从抽得的层式群中随机抽取若干调查对象组成样本。

（2）公共关系调查中样本数的确定。①对精确程度要求越高，样本的数目要越多，当其他条件不变时，要求推断的把握程度越高，样本数目也要越多。②受调查时间、人力、财力等的限制，常无法抽取最理想的样本，只能在有限的范围内抽取最佳样本。③调查的项目少、内容较简单样本数较少；反之，样本数则多。统计分析中，相关分析所涉及的变量多，要求的样本数就多，否则在进行交互分类计算时，有些项目的数据就会显得过少。

第二节　公共关系策划

公共关系策划是公共关系工作程序的第二步，是指在公共关系调查的基础上进行运筹、制订方案，为公共关系计划的实施与公共关系评估提供依据。从某种意义上说，公共关系的竞争就是公共关系策划的竞争。因此，公共关系策划不仅处于公共关系工作程序的核心地位，而且是整个公共关系工作成败优劣的关键。

一、公共关系策划的概念

要明确什么是公共关系策划，首先必须弄清楚以下几个概念的关系，即策划与计划、策划与决策、策划与公共关系。

1. 策划与计划

这是两个既有联系又有区别的概念。策划，主要指谋略、筹划、计划、打算之意。美国哈佛企业管理丛书认为，策划是一种程序，在本质上策划是一种运用脑力的理性行为，衡量未来可采取之途径。策划是预先决定做什么、何时做、如何做、谁来做等。计划，是对未来事物所做的周密的思考和具体的安排。计划往往比较详细，它通常是微观思考的结晶。

策划与计划虽然都是关于未来事物所进行的一种运用脑力的理性行为，但是，二者还是可以界定的。从公共关系角度审视，策划可谓宏观上的谋略设计，而计划则是微观上的具体的意图安排或排列。计划是比较实际的、可操作的意图，它也是一次构思、谋划的过程。

2. 策划与决策

这也是两个既有区别又有联系的概念。策划是人们对未来事物所进行的谋略设计和构思的过程，其结果可能有多种方案选择。决策是人们为了实现既定目标，在几种可能实现目标的方案中选择最优化方案的过程。中国策划思想的发展由"谋"、"断"一体化趋向"谋"与"断"科学分离，即先"谋"后"断"。从过程来看，策划与决策是连续的、不可分割的。从概念来看，策划的过程有决策的因素，因为每次策划都要进行科学论证。决策也有策划的内容，因为策划是决策过程中的一个不可缺少的阶段，可以说，没有策划就没有决策。

3. 策划与公共关系

公共关系主要是研究组织如何处理与公众的关系，研究如何为本组织塑造良好的社会形象。组织形象的塑造受到各种各样因素的制约，组织必须制定形象战略，并通过连续不断的公共关系活动去具体实现既定目标。因而，策划是公共关系工作中难度最大、层次最高、最引人注目的一项工作。所谓公共关系策划，就是指公共关系人员为实现组织形象战略目标，在公共关系理论的科学指导之下，对各类公共关系活动所进行的谋略、构思、设计和计划的过程。

二、公共关系策划的基本原则

公共关系策划是企业公共关系工作的中心环节。一个企业形象能否良好地树立，能否很好地传播，在很大程度上取决于公共关系活动开展的好坏。公共关系活动开展的好坏又取决于公共关系策划的优劣。因此，公共关系策划人员应该遵循一系列基本原则，确保公共关系策划的成功。

1. 实事求是原则

实事求是是公共关系策划的一条最基本的原则。这一原则的含义是指：公共关系策划必须建立在对事实真实把握的基础上，向组织如实传递有关组织公众的信息，并根据事实的变化不断调整公共关系策划的策略和时机等内容。一位优秀的公共关系工作人员首先考虑的不是技巧，而是对事实的准确把握。他必须通过种种办法收集关于公众情况的资料，收集关于组织与环境的互补情况的资料，收集双方可能存在的不平衡、不协调的种种事实。只有掌握了足够的事实，他才能策划公共关系的行动计划。

公共关系策划人员在策划过程中，要平心静气，摒弃自己头脑中主观感觉的东西，认真调查，尊重事实，不要以自己的猜想、判断作为策划的依据。要用科学的方法去做相应的市场调查，要让数据证实自己的设想；换言之，要把自己的设想建立在数据和实事的基础上，具体而言，就是要做到：

(1) 深入客观现实，认真调查实际。在进行一项公共关系策划工作之前，策划人员要对策划对象的现状进行深入的全面的调查，把自己头脑中的东西暂时埋藏起来，多竖耳朵少张嘴，尽量不带偏见地听听别人怎么想、怎么说，尽可能全面地、准确地、客观地了解策划对象，使自己掌握的资料尽量与实际情况相符合。

(2) 排除主观偏见，保证据实策划。策划中缺少了客观性，也就没有了科学性，策划也就不会成功。因此，要有坚定的决心和足够的勇气排除各种干扰、阻力甚至压力，保证据实策划。一是以科学的精神排除虚假因素的影响，把握问题实质。二是以对公众、对社会、对事业负责的精神，排除各种阻力和干扰，把握现实，据实进行策划和实施策划方案。

2. 公众优先原则

公众优先原则，即公众利益优先原则，是公共关系工作的重要原则，更是公共关系策划的重要原则。

作为公共关系策划主体的组织（尤其是企业），以公众认可为其生存的前提，以公众信任为其发展的条件。企业的发展有赖于公众对企业的认同和支持，有赖于公众对企业行为的参与回应。企业在其行动之前应该清楚地了解公众的利益倾向，企业所能做的事情就是顺应公众利益倾向，将自己行动的目的融在其中，在满足公众利益的同时达到企业自己的目的。公共关系策划者必须明确认识到：公众参与某些公共关系活动不是为了记住企业形象，也不是为了企业获取更多的利润，而是为了自己的利益才参与某项活动，企业的“获利”只能来自公众认为不重要的或公众策划之前，一定要深入分析目标公众的利益所在，不要被表面现象所迷惑，不要以自己的心态去推测公众的心态。由于公众关系策划和掌握的资讯过剩，很容易造成策划方案的“质量过剩”。

一个好的公共关系策划方案不在于它能改变公众、强制公众，而在于它能很准确地满足目标公众的利益点，从而吸引公众参与某项公众关系活动，并在这项活动中传递公众关系主体的信息，让公众在不知不觉中接受策划主体发出的信息。

3. 系统规划原则

公共关系的系统性表现在：

（1）公共关系活动相对于整个组织活动是一个子系统，因而公共关系策划是组织活动策划的一个子系统。

（2）完成公共关系活动的各个环节又是公共关系活动的子系统，因而这些子系统的策划是公共关系策划的不可分割的组成部分。

（3）公共关系活动的每个子系统又是由众多因素组成的，公共关系策划必须使这些因素相互协调。

（4）组织活动总策划处在社会经济的系统中，又只是一个子系统。

系统原则应用到公共关系策划中去，就是要如实地把公共关系策划作为一个有机整体来考虑，从系统的整体与部分之间相互依存、相互制约的关系中提示系统的特征及运动规律，实现整体最优。其基本思想有三点：首先，对系统统筹安排，确定最优目标，实行系统最优。因为系统具有不同于各组成部分的新功能，系统最优的核心要求是处理好局部优化和全局优化的关系，为使公共关系活动系统处于优化结构，协调稳步前进，必须建立公共关系系统工程，实行系统运筹，通盘安排系统中的子系统及组成要素，使它们相互制约、互相促进，并且与外部环境协调起来。其次，协调公共关系活动要素与环境的关系，讲究整体的最佳组合的效应。公共关系的各子系统各自具有不同的特征与目标，各自又处在特定的环境中，在时间和空间上又是相互分离的。这就需要做好协调工作，在注意系统全局的同时，还要把握各个局部，使之同步、匹配地进行活动。最后，考虑到公共关系策划的有序性，我们要使公共关系策划中的各项工作有步骤地进行。这是系统有序性的要求。

4. 切实可行原则

公共关系策划者在策划活动之前，一定要做可行性分析，以确保公共关系活动目标的实现。可行性分析贯穿于策划的全过程，即在进行每一项策划时都应充分考虑所形成的策划方案的可行性。策划方案形成后，必须进行可行性分析，以便选出最优方案做最后的选择。进行可行性分析主要从四方面进行：

（1）利害性分析。分析策划方案可能产生的利益、效果、危害情况和风险程度，综合考虑、全面衡量利害得失。

（2）经济性分析。考虑策划方案是否符合以最低的代价取得最优势效果的标准，力求以最小的经济投入实现策划目标。

（3）科学性分析。它包含两方面的意思：首先看策划方案是否是在科学理论指导下，在进行了实际调查、研究、预测的基础上严格按照策划程序进行创造性思维和科学想象而形成的。其次分析策划方案实施后各方面的关系是否能够和谐统一，是否能够高效率地实施策划方案。

（4）合法性分析。考虑策划方案是否符合法律法规要求：一方面，策划方案要经过一定的合法程序和审批手续；另一方面，策划方案的内容及实施结果要符合现行法律法规的规定和政策要求。

5. 谨慎周全原则

凡事都需要策，用策必求制胜。同时，以策制胜，慎之又慎。“老谋深算”在一定意义上反映了策划者设计、策划总是力求疏而不漏，周全稳妥。世界上本无十全十美之事，因为策划者所掌握的客观情况受到种种主观因素的制约，策划者的知识、胆略、思维方法等又各有长短，因此凡策划只能在慎重之中求周全。但是，周全是相对的，不周全是绝对的，于万变之中求不变，于不周全中求周全，才能立于不败之地。

怎样做到谨慎周全呢？一个公共关系策划方案的完成，首先要听取各方人士之高见，然后整理成文。此文还需交专家论证，在目标公众中测验，在小范围内试验，经过反复修改后才能定稿。作为公共关系策划人员，我们无法通过这样的程序化运作使某项公共关系策划方案达到最优，但我们可以通过这种方法避免产生最劣的策划方案。

6. 独特新奇原则

独特新奇原则，寓意奇正相生，以奇制胜。核心在“奇”。

策贵用奇。“出奇制胜”是人们常常引用的一句成语，策划者无不十分推崇这一思想。奇在不意，用奇旨在“出其不意，攻其不备”，达成突然性，这也是策划的出发点和立足点。众人意料之中的计谋，也就不成其为策划。意外可以说是策划中最精彩也是最危险的领域。奇由正出，奇修于正。“修法而生法”正说明了这一点。先学法，后生奇。用奇，在很大程度上是对“正”的应变。应变而奇，多变出奇，善变使敌不意。变法出自常法，“不知用正焉知用奇”。

讲奇正变化，就是讲策划的辩证法，使奇正互为对立、互为变化、互为统一。

需要补充说明的是：作为公共关系策划人员，要正确掌握奇的分寸，要明白“奇由正出”的含义，先学会别人都在做的事，再去想那些别人没有做的事情。

三、公共关系策划的程序

公共关系策划必须遵循一定的程序，这样才能取得理想的公共关系策划效果。

1. 策划动因的形成阶段

策划动因的形成大体有两种情况：

（1）主观上的动因，即组织不满足于现在的组织形象状况，主动出击，通过公共关系策划，重塑组织新形象。

（2）客观上的原因，即组织在生存和发展过程中，意外遇到新情况、新问题，使组织处于被动地位，组织不得不通过公共关系策划去解决，以扭转不利局面。

总之，策划动因很多，有的是直接动因，有的是间接动因。这些动因的形成，是引发组织公共关系策划的动力。没有这些策划动因，就不可能产生一系列的策划行为和过程。

2. 调查研究阶段

策划动因形成之后，组织就要开展调查研究。调查研究的内容包括两个方面：

（1）调查研究组织已有社会形象与自我期望形象之间的差距，主要调查组织的知名度和美誉度的高低。其主要项目有组织的服务方针、办事效率、服务态度、业务能力、管理能力、综合实力等。调查方法可采用普遍调查、典型调查和抽样调查。调查方式可采用问卷式、走访式、民意测验和新闻反馈等形式进行。

（2）调查研究策划对象（公众）的意愿导向。公共关系策划活动的对象是公众。通过对组织形象的调查，找到组织已有社会形象与自我期望形象之间的差距之后，还必须进一步研究问题出在哪些公众以及这些公众居住何方、意愿是什么、有什么要求、对哪些传播媒介感兴趣等。

3. 确定策划目标阶段

确定公共关系策划目标是调查研究的继续和深化，并为制订策划方案指明了方向，为评估检测策划方案提供了依据。一般说来，策划者应注意以下几个方面的问题：

（1）策划目标的确立一定要与组织总目标相一致。任何游离于组织总目标之外的公共关系活动都只能是画蛇添足。

（2）策划目标一定要明确具体。含糊抽象的策划目标往往会使人感到无所适从。

（3）策划目标一定要讲究实效。空洞、华而不实的目标只能使公共关系活动表层化、简单化、无法实现最终目标。

（4）策划目标一定要注意兼顾社会利益、组织利益和公众利益。互惠互利是一切公共关系活动的基本原则。

（5）策划目标应具有弹性。策划目标不能过高，也不能过于具体，应留有回旋的余地。

4. 设计、策划方案阶段

公共关系策划方案是策划者根据策划目标设计的公共关系活动流程、具体的项目安排与计划。

公共关系策划方案的设计应当采取总体设计、局部设计两个步骤。总体设计是指在确认问题、确立目标的基础上，对公共关系策划未来的实施在技巧上、风格上进行全面详尽的安排，制订出公共关系策划项目的研究计划书。局部设计是以总体设计为基础进行的局部加工，它以项目研究计划书为大纲，进一步探索细节，深化研究并进行反复修改。

公共关系策划方案具体内容包括策划方案的主导思想、活动的主要项目、实施的手段及方法、具体的时间安排、经费预算、人员组成及分工等。

5. 实施公共关系策划方案阶段

公共关系策划方案经有关部门及领导审批确定后，策划者还要和策划主体的有关人员一道组织实施策划方案。实施方案主要根据已经定型的策划方案逐步进行。组织实施方案并非轻而易举。在实际工作中，由于时间、地点、条件等诸因素不断发生变化，加之方案的设计不可能包罗万象、滴水不漏，其中难免出现这样或那样的矛盾或问题，因此策划者及实施者应根据实际情况及时应变，创造性地开展工作。

6. 策划活动效果的检测评估阶段

公共关系工作是个连续的复杂的系统工程。每一次公共关系活动的结束并非代表公共关系工作的完结，因为公共关系活动的实施或多或少地都会对组织形象产生一定的影响。作为活动的策划者，一定要了解这种影响是积极的还是消极的、影响范围多大、有哪些不足之处、怎样引以为戒等等。由上可见，公共关系策划活动的评估检测工作是必不可少的。

评估检测的内容包括策划目标的确立是否准确、目标是否实现、差距是否缩小、策划方案的实施方法是否有效、公共关系人员是否真正地按方案实施、领导者是否通力合作、公众的需求是否得以满足、公众是否支持与合作、经费预算是否合理、实施效果如何、还有哪些亟待解决的问题等。

四、公共关系策划的基本要素

进行公共关系策划时，应该重点把握以下基本要素和环节：

1. 目标确立

公共关系策划是一种大脑的思维活动，是一个积极寻求完美答案的思维过程。因而，公共关系策划应掌握一整套谋划的科学思路，或者说应当事前将公共关系策划的基本要素加以组合，在头脑里搭造一个严谨周密的思维构架，以避免凭经验和直觉办事的随意性和盲目性。

为此，我们在策划中应当首先关注的事便是：就实现组织的总体目标看，组织在公共关系方面是否存在什么问题。

所谓问题，就是组织公共关系现状距离公共关系工作准则呈现出的偏差。所谓发现问题，就是根据公共关系工作准则比较组织公共关系实际而确定出差距的过程。在公共关系发展的历史中，任何一个成功的策划，都是肇端于发现和提出问题。

对组织外部环境的调查和内部资源的审定，实际就是对主客观条件的了解。通过了解，去发现组织的公共关系问题所在，并由此提出组织的公共关系目标，即公共关系策划要素组合的第一步。在确立组织公共关系活动的目标时，我们应注意以下几点：

（1）目标必须是具体的。目标不应是一个抽象的概念或空洞的口号，如“良好形象”或“真诚的奉献”。它应当是组织在内外环境条件下必须达到的实际结果，如“在某区域提升组织认知度 5 个百分点”，“与内部公众的和谐度提高 3 个百分点”等。

（2）目标必须是可测量的。公共关系的认识度、美誉度这两大目标，均是可以测量的，因此，目标不应是模糊含混的。比如“使员工的参与意识得到极大提高”中，“极大”一词便是难以准确把握的，应是可以通过计算得到明确数据的结果，比如“使 80%的员工参与到本组织的这次活动中来。”

（3）目标应当是能够达到的。在确立目标时，必须考虑在组织现有条件下，能否解决问题，实现目标，能在多大程度上解决问题，实现目标。目标过高，必然导致失望和沮丧；不考虑自身条件的盲目蛮干，也只会以失败告终。

（4）目标必须要有时间限制。组织公共关系活动要实现的目标，必须是在规定的时间里应当达到的结果，既非远不可及，也不应遥遥无期。

确立公共关系策划目标的思路，大约是这样一个过程：通过调查研究获得组织内外环境与资源的大量材料，以材料去推断组织的优势与劣势、机会与风险、资源与条件；通过对这些推断的分析，找出组织的公共关系问题所在；再根据问题的轻重缓急，排出解决问题的先后次序，并提出和界定首要的问题。然后通过对这一最重要问题产生原因的探索，寻出问题的症结，根据组织的特质和组织的需要，最后确立组织公共关系策划的目标。

2. 主题提炼

主题，指公共关系活动中联结所有项目、统率整个活动的思想纽带和思想核心。提炼公共关系活动的主题，是公共关系策划过程中一个极其重要的环节，它好比确定一部大型交响乐曲的主旋律。我们听过《命运交响曲》、钢琴协奏曲《黄河》、小提琴协奏曲《梁祝》，它们或气势恢宏，或奔腾激越，或哀婉凄绝，我们之所以能在脑海里留下深刻难忘的印象，就在于它们有风格各异、色彩鲜明的主旋律。能否提炼出鲜明突出的公共关系活动主题，主题能否吸引公众、抓住人心，可以说是公共关系策划成败的一个重要标志。为此而反复揣摩、推敲、提炼，“语不惊人死不休”，对于公共关系策划者来说，都是必要和值得的。

提炼主题，需要创意，但不能为提炼而提炼，故弄玄虚，故作高深。提炼和确定主题应当注意：

（1）目标的一致性。提炼主题，是为了更好地凸显公共关系目标，主题必须与公共关系活动的目标保持一致，主题必须服务于目标。偏离目标的主题，会给公众造成错觉，从而起到误导的作用，策划者不可不慎。

（2）主题的实效性。好的主题，不在于词藻华丽、技巧娴熟，而在于产生的实效。主题的实效一是表现在是否合乎公共关系活动的客观实际，不能话说得好听实际却做不到；二是能真正打动公众心扉，切中公众心愿；三是要考虑社会效果，一味哗众取宠、迎合低级趣味的主题是不妥的。

（3）主题的稳定性。主题一经确定，就应贯串公共关系活动始终，不得半途而废、中途改换，以免造成公众感知的混乱。

（4）主题的单一性。一次公共关系活动，只应有一个主题，一般不得出现多个主题。对于大型的综合性活动，虽然也可设计一些次主题，但不能喧宾夺主，造成主题的杂乱无序。这犹如交响乐曲一样，无论主题如何变化：对比、发展、再现，所有的手法都是为了烘托和突出主题，而不是削弱和破坏主题。

（5）主题的客观性。公共关系活动的主题，要展示公共关系精神、体现时代气息，不可商业化十足，也不宜宣传口号味太重。主观性不要太强，以免招来公众的反感。

3. 认定公众

组织公共关系活动目标的差异性，决定了公共关系活动对象的区别性。在公共关系策划过程中，我们必须要在组织的广大公众群中，根据实现目标的需要，去认定哪些是该项公共关系活动必须关注、交流和影响的目标公众。认定目标公众的方法一般为：

（1）以活动目标划定公众范围。例如，学校为宣传自己的办学成果而组织的人才交流会，其公众主要是应届毕业生、用工单位、新闻单位、毕业生家长、人才交流部门及部分教职工，非毕业班学生和他们的家长、政府机关、实习基地等则不是该次活动的目标公众。

（2）以组织实力划定目标公众。在公共关系实践活动中，有时组织需要面对的公众面极广，面面俱到则深感人力有限、经费不足，应付不过来。这时就应将有关公众按与组织关系的密切程度、影响的大小程度、相关事情的急缓程度等因素进行排队，选出最为重要的“部分”作为目标公众。这种划分主要强调的是重要性。

（3）以组织需要决定目标公众。例如，当组织出现形象危机时，目标公众应当首指组织的逆意公众和行动公众，以防危机的扩散和加剧。这种划分主要强调的是影响度。

其实，不同组织每次公共关系活动确定谁为目标公众，很难有统一的标准，基本的原则便是考虑组织目标、需要和实力三个方面的因素，各个组织灵活去决定。

4. 项目设计

所谓项目，即指围绕公共关系目标而确定的在不同时期进行的各种形式的活动。要实现公共关系目标，只有通过一个个公共关系项目的实施去逐步接近，直至完成。没有公共关系具体活动的开展与公共关系项目完成，组织的公共关系目标就永无实现之日。

5. 时空选择

公共关系策划需要刻意去捕捉“天时”、“地利”，去充分地选择运用时间和空间。

（1）时机的捕捉。时机，简而言之，就是时间变化所带来的机会。从传播学角度而言，时间是策划水准最为重要的衡量标志之一。时机的选择或捕捉，有两层含意：一是捕捉时机要准确；二是把握时机要及时。前者是指对于可以预先选定的时机，一定要选准其“时间区间”；后者是指对那些预先不可选定、稍纵即逝的时机，要及时抓住，不可犹豫。一般说来，组织可预先选定、利用的时机有以下几种：①组织创办或开业之时。②组织更名或与其他组织合作、兼并、资产重组之时。③组织周年庆典或周期性纪念活动之时。④组织内部改组、转型、品牌延伸之时。⑤组织迁址之时。⑥组织推出新产品、新技术、新服务之时。⑦组织新股票上市之时。⑧国际、国内各种节日和纪念日之时等。

组织需即时捕捉、稍纵即逝的时机主要有：①重大的社会活动和社会事件出现之时。②组织形象出现危机之时。③组织或社会突发性灾害爆发之时。④国家或地方政府新政策出台或新领导人上台之时。⑤公众观念和需求发生转变之时。⑥组织经营出现困难之时。⑦国际、国内政治经济大环境大气候转变之时。⑧组织内部资源条件发生变化之时等等。

时机具有不可逆转性，“难得者时，易失者机。”公共关系策划必须抓住不可复得的机会，迅速果断地采取对策。时机又具有机会的均等性，它公平地赐予每一个组织和公共关系策划者，就看人们能否抓住它。谁先抓住它，谁就将在竞争中获得先机，谁就可能获得成功。那么，我们应当怎样去选择和捕捉时机呢？选择时机时，我们要注意：①尽量选择那些能够引起目标公众关注，又具有新闻“苗头”的时机。②要善于利用节日，去做可借节日传播组织信息的项目；但又要学会避开节日，和节日毫无关系的活动项目不仅不能借节日之势，反而会被节日气氛冲淡效果。③尽量避开国内外重大事件。因为这时公众关注的焦点、热点是这些重大事件，组织的活动项目可能会被淹没。但国内外大事发生之时，又是组织借势之机，关键看是否能借题发挥。④重大的公共关系活动不要同时开展两项以上，以免分散人们的注意力，削弱或抵消应有的效果。⑤选择时机时，要考虑公众，尤其是目标公众参与的可能性，避开那些目标公众难以参与的时日。⑥在选择时机时，要考虑媒介，尤其是大众传媒使用的可能性，避开那些因其他重要新闻而使组织信息不能被媒体报道的时机。⑦在选择时机时，要考虑当地的民情风俗，尽量使组织的活动项目与这里的风土人情相吻合。我国是一个多民族国家，面对不同民族、地区的不同风俗习惯和宗教信仰，时机选择尤应慎重。

（2）空间的选择。公共关系策划，对于空间场景的利用非常必要。一方面我们应尽可能地考虑如何充分利用环境的有利条件，回避不利条件。比如对当地资源及土特产的利用、对地理和人文构成的旅游资源的利用、对特殊民俗风情的利用以及对恶劣气候条件的避开等。另一方面是尽量去选择有便于公共关系活动实施的场所。具体应顾及以下几个方面：①空间大小：空间大小以活动参与者与活动所需物资的多少、大小为转移。场地过大既是浪费也无美感，会使活动气氛显得冷清；过小则显得拥挤、混乱，也易造成事故。②空间位置：活动空间的地理位置很重要，选择位置要与活动内容相吻合，大型活动还要考虑与机场、港口、车站的距离。③空间环境：主要指公共关系活动场地周围的建筑环境、交通环境、生态环境等。④空间条件：这主要指组织活动场所应当具有的基本设施和基本条件。比如通信设施、医疗急救条件、卫生条件、治安条件、文化娱乐条件、购物条件以及食宿条件等。⑤备用空间：这主要指为防止各种因素或条件的偶然变化，策划时应对空间作一些应急和临时性变动的考虑。⑥空间审美：这是指公共关系活动地点、场所给人的感官审美印象。它包括建筑的造型、布局和结构；场地设施布置与环境装潢；实物摆设与商品柜台设计；橱窗展示、展品陈列以及活动宣传现场广告的张贴、悬挂、放置等。

6. 选择媒介

组织公关工作可供选择的媒介很多，但要选择恰当才能事半功倍，取得良好的传播效果。选择传播媒介的基本原则是：

（1）根据组织公关目标选择传播媒介。各种媒介都有其特定的功能，能适合为组织塑造形象的某一目标服务。选择媒介首先应着眼于企业目标和要求。如果企业的目标是提高知名度，则可以选择大众传播媒介；如果企业的目标是缓和内部紧张关系，则可以通过人际传播与群体传播，通过会谈、对话等方式加以解决。

（2）根据不同对象选择传播媒介。不同的对象适用于不同的传播媒介，要想使信息有效地传送到目标公众，就必须考虑到目标公众的经济状况、教育程度、职业习惯、生活方式及他们通常接受信息的习惯等。比如，对经常加班加点的出租汽车司机最好采用广播；要引起儿童的注意和兴趣，制作电视节目和卡通片效果最好；对文化较落后、没有电视的山区农民则可采用有线广播和人际传播；对喜欢阅读思考的知识分子，应多采用报纸、杂志等传播媒介。

（3）根据传播媒介特点和传播内容选择传播媒介。传播媒介的各种形式都有鲜明的特点和一定的适用范围，在选择媒体时必须首先了解各种媒体的优、缺点。组织形象塑造过程中，应将信息内容和传播媒介的特点结合起来综合考虑。比如，内容较简单的快讯可以选择广播；对较复杂、需要反复思索才能明白的内容，最好选择印刷媒介，可以使人从容研读，慢慢品味；对开张仪式、大型活动的盛况，采用电视方式则生动、逼真，能产生非常良好的效果。还需要注意的是，只对本地区有意义的信息就不要选用全国性的传播媒介；只对一小部分特定公众有意义的消息，就没必要采用大众传播媒介；而对个别的消费者投诉，则只需要面约商谈或书信往来。

（4）根据企业经济条件来选择传播媒介。俗话说："看菜吃饭，量体裁衣"，企业的经费一般有限，而越是现代化的传播媒介，费用越高，所以，成功的形象塑造策划，应该是选择适当的媒介和方式，以较少的开支争取最好的传播效果。

7. 经费预算

经费预算既是公共关系策划的"目标"，也是对实施经费开支的控制。策划中的精打细算，既可给实施带来事前心中有数的方便，也使决策者认可策划方案成为可能。美国内布拉斯加大学著名传播学教授罗伯特·罗雷在《管理公共关系学——理论与实践》一书中指出："公共关系活动往往由于以下原因归于失败：一是由于没有足够的经费，难以为继，关键时刻不得不'下马'；二是因经费不足，只得削足适履，大幅度修改原计划；三是活动耗资过大，得不偿失。"这是我们策划时必须引以为戒的，公共关系活动的经费开支主要包括四大内容：

（1）日常行政经费。例如房租、水电费、电话费、办公室文具用品费、保险费、报刊订阅费、交通费、差旅费、交际费以及其他通信费（如电报、特快专递费等）、资料购置费和复制费等。

（2）器材设施费。如购置、租借或维修各种视听器材、通信器材、摄影（像）器材、交通工具、工艺美术器材，制作各种纪念品、印刷品、音像制品和各种传播行为所需的实物及用品。

（3）劳务报酬经费。这部分经费包括组织内部公共关系人员的薪金或工资、奖金及其他各种福利费、组织外聘专家顾问的工时报酬（策划费用的高低，一般根据公共关系策划者名望水平、公共关系活动要求、规模和难易程度事先谈定）。

（4）具体公共关系活动项目开支经费。这笔费用的开支主要根据公共关系项目大小来确定。它包括宣传广告费、调查活动费、人员培训费、场地租用费、各种名目的赞助费以及办公、布展、接待参观的费用。与此同时，策划员还应考虑活动的机动费用（一般占总费用的20%），以防意外突发事变。

公共关系经费预算非常琐细而复杂，为了达到组织预期的公共关系目标，本着勤俭节约、精打细算的原则，要开列出详细的开支预算清单，要保证所有开支项目都是必要的、可检测的。在制作经费预算时，最好同时制定经费开支的办法和超支规定，以便在公共关系活动的实施中及时核对、控制开支并考查绩效。

8. 人员分配

公共关系策划，最终是靠人去实施和完成的。因此，在策划时，就应对将来的实施人员作考虑和安排。对人员分配的策划，一般要考虑以下几个步骤：

（1）人员挑选。根据组织公共关系活动规模的大小、内容的繁简、层次的高低、经费的多少等因素，为达到活动开展的效果，首先要对活动实施的人员进行量和质的挑选。

（2）人员培训。对于选出的人员，为保证策划方案的有效实施，在策划时便需要考虑如何对其进行培训，就策划目的、宗旨、方法技巧、应急措施等方面准备一套行之有效的培训计划。

（3）人员分工。策划中对于将来活动中的各个岗位，事先要对现有人才或培训人才作一个量才施用的考虑，尽量根据其过去的表现和经验，使之能做到人尽其才，既能发挥特长，又能完成任务。

五、公共关系策划会

为了制订出富有创意的公共关系策划方案，组织经常要组织公共关系策划会。成功地组织好策划会是公共关系人员的一项重要工作。为此，要明确策划会的议程和组织策划会的技巧。

策划会也是一种会议形式。许多专家学者都在潜心研究如何提高会议的效率。日本专家列出了一份会议成本清单：

会议成本 = 2A × B × C

其中，A 为平均小时工资的三倍；B 为参加会议的人数；C 为开会的时间。

这份清单告诉人们：会议成本是昂贵的，必须注意会议的效率。公共关系活动策划会需研究的问题一般比较多，而且较复杂，要求更具效率。

1. 群体组合策划模式

现代策划已经发展到必须综合多学科的阶段，策划已经从经验决策转向科学决策，从个体劳动转向集体智慧。如今，我们正处于知识密集的时代，任何一个人都难以掌握所有的知识，只有单方面或若干方面的知识是难以胜任一些大型策划的。例如，要进行一项产品投资策略的策划活动，进行市场调查时，则需要专业的市场调查人士；拟订产品组合策略时，则需要工程技术人员和设计师、平面设计人员一同工作；进行市场推广的时候，则需要营销人员和公关、广告人员协同作业。所以说，群体策划是现代策划的一个重要特征。

群体策划是一种人才组合的集体策划形式，具体形式是：组成一个专门策划小组，然后由策划小组共同完成策划任务。策划小组的最佳形式是由多学科的成员组成，而且应该有经验丰富的第一线员工参与，这样才有利于知识、信息的互补，有利于思维的激荡。

策划小组的工作步骤可以归纳为：分头调研，共享信息，独立思考，小组讨论，专人提炼。策划小组的成员首先是分头搜集、整理、研究基本的调查资料；其次，将个人搜集、整理、研究的初步成果向策划小组成员互相通报，形成第一次信息冲撞效应；各人独立构思至一定程度，由项目召集人召开策划小组讨论会；最后由指定的专人将策划小组研究的成果整理在案，或者由不同的个人撰写不同的方案，形成多个方案。

策划小组的讨论会是脑力激荡的过程，会议上大家互相启发，十分有利于产生创造性的意见。有时一次会议未必就能产生期望的结果，就应重复前面的程序，然后再择日召开会议，直至有一个基本的结论为止。这是运用群体智慧的策划方式，其最大优点是知识互补和可以产生冲击思维的力量。在这种组合中，并未削弱个人智慧的作用：第一、三、五环节都充分发挥了个人智慧的作用；第二、四环节则形成了个人智慧与群体智慧的紧密结合。需要较高个人智慧的是策划小组的召集人，他同时也是策划项目的带头人。策划小组的成员，要有较高的素质，尤其是要具有专业知识，熟悉情况，有较好的逻辑概括能力、策划能力、表达能力和创新意识。

2. 策划会的会前准备

会议的准备工作是会议成功的最关键因素。要确立好会议的目标及议题，尤其是议题必须清晰。作为会议的组织者要印发议程，拟订出席人选，提前发出会议通知。策划会议一般 5~7 人为宜，组织者要为与会者提供必要的参考资料。与会者要认真阅读有关资料，并认真思考，带着意见与会。会场布置以圆桌会议形式为好，方桌也可以。场内设置板书工具，恰当选择好会议直观材料，必要时应准备幻灯、投影、录像等设备。要进行的会前准备工作大体上有如下四项：

（1）拟订会议主题。会议的主题，即会议的指导思想。会议的形式、内容、任务、议程、期限、出席人员等，只有在会议的主题确定下来之后，才可以据以一一加以确定。

（2）拟发会议通知。拟发会议通知应包括以下各项：标题，重点交代会议名称；主题与内容，对会议宗旨进行介绍；会期，应明确会议的起止时间；报到的时间与地点，要特别交代清楚交通路线；会议的出席对象，如对象可选派，则应规定具体条件；会议要求，指的是与会者所需材料的准备与生活用品的准备，以及有关差旅费报销和其他费用的处理问题。

（3）起草会议文件。会议所用的各项文件材料，均应于会前准备完成。其中的主要材料，还应做到与会者人手一份。最主要的会议文件材料——开幕词、闭幕词和主题报告需要认真准备。

（4）其他准备工作。要安排好与会者的招待工作。对于交通、饮食、住宿、医疗、保卫等方面的具体工作，应精心、妥当地做好准备。

要布置好会场。不应使其过大，以至于显得空旷无人；也不可使之过小，以至于拥挤不堪。对必用的音响、照明、空调、投影、摄像设备，事先要认真调试。会议所需的文具、饮料，亦应准备齐全。

要安排好座次。主席台上的座次，我国目前的排列习惯是：前排高于后排，中央高于两侧，左座高于右座。凡属重要会议，在主席台上每位就座者面前的桌子上，应事先摆放好写有其本人姓名的桌牌。听众席的座次，目前主要有两种排列方法。一是按指定区域统一就座，二是自由就座。

在会议进行阶段，会议的组织者要做的主要工作是进行例行服务。在会场之外，应安排专人迎接、引导、陪同与会人员。对与会的年老体弱者，还须进行重点照顾。此外，必要时还应为与会者安排一定的文体娱乐活动。在会场之内，则应当对与会者有求必应，闻过则改，尽可能地满足其一切正当要求。

精心编写会议简报，举行会期较长的大中型会议，依例应编写会议简报。首先，必须认真做好会议记录。凡重要会议，不论是全体大会，还是分组讨论，都要进行必要的记录。会议记录是由专人记录会议内容的一种书面材料。会议名称、时间、地点、人员、主持者等均记录在内。

3. 策划会的主要环节

组织公共关系策划会要把握主要的工作环节。具体地，策划会的主要环节包括如下几个方面：

（1）会议气氛。策划会议应力求营造活跃、平等的气氛。活跃的气氛有利于活跃思维和脑力激荡；平等的气氛有利于与会成员的发散性思维。必要时可以设置会议饮品，有利于活跃气氛。会议气氛的形式，一方面是布置会议室时刻意营造的，另一方面是主持人凭借主持技巧营造的。

（2）会议秩序。对于会议组织者而言，无不希望有良好的会议秩序。小型会议特别是企业内部会议的秩序基本不用控制，但大型会议，秩序的控制就显得很重要。大型会议可以采用代表证或者入场券方式控制。如果需要保密，代表证可以特制，可加上代表的数码身份照片，此外，还可在会场入口处安排保安。

（3）茶歇。茶歇对于一般的大型会议而言可能不需要，中、小型会议，特别是公司或者组织的高层会议，会间茶歇是很重要的。茶歇就是为会间休息兼气氛调节而设置的小型简易茶话会，当然提供的饮品可能不限于中国茶，点心也不限于中国点心。通常，茶歇的准备包括对于点心、饮品、摆饰、服务及茶歇开放时间的要求等，一般不同时段可以更换不同的饮品、点心组合。茶歇大致上的分类是中式与西式。中式的饮品包括矿泉水、开水、绿茶、花茶、红茶、奶茶、果茶、罐装饮料、微量酒精饮料，点心一般是各类糕点、饼干、袋装食品、时令水果、花式果盘等等。西式饮品一般包括各式咖啡、矿泉水、低度酒精饮料、牛奶、果汁等等，点心有各类甜品、糕点、水果、花式果盘。

（4）摄影、摄像安排。根据会议的级别和要求，需要安排专业的摄影、摄像人员对会议进行全程拍摄，拍摄以后还需要考虑是否将资料制作成光盘分发给各位与会代表。

（5）主持技巧。主持人是策划会取得成功的一个关键因素，主持人应是策划项目的领头人。主持人在会议进行中要简洁明了地告知会议目的及要解决的问题，阐明会议的原则，营造并保持活跃的气氛。他一定要时刻把握会议的进展，尤其要把握会议的主题，保证会议议题不会走偏，并能够及时鼓励、引导与会者发言，及时捕捉一些好的构想，及时引导与会者相互利用议题激发出新的构想。主持人要安排专人做好记录，各种构想由记录员予以编号并写在白板上，让与会者可以一目了然。记录员会后要整理好各人的构想，既作为档案备份，又可为今后的策划提供参考。会议结束时，主持人应该有一个小结，确认会议最后的研究结果。会议主持人在主持中还要明确以下事项：

①会议主持人务必做的事项。会议主持人要严格遵守会议的开始时间，不迁就迟到者；要在开头就议题的要点做简要的说明；要把议题的进行顺序与时间的分配方案预先告知与会者；要引导大家在规定时间内作出结论；必须延长会议时间时，要取得大家的同意并明确延长的时间；要把整理出来的结论交由全体人员表决确认；要把决议付诸实行的程序整理成文，并加以确认。

②会议进行中会议主持人须密切注意的几个问题。发言内容是否偏离了议题？发言者的观点是否出于个人对利害关系的考虑？全体人员是否都在专心聆听发言？发言是否过于集中于少部分人？是否有从头到尾都没发过言的人？某个人的发言是否过于冗长？发言的内容是否正在朝着清晰、明确的方向推进？以上问题主持人须加以密切注意。

③会议主持人的十大禁忌。具体是：在发言时不可长篇大论，滔滔不绝（一般应以 3 分钟为限）；不可从头到尾保持沉默；不要谈到抽象论或观念论；不可对发言人吹毛求疵；不要漫无边际，离题万里；一般不打断他人的发言；不可不懂装懂，胡乱发言；不引用不确切的资料；不谈期待性的预测；不要中途离席。

（6）对与会人员的要求。一般而言，与会人员在出席会议时应当严格遵守会议纪律，主要有以下内容：规范着装、严守时间、维护秩序、专心听讲。

（7）会议规则。会议效率不但取决于主持者，还取决于与会者，因此，与会者要遵循一定的规则：准备好记录卡片或记录纸，以便及时将构想记录下来，散会后交给记录员；想到的构想要立即提出来，即使其本身没有什么价值，有时也可以启发他人提出有价值的构想；发言要简单明了，一般只提出主要构想即可，无须论证，切忌长篇大论地进行论证；各人独自自由畅想，不要私下交谈，否则会降低会议效率；不要私下评议别人的构想；发言要一个接一个，不要冷场，最好形成按顺（逆）时针顺序发言的习惯，以形成压力。轮到的发言人实在没有构想，可暂时跳过，轮完一圈再来一圈，如此反复，直至问题有了初步结论；会议一般分为两个阶段：第一阶段为发散性思维阶段，与会者自由畅想，发表意见；第二阶段以一个基本认定的构想为前提，可以集中精力有针对性地进行思考后再充分发表意见。

(8) 对最后提案进行评价。对策划会最后形成的提案，要有一个评价的过程，一方面是尽可能完善既定的提案，另一方面尽可能运用系统的、科学的分析方法进行缜密的评估。基本的评价方法是：从社会制约因素的角度加以审核，排除法律上、道德上不允许的因素；对其中涉及的主要概念进行充分论证；效果评价；可行性评价；以一定的逻辑概念审视整个构想的排序。

六、公共关系策划方案的撰写

公共关系策划方案，指以书面文字形式确定下来的策划者头脑里的构思和创意。整个策划的思维过程，最终是以策划方案的形式加以条理化和系统化。所有的灵感和创意，都将在策划方案中被具体细化为可供施行的方法和步骤。就连公共关系活动的最后结果，也将预先在策划方案中进行展示。

1. 公共关系策划方案的构成要素

公共关系策划方案当无定式，策划者一般根据实际的需要和自己的文笔风格来撰写。但无论方案形式、内容有着如何的差别，理应包容的基本要素都不可或缺。

一份完整的策划方案应当具备 5W、2H、1E：

What（什么）——策划的目的、内容

Who（谁）——策划组织者、策划者、策划所涉及的公众

Where（何处）——策划实施地点

When（何时）——策划实施时机

Why（为什么）——策划的缘由

How（如何）——策划的方法和实施形式

How much（多少）——策划的预算

Effect（效果）——策划结果的预测

上述 8 个要素组合即是一份完整的公共关系策划文案应当具备的基本要素。针对不同组织不同内容与形式的公共关系策划方案，应当围绕着这 8 个要素，根据自己的需要去进行丰富完善和组合搭配，公共关系策划方案的创意与个性风

格，就存在于对要素的丰富完善和组合搭配的差异之中。

2. 公共关系策划方案的基本格式

公共关系策划方案的基本格式，大致包括下列五项：

（1）封面。策划方案的封面不必如书籍装帧那样去考虑其设计的精美，但文字书写及排列应大小协调、布局合理，纸张只要略比正文厚些即可。封面内容一般包括：①题目。题目必须具体清楚，让人一目了然。②策划者单位或个人名称。方案如系群体或组织完成，可署名“某某公共关系公司”、“某某专家策划团”或“某公司公共关系部”，对其中起主要作用的个人也可在单位名称之后署名，如“总策划某某某”、“策划总监某某”等。方案如系个人完成则直接署名：策划人某某某。③策划方案完成日期。写明年月日甚至时。④编号。比如根据策划方案顺序的编号，根据方案的重要性或保密程度的编号或根据方案管理的分类编号等。⑤在需要的情况下，可考虑在封面上简洁地加上说明文字或内容提要。⑥如策划方案尚属草稿或初稿，还应在标题下括号注明，写上“草案”、“送审稿”、“讨论稿”、“征求意见稿”等字样。如果前有“草稿”，决策拍板后的策划方案就应注明“修订稿”、“实施稿”、“执行稿”等字样。

（2）序文。并非所有策划方案都需加序，除非方案内容较多较复杂，才有必要以简洁的文字作为一个引导或提举。

（3）目录。这也如序文一样，除非方案头绪较多较复杂，才有作目录的必要。目录是标题的细化和明确化，要做到让读者通过看标题和目录后，便知整个方案的概貌。

（4）正文。正文即是对前述 8 个要素的表述和演绎。其主要内容有：①活动背景分析；②活动主题；③活动宗旨与目标；④基本活动程序；⑤传播与沟通方案；⑥经费概算；⑦效果预测。正文的写作需要周到，但应以纲目式为好，不必过分详尽地去加以描述渲染，也不要给人以头绪繁多杂乱或干涩枯燥的感觉。

（5）附件。重要的附件通常有：①活动筹备工作日程推进表；②有关人员职责分配表；③经费开支明细预算表；④活动所需物品一览表；⑤场地使用安排表；⑥相关资料：这主要是提供决策者参考的辅助性材料，不一定每份方案都需要，如完整的或专项的调查报告、新闻文稿范本、演讲词草稿、相关法规文件、平面广告设计草图、电视片脚本、纪念品设计图等；⑦注意事项，即将策划方案实施过程中应当注意的事项作重点集中的提示。比如完成活动需事前促成的其他条件、活动实施指挥者应当拥有的临时特殊权限、需决策者出面对各部门的协调、遇到特殊情况时的应变措施等。

第三节 公共关系实施

公共关系实施是指社会组织为了实现既定公共关系目标，充分依据和利用实施条件，对公共关系创意策划进行实施策略、手段、方法设计并进行实际操作与管理的过程。

公共关系实施是解决公共关系问题和实现公共关系目标的重点环节。只有通过扎实、有效的实施工作，才能直接地、实际地、具体地解决问题。即使是完美无瑕的公共关系策划，如果不经过实施，也只能是毫无意义的“纸上谈兵”。

公共关系实施决定了公共关系策划创意能否实现，以及实现的程度和范围。有效的公共关系实施，不仅能执行策划创意，而且能创造性地修改和弥补策划的不足。这时的实施活动，表现为实施人员能够选择最有效的实施途径和手段、方法和技巧。失败的公共关系实施，不仅不能实现策划创意，有时还可能使策划方案中想要解决的问题更加恶化，甚至完全与目标背道而驰。从这个意义上说，实施这个环节不仅决定了策划创意能否实施，而且也决定了策划创意实现的效果。

公共关系实施的结果是后续公共关系策划的重要依据与起点。任何一项公共关系策划的实施过程不论成功与否，它都会在社会上造成一定的影响和后果，进行新一轮的公共关系策划必须要以此为基础，针对新出现的问题策划新的方案，这是公共关系策划的继承性和可持续性规律的客观要求。

一、公共关系实施的特点

公共关系实施作为公共关系工作程序中的重要一环，它具有如下特点：

1. 艺术性

公共关系实施的艺术性包括两层含义，其一是公共关系实施要勇于创新。同一公共关系策划方案的实施策略、手段、方法很多，要突破常规，别具一格，标新立异，以奇制胜，设计出竞争对手意想不到的、传播效果最好的操作手段和方法。其二是公共关系实施在于攻心。目标公众具有不同的心理，比如性别心理、年龄心理、职业心理、专业心理、地域心理、血型心理、民族心理、宗教心理、情感心理等，要针对目标公众的特定心理来设计与操作实施策略、手段和方法。因此，公共关系实施的过程是创新与攻心的过程。

2. 文化性

公共关系实施的策略、手段、方法具有鲜明的、浓郁的文化色彩。许多传统文化和现代文化成为公共关系实施可利用的重要资源。随着社会进步和人们物质消费水平的不断提高，特别是随着知识经济时代的到来，物质文化化、消费文化化、生活文化化和经济文化化成为现代社会生活的一大趋势。从某种角度来说，现代物质消费就是文化消费，现代生活就是文化生活，因此，公共关系实施手段、方法要体现一种文化品位，迎合公众的文化追求，用文化的力量去感染公众。没有文化品位的操作方法和手段是低层次的公共关系实施行为。

3. 情感性

公共关系实施的过程常常表现为一种感情交流的过程，感情手段成为公共关系实施中基本的、常用的手段。要注意研究和利用公众的感情心理和感情倾向，重视感情投资，以情感人，以情动人，以情服人。让公共关系实施行为充满感情，这是公众的客观需要，也是公共关系的生命根基。

4. 形象性

公共关系实施的策略、手段与方法必须具有良好的公众形象和社会形象，以此赢得公众和社会的信任与喜爱。这是由公共关系注重塑造良好形象属性所决定的。

5. 关系性

公共关系实施以建立和协调组织与公众的良好关系为基础，一切有利于建立良好公共关系的协调手段、交际手段和游说方法均是现代公共关系实施手段与方法的重要内容。要建立、巩固与发展广泛的关系网，遵循“养兵千日，用兵一时”的关系网运作原则，使关系网成为公共关系实施的重要路径。要正确应用交际方法和交际手段，善于与公众打交道，以便顺利完成公共关系任务，实现公共关系工作目标。

6. 传播性

公共关系实施的过程就是组织与公众之间的双向信息沟通过程。各种传播媒介都是公共关系信息传播载体，各种传播方法都是公共关系实施的方法。要把人际传播媒介、组织传播媒介、大众传播媒介以及各种综合性传播媒介有机结合使用，熟练掌握其使用技法，以实现公共关系整合传播的最佳双向沟通效果。

二、公共关系实施的原则

公共关系实施是一个复杂而科学的过程，客观上需要有一套科学的实施原则作指导。公共关系实施原则是公共关系实施的工作准则，是公共关系管理者（领导者）和操作者在错综复杂的实施环境中，排除各种实施困难，完成公共关系实施各项工作，实现公共关系目标的成功法则。

1. 准备充分原则

在正式实施公共关系策划方案之前，必须做好各种实施准备。实施准备是公共关系实施成功的基础和前提条件。准备越充分，公共关系实施就越顺利，失误就越小。绝对不能打无准备之仗。在正式实施策划方案之前，要用足够的时间做好各种准备工作。公共关系实施的管理者、操作者要严格、准确地检查每一项准备工作。要建立“准备工作责任制”，把各项准备工作落实到具体的人，使其负责到底。

2. 策划导向原则

所谓策划导向原则，就是公共关系人员必须严格按照既定的策划方案进行。包括目标导向、策略导向和实施方案导向。

目标导向要求公共关系人员在公共关系方案实施过程中，不断将实施结果与目标要求相对照，发现差距，及时努力，务必实现目标。策略导向要求公共关系人员必须按既定策略思路去执行实施方案。策略指导实施行为，是实施行为的主题思想。实施方案导向要求公共关系人员严格按照实施方案开展实施工作。各项具体工作内容的实施方法是公共关系策略和公共关系目标的实现目标，应当熟练掌握与应用，并在应用中创造更有效的实施方法。

3. 控制进度原则

控制进度原则就是必须按照公共关系实施方案中各项工作内容实施时间进度的要求，随时检查各项工作内容的完成进度，及时发现滞后（或超前）的情况，搞好协调与调度，使各项工作内容按计划协调、平衡地发展，并确保按时完成。

控制进度的原则要求做好预测和及时发现各种可能影响实施工作进度的因素的工作，针对关键原因采取有效的预防和应急措施。

4. 整体协调原则

这是指在公共关系实施过程中，要使各项工作内容之间达到和谐、合理、配合、互补和统一的状态。公共关系实施是一项系统工程，各项工作只有相互有机配合才会达到整体最佳。各自为政，相互矛盾，只能增加内耗，严重时必然导致公共关系实施的失败。行动一致，保证实施活动的同步与和谐，做到统一意志、统一指挥、统一行动，提高工作效率与效果。

5. 反馈调整原则

反馈调整原则是指通过监督控制及时发现公共关系实施中的方法偏差甚至错误，并及时进行调整与纠正。由于各种因素干扰，或由于实施人员的素质问题，不按照既定工作方法实施的情况时有发生。由于策划设计错误或由于实施环境突然发生变化，原来设计的实施方法无法操作，这些都是实施中的严重问题。要建立一种灵敏的监督反馈机制，快速发现问题征兆，并立即采取有效措施调整实施方法。

三、公共关系实施的方案设计

公共关系策划的主要成果是产生了一个（或一组）公共关系策略和点子（公共关系创意），确定了主要的公共关系工作手段与策略（如形象塑造手段与策略、传播沟通手段与策略、关系协调手段与策略），并进行了总体预算，但是没有策划公共关系策略、点子及其所选手段与策略的详细操作方案，这正是公共关系实施方案要解决的问题。公共关系实施方案又称公共关系技术方案或公共关系策划的实施方案。其核心内容是公共关系策略、点子的具体操作方法。同样的策略、点子，不同的操作方法可能产生不同的效果。因此，公共关系策略、点子的具体操作方法也需要进行精心策划与设计。

1. 设计实施内容

一种公共关系策略（一个公共关系点子）的实施，往往要做多方面的工作。我们把“一个方面的工作”叫做一个工作项目，这是一级工作项目。一级工作项目又可分解为若干个二级工作项目（更小的工作项目），二级工作项目同样可分解为若干个三级工作项目，直到不能再分解为止。我们把不能再分解的最后一级工作项目称为工作内容。

2. 设计实施方法

公共关系实施工作要求是指各项公共关系实施工作内容的操作目标、原则和注意事项，它对具体工作方法设计和实际工作过程具有重要指导作用。因此，在公共关系实施工作内容设计完成后，就要对每项工作内容提出要求，根据这一要求设计具体工作方法。对工作项目只存在分解方法（分解为更小、更细的工作项目的方法），而不存在操作方法。公共关系实施工作方法的策划设计要符合以下原则：

（1）工作方法的设计要具体、仔细、实在，工作量要小，尽量简单，具有较强的可操作性。

（2）工作方法的形象要好，成本要低。

（3）完成工作任务（内容）和实现策略（点子）的可靠性要高，防止“实现功能不足”。

（4）必要时进行多种方法组合，有利于增加完成工作任务和实现策略（点子）的把握度，但要防止“实现功能过剩”，以免造成实施成本增加。

（5）要为有风险的操作方法设计备用方法，确保万无一失。

（6）工作方法要符合目标公众心理，符合政策法律和各种社会风俗习惯、伦理道德。

从理论上讲，完成一项工作内容的具体方法很多，但实践中可寻找的方法却是有限的。要深入调查分析组织自身和实施环境所提供的各种实施条件和产生的实施制约，针对目标公众的公共关系心理，寻找和策划出多种工作方法，反复比较论证，从而确定出能圆满完成工作任务（工作内容）、达到甚至超过工作目标的相对最佳的工作方法。

3. 选择实施时机

选择实施时机是指能够使公共关系实施获得最佳效果的开始工作时间和结束工作时间。在现代社会，时间就是金钱，时间就是生命，时间就是效率。不善于利用时机，事后即使投入更大的力气，也无法收到好的公共关系实施效果。

公共关系实施的最佳时机，有时表现为一刻一时一日，有时也表现为一个较长的时间段，如几日、几周甚至几个月等。这些时机，有的是日常性的，有的是固定的，而有的则具偶然性。一项公共关系创意的实施，往往有若干项工作内容，其中，与公众发生关系的工作内容的实施开始与结束时间特别重要，必须准确把握，科学决策。

4. 确定实施进度

确定实施进度是指在确定公共关系实施时机后，规定各项公共关系实施工作内容所需的时间并进行日历进度安排。必须保证在所确定的最佳开始时间启动有关工作，在最佳结束时间完成操作。实施时间进度安排，要充分估计各种因素的干扰，要留有余地。最直观的时间进度安排方法是拟出时间进度表。

5. 确立实施流程

公共关系实施各项工作内容之间存在着一种客观的分工与协调关系。只有合理分工，有机协调，才能保证各项工作的顺利完成。我们把公共关系实施各项工作内容之间的衔接、协调和配合关系及其有机组合的过程称为公共关系实施流程。它反映了各项公共关系工作内容之间的一种内在的联系规律，是公共关系实施作为一项系统工程的体现。

公共关系实施流程中的时间衔接、分工协调和有机组合关系通过流程图来表示，并配以文字说明。

流程图的文字说明，主要是对各项工作之间的协作关系、责任关系进行规定，必要时形成一种制度。一定要防止彼此责任不清、相互扯皮、“踢皮球”等情况发生。否则，将严重影响实施工作进度和质量。

6. 分配实施预算

在公共关系策划工作中，已对所选择的传播媒介操作等活动经费做出了总体预算，这是进行公共关系实施工作预算分配的依据。将公共关系策划的总体预算经费合理分配到公共关系实施的各项工作内容中去，以保证各项工作开支需要，这就叫公共关系实施预算分配。

一般说来，公共关系策划工作中的经费预算只做到一级工作项目预算，也只能做到这一级预算。因为，这时的详细工作内容及其工作方法尚未策划设计出来，所以不可能做到具体预算。

公共关系实施工作预算分配的结果应表述于公共关系实施时间进度表右侧，这样一目了然，便于了解与管理。

需要提醒的是公共关系策划中的一级工作项目经费预算（或总体经费预算）是留有余地的，目的是防止意外工作增加或策划不周遗漏工作而造成经费不足。留有余地仍然是具体工作内容预算分配的原则，这主要表现于不要把一级工作项目预算的经费分配完，一般需要留下5%~10%的经费备用。

7. 安排工作机构人员

组织的公共关系实施主体有三种：组织内部公共关系部（或相关机构）、公共关系公司和公共关系社团。不管是哪种操作主体，都必须建立项目公共关系实施机构，配备得力的实施人员（包括实施领导和操作人员）。实施人员的素质与能力十分重要，优秀的实施人员不仅能顺利完成工作任务，而且能修改完善实施方法，弥补实施方案的不足。

所谓公共关系实施机构，是指为完成某一项公共关系任务、实现公共关系目标而建立的专门组织。规模较大的公共关系活动实施，其机构具有多层级特点，从低级层次到高级层次，人数依次减少，权力依次增大，形成"金字塔"式的稳定结构。应按照精简、统一、节约、效能的要求来构建公共关系实施机构。一般应以领导中心机构为核心，下设智慧机构、执行机构、监督反馈机构。其中，领导中心机构是决策角色，人员要少而精，办事效率要高；智囊机构作为领导决策的参谋部门，其组成人员应具有科学分析问题的能力以及较宽的视野和战略眼光；执行机构作为实施方案的具体操作部门，其组成人员应具有较强的指挥、协调、组织、交际和操作能力；监督反馈机构作为保证和检查实施的部门，其组成人员有敏锐的洞察力、实事求是的科学态度和强烈的责任观念。公共关系实施机构设置的程序是：①明确指导思想，确定组建机构的日的和任务。②制定编制方案。根据领导机构的任务和工作量，确定部门、职务和人数，规定每个岗位的职责。③确定领导体系。明确纵向隶属关系和横向协作关系。④报批机构编制方案。⑤任命领导人和安排工作人员。

一定要将每一项工作内容落实到具体人员。一项工作内容安排两个以上人员操作时，要确定一个负责人，并进行相对分工。一个人负责多项工作时，要考虑工作之间的内存关系，使其运作起来高效、方便。每一项工作内容的实施人员姓名表述于公共关系实施时间进度表右侧。

8. 建立规章制度

要依据公共关系职业准则和组织中有关规章制度，以及公共关系实施的具体情况，制定出各项公共关系实施的工作进度。这是设立公共关系实施人员实施公共关系工作的工作制度；设立对公共关系实施人员在各项公共关系实施工作中的行为进行约束与管理机制。

组织的公共关系部（公共关系公司、公共关系社团）都建立有具有共性的公共关系人员行为准则和公共关系实施制度，这是任何一次公共关系实施都必须遵守的工作制度。但就某一项公共关系活动来讲，其实施具有特殊性，应根据这种特殊性，制定出特殊的工作制度作为补充。这些工作制度涉及如下内容：①职业道德。②信息保密。③经济关系。④行政关系。⑤分工协调。⑥交际形象与礼仪规范。⑦请客送礼。⑧奖罚机制。⑨危机处理（紧急处理）。⑩差旅出勤。

9. 实施人员培训

在公共关系方案实施之前，对实施人员进行一定培训是很有必要的。这种培训的主要内容是实施工作制度教育和操作方法学习与研讨。

公共关系方案实施工作制度教育，除了让大家明白各种规定及其意义外，特别要对特殊规定、容易违反的规定进行重点说明与强调。配合制度教育，反复倡导组织文化与理念，提高实施人员的思想与道德素质，增强其抵御腐蚀的能力。

要组织实施人员认真学习研讨公共关系方案实施工作内容的操作方法，反复体会，彻底弄懂，决不含糊。特别重要的方法，可通过讲解、讨论、答辩、模拟训练来促使其正确掌握。有使用风险的方法要反复做模拟演习，切实提高操作的把握度，把失误率降至最低限。特别重要的工作内容的实施，除了第一工作方法外，还应配有第二工作方法甚至第三工作方法作为第一工作方法失败时的备用方法。备用方法的启用规定及其操作技能必须重点掌握。重要工作内容的第一工作方法如果是两种以上方法组合，其相互配合关系也是学习研讨的重点。

四、公共关系实施的障碍分析

尽管公共关系计划实施方案是经过认真论证（可行性论证）的方案，但由于实施主体、客体和实施环境存在着许多意想不到的实施障碍因素，同一种实施方案要在多种实施环境（如不同区域市场、不同时间市场、不同社会条件等）同时或先后实施，公共关系计划实施常常会遇到意想不到的困难，严重时会使公共关系计划实施夭折。因此，较为重要、涉及范围大、影响大的公共关系计划实施，有必要对实施方案的实施障碍因素进行调查，并通过方案的局部（小范围）试验，进一步了解、认识实施障碍因素，寻找和设计排除障碍因素的途径与方法，取得成功实施的经验，以利全面推广。影响公共关系实施的因素是众多而复杂的，一般说来有三种类型：实施主体障碍、实施过程的沟通障碍、实施环境障碍。

1. 实施主体障碍

实施主体障碍是指来自于实施主体自身的影响因素。产生这种障碍的主要原因是组织的人员素质、管理水平、策划与论证存在问题与失误。

（1）实施人员障碍。主要有：公共关系计划实施人员违反实施制度，工作不认真负责，没有积极性，职业道德素质和工作能力欠佳；实施人员心情不愉快，身体健康状况差（甚至突然生病）；实施人员之间关系紧张，工作不协调。排除来自于实施人员的障碍，关键是选择优秀的实施人员并进行严格培训，建立一套有效的激励机制和约束机制。

（2）公共关系策划的目标障碍。主要有：目标不明确，不具体；目标过高或过低；目标的实现条件不具备；目标不符合目标公众和社会利益；公共关系目标之间相互矛盾；公共关系目标没有服从于组织总体目标；公共关系目标与组织内部其他工作目标矛盾；近期目标与长远目标矛盾。在做公共关系目标策划时，一定要征求各方面的意见，要形成目标共识；要对目标进行可行性论证（甚至进行不可行性论证），切实确立出正确、明确和具体的公共关系目标。

（3）公共关系策划的创意障碍。主要有：公共关系策略、点子不符合公众心理需要和行为规律；策略、点子的传播力、感染力、冲击力和吸引力不够，难以打动公众之心；目标公众和竞争对手不明确；策略、点子的针对性不强；各种策略、点子之间难以耦合（存在矛盾或相互关系不密切）；策略、点子的可操作性差，实施风险大。减少创意障碍，提高公共关系策略、点子的质量，关键在于提高策划素质，充分利用组织内外策划专家，集思广益，应用创造技法。特别需要注意，如果公共关系调查工作失误，依据错误的调查结论来做公共关系创意，这样的策略、点子必然也是错误的。

（4）公共关系策划的预算障碍。主要表现为经费预算不足，造成公共关系实施经费短缺。要了解开支标准，反复测算，并留有充分余地。尽管如此，有时也会出现超过“余地”的经费开支，只要是实事求是的，又是必要的，追加经费也是应该的。

（5）公共关系计划实施方案障碍。主要有：工作内容实施方法不正确；各种工作内容之间配合不好；公共关系计划实施时机决策失误；工作进度安排不科学；预算分配不合理；公共关系计划实施组织不健全，人员配备不合理；公共关系计划实施制度不完善、不具体。公共关系计划实施方案要由具有实施经验、实施能力强、管理能力强、责任心强、忠诚的公共关系人员来设计，要多征求各方面意见，力求实施方案科学、适用、有效、节约。

2. 实施过程的沟通障碍

公共关系沟通指在组织与公众之间展开的某种程度的交流。它通过语言、文字或其他方式的交互作用，引起公众思想或观点的变化。但公共关系实施过程中的沟通并不是一帆风顺的，常常会出现各种不利因素使沟通受阻，从而形成沟通障碍。常见的沟通障碍大致有以下几种：

（1）语言文字障碍。语言文字与思维不可分离，是人类特有的表达方式。人们只有借助语言文字才能完整地表达情感、交流思想、协调关系，它是人类最重要的沟通工具。然而，语言文字又是一种极其复杂的工具，掌握和运用它也绝非易事。由语言文字所引起的沟通障碍随处可见。比如，一位非洲朋友来到一家中国民航的宾馆，他用法语表示他要求住一个单间，并说："我是部长"。由于服务员只懂几句常用的法语，对"部长"这一关键性词语不熟悉，因而闹得很不愉快。这种语言上的差异，造成了沟通中的障碍。同样，语义上的差异也会造成这样的障碍。

同时，由于沟通者和沟通对象受教育程度的不同，在语言文字使用范围或表达上也会造成障碍。比如，在面向广大农民的产品使用说明书中，如果使用过多高深的专业词汇效果就会很差。

（2）习俗障碍。习俗是在一定文化历史背景下形成的具有固定特点的调整人际关系的社会因素，包括道德、礼仪和审美等。习俗虽不像法律那样具有强制力，但它往往迫使着人们要"入乡随俗"。因忽视习俗因素而导致沟通失败的事例也屡见不鲜。例如，为西方来宾安排门牌号为 13 的房间，便会使其不满，因为 13 在西方人看来是不吉利的数字。又如，德国一位工程师到日本磋商合作问题，当他提出自己意见时，日本对手微笑、频频点头。他回德后满怀期待地等了三周，却得到了意料之外的回声——他的意见遭到否定。他实在不知，日本人的点头微笑是礼貌的表示，决非同意的表示。

（3）心理障碍。当沟通对象对沟通者轻视、不信任或者紧张、恐惧时，就会拒绝接受或曲解所传递的信息的内容，从而影响沟通。比如，在谈判中，如果双方感情用事，为了各自的利益而争吵不休，就会使谈判破裂。又如，某地生产假酒曝光后，人们甚至对该地所在省的其他白酒也产生了怀疑，进而一度拒绝购买酒类产品。

（4）年龄障碍。不同年龄的人有不同的内心世界、不同的价值观、审美观和不同的要求，从而对事物形成不同的看法。年轻人愿意接受新事物、赶时髦，因此他们愿意接受有关新事物、新问题的信息；老年人对有关传统的事情、方法、手段的信息更乐于接受。从而形成了一种倾向，即人们乐于接受与其原有认识或态度相一致的信息，而回避或拒绝与其原有认识或态度相矛盾的信息。比如，年轻人喜欢具有现代感的组织形象，而老年人则喜欢"百年老店"。

（5）观念障碍。观念由一定的经验和知识积淀而成，是一定社会条件下人们接受、信奉并用以指导自己行动的理论和观点。观念本身是沟通的内容之一，同时又对沟通有巨大作用。有的观念能促进沟通，有的观念则会阻碍沟通。比如，封闭观念就排斥沟通，因其观念源于小农经济，缺乏社会性。

3. 实施环境障碍

公共关系方案是在一种复杂多变的社会环境、市场环境中实施的，因此环境中各种因素会从正面（促进）和反面（制约）影响实施工作。公共关系实施环境障碍是指来自于实施环境的各种制约因素、对抗因素、干扰因素。这些障碍因素有如下类型：

政治环境制约因素。政府的有关政策、法规的管制，以及政治形势、政策变化的影响。

经济环境制约因素。经济体制、经济政策与经济形势的影响。

社会文化环境制约因素。传统的民族文化、区域文化、宗教文化以及各种现代文化的影响。

科技环境制约因素。各种新知识、新技术、新工具、新材料、新产品、新能源等的影响。

竞争环境对抗与干扰因素。竞争对手的认识度、美誉度、占有率以及开展的各种公共关系宣传活动等的影响。

自然环境制约因素。比如地理条件、气候自然资源、生态等的影响。

国际政治、经济环境制约因素。比如国际形势、外交关系、战争、国际市场与金融形势等的影响。

总之，在公共关系实施过程中要努力排除各种公共关系障碍，保证公共关系工作的顺利实施。

第四节　公共关系评估

公共关系效果评估是公共关系活动的最后步骤，即根据特定的标准，对公共关系活动结果进行总结、衡量和评价。它的主要功能有：运用多种方法考察和评价公共关系活动的效果，以总结经验教训，为今后的工作提供借鉴；向决策部门报告公共关系工作的完成情况；利用公共关系工作的成果，对组织内部成员进行激励。

一、公共关系评估的意义和目的

所谓“公共关系评估”，就是根据特定的标准，对公关计划、实施及效果进行检查、评价，以判断其优劣的过程。它在整个公关计划实施过程中都具有重要作用。评估控制着公关实践每个活动及环节。

1. 公共关系评估的意义

公共关系评估的意义重大，主要表现在以下四方面：

（1）改进公关工作。公关评估是改进公共关系工作的重要环节。它对一个社会组织的公关工作具有“效果导向”的作用。任何一项公关计划在实施后都面临着成功或失败两种结局。无论成功还是失败，其经验与教训都将成为下一个公关活动或环节改进的基础。评估就是我们通常所说的“总结经验，吸取教训”。

(2) 开展后续公关。评估是开展后续公关工作的必要前提。没有这种对原有公关工作的评估，就不可制订新的公关计划。这是公关工作连续性的一种表现。

(3) 鼓舞员工士气。评估可以鼓舞士气。一般说来，内部员工很难对本组织与其公关活动有全面的、深刻的了解和认识。评估使他们能认清本组织的利益和实现途径，以便将实现本组织的战略目标与自己的本职工作紧密地联系在一起，并变为一种自觉的行动。

(4) 引起领导重视。评估的另一重要意义还在于使组织的领导人看到开展公关工作的明显效果，从而使他们能更加自觉地重视公关工作，真正起到鼓舞士气、激励内部公众的作用。

此外，在现实生活中，评估还决定着公关公司是否该承接该项工作，客户是否满意、是否付款、能否获得某项荣誉、形成无形资产等等。

2. 公共关系评估的目的

公关评估的主要目的是提供关于既定公关工作的各种信息，包括：计划制订得是否正确合理；计划实现的程度、范围、效果怎样；计划实施方法、程序是否需要调整或修正；计划所需要资金是否恰当；为了成功达到战略目标，在既定的成本条件下，哪些实施方法最为有效；计划实施的关键是什么；哪些计划与实施中的要素密切结合能得到最高效益；实施对哪些公众产生了什么样的影响；哪些方法和技术可以有效地排除沟通中各种不同的障碍……总之，公关评估的目的就是取得关于公关工作过程、工作效益信息，作为决定开展、改进公关工作和制订公关计划的依据。

二、公共关系评估的基本内容

根据公共关系活动内容的要求，公共关系效果评估确定为不同的形式。一般而言，可分为组织形象评估、工作成效评估、传播效果评估和目标评估等。

1. 组织形象评估

当公共关系计划付诸实施后，组织形象会发生哪些变化，需要重新进行评估。重新评估组织形象仍然沿用公共关系组织形象调查的基本方法。通过对公众进行调查分类，然后对组织知名度和美誉度进行分析以测量组织形象地位，再应用“语义差别分析法”对组织形象的内容进行分析。

公共关系人员应了解组织目标形象与组织实际形象之间的差距，找出组织目标形象没有实现的原因，并针对问题改进工作，防止类似的问题再次发生。

2. 工作成效评估

公共关系工作包括的内容很多，对其成效进行评估要根据组织开展公共关系活动的情况而定。一般而言，有日常公共关系工作效果评估、专项公共关系工作效果评估和年度公共关系工作效果评估。

（1）日常公共关系工作效果评估。这种评估根据组织所确定的评估内容和标准进行。通过日常工作总结、公共关系人员座谈会、职工评议并结合公众平时的反映等形式进行。一般情况下，在日常公共关系工作中就可随时总结，没必要进行专门评估。

（2）专项公共关系工作效果评估。这种评估要严格根据具体公共关系活动的内容及特点确定评估内容及标准，并由负责专项活动的公共关系人员组织实施。通过调查，以了解通过专项活动、社会舆论的变化对组织产生的影响。

（3）年度公共关系工作效果评估。这种评估以年度公共关系计划和预算为依据，将一年来公共关系工作成效与预期目标和计划相比较，对公共关系各层次计划的实现程度和存在差距，提出有说服力的总结报告。

在一个组织工作，公共关系年度报告往往和公共关系调查报告融为一体，即在报告中要对过去一年的公共关系工作进行总结，客观反映公共关系调查的内容，为制订新的计划提供依据。

3. 传播效果评估

传播效果评估，即通过对大量的信息传播调查资料所提供的情报和数据进行分析、评估，识别其是否实现了公共关系信息传播的目标；通过公共关系传播目标的实现，是否保证了公共关系计划方案的贯彻落实。传播效果评估，包括组织内部信息传播效果评估和外部信息传播效果评估。

4. 目标效果评估

公共关系计划中，有许多具体明确的目标，对这些目标进行评估，分析其是否达到预期结果，对总体目标的评估有着重大意义。这种评估，要求应有严格规定的定量和定性分析的各项指标，客观地进行评价；要求以公共关系调查所掌握的资料和公共关系计划方案的具体实施结果为评估的依据；要求以求得社会公众的满意及满意程度作为指标实现的标准；还要注意在评估中实事求是，不另立标准或降低标准。

三、公共关系评估的基本方法

公共关系效果可以通过以下方法进行评估：

第一，直接观察法。

直接观察法又称个人观察反馈法，是较为简单却又常用的评估方法。公共关系人员或组织领导者通过参与公共关系活动，直接对公共关系的目标确立、计划确定、实施与传播以及活动结果进行观察，从而对组织形象做出估计和评价。这种方法贯穿于整个公共关系过程，可以随时随地进行，具有灵活性和直观性。

第二，目标管理法。

在制订公共关系计划时，将公共关系目标进行分解，并把分解的具体目标用量化的形式明确起来，在活动实施后，将实施的结果同计划的目标相比较，衡量和评价出公共关系的成果。

第三，舆论调查法。

这种方法的主要目的是确认公共关系活动在对象公众的知识、态度、观念等方面所产生的可度量的效果。可在活动结束后进行一次性调查，也可在活动前后各进行一次调查，以便相互比较。

第四，内部监察法。

内部监察法是由组织内部的有关人员，如评价部门或上级领导对公共关系工作进行评价。

第五，内部监察法。

内部监察法是聘请组织外部的专家对本组织公共关系活动进行调查和评价。一般情况下，外部专家的评价比较客观，参考价值较大。

四、撰写公共关系评估报告

公共关系评估报告是提供给组织的一种正式的文体。它是通过文字、图表或相应的其他形式来体现开展公共关系工作的成绩、经验、教训、建议等评估工作的成果形式。它具有业务性强、理论性强、经验性强等特点。

撰写公共关系评估报告的主要意义，在于为公共关系评估成果的运用提供依据。通常，评估小组将公共关系评估报告分别提供给管理层领导，作为他们统筹管理和发布新决策的依据；送达各职能部门，作为各部门改善工作的参考；提供给全体员工，以利于员工了解外界的评价，提高士气，改善行为。还可以公开发表，供同行或其他社会组织参考与借鉴。通过撰写公共关系评估报告，社会组织对公共关系过程与绩效可以总结过去，积累经验；着眼现在，克服缺点；指向未来，指导工作。

到目前为止，我国许多社会组织仍然不太重视公共关系评估工作，能见到的公共关系专业评估报告甚少。他们也不太注重评估成果的运用，常常使公共关系工作带有盲目性和被动性，进而丧失了许多成功机会。

1. 撰写公共关系评估报告的基本原则

公共关系评估报告是对公共关系活动或工作的书面评价，是对已经做的公共关系工作的总结，是公共关系评估结果运用的依据。为此，公共关系评估报告除了要遵循科学性、公平性、真实性等外，还应符合以下要求：

（1）针对性。公共关系评估报告的针对性很强。要么是综合项目评估，要么是单项活动的评估。为了解决工作中的实际问题，最多的情况还是单项活动的评估。如庆典活动、赞助活动、展示展览活动、产品推广活动、危机处理效果等。

（2）完整性。公共关系评估报告的完整性主要有三方面的内容：①按照公共关系评估报告书的内容，对评估工作的目的、对象、原则、依据、方法、结果等进行全面的概括。②正文内容与附件资料要配套一致，尤其要注意附件资料要起着完善、补充、说明正文的作用。③被评估的范围和对象要做到完整无缺、无一遗漏。

（3）及时性。公共关系评估具有较强的时效性，公共关系活动及其面临的环境也在不断地变化。因此，在公共关系活动开展结束之后，评估人应及时写出公共关系评估报告书，否则容易失去本身的意义。

（4）客观性。公共关系评估报告是一种公正性的文件。在撰写报告时，必须真实、客观，有理有据。要避免空泛议论或掩饰缺点，应力戒片面分析或夸大其词。

（5）独立性。在撰写公共关系评估报告的过程中，通常要与公共关系活动主办单位的部分领导、员工等接触。评估人在做出结论时，要避免受到他们主观意志或一己之见的影响。在评估报告中，必须反映自己的独立评估结论。

2. 公共关系评估报告的内容与格式

公共关系评估报告的撰写具有特定的目的。不同的目的，决定了评估的范围和对象不同。因而，公共关系评估报告书的内容就不完全一样。根据公共关系评估实践的总结，公共关系评估报告的内容主要有以下几方面：

（1）评估的目的及依据。即为什么要进行公共关系评估，通过评估解决什么问题，以及评估所依据文件或相关会议要求之精神等。

（2）评估的范围。公共关系活动涉及方方面面。为了突出重点、缩短篇幅、利于评估结果的运用，报告书必须明确公共关系评估的范围。

（3）评估的标准和方法。在报告书中，应说明评估的标准或具有可测量的具体化的目标体系，以及评估过程所采用的方法。例如，直接观察法、问卷调查法、比较分析法、文献资料法、传播审计法等。

（4）评估过程。简要说明评估过程是怎样进行的，分哪些阶段。从阅读报告书的过程和采用的方法等可以判断评估是否科学、系统、规范、完整等。

（5）评估对象的基本情况。在公共关系评估报告书中，必须明确评估对象本身的情况，包括活动或项目名称、开展时间、实施的基本情况与特点等。

（6）内容评估、分析与结论。在评估报告书中写明被评估的公共关系活动、工作或项目的内容，对运行与执行以及效果、效益进行分析，进而得出客观、公正的结论。

(7) 存在的问题及建议。评估人根据掌握的实际材料、相关情况，有针对性地提出问题，并提出有利于解决问题的建设性意见。

(8) 附件。附件主要包括附表、附图、附文三部分。

(9) 评估人员名单。内容包括评估负责人、参加评估人员的姓名、职业、职务、职称等。有时为了利于咨询，评估人还需要把电话、通讯地址、邮政编码也写明。

(10) 评估时间。由于公共关系活动处于动态的状态下，不同时间评估所得出的结论会不同。因此，评估报告书必须写明评估时间或评估工作开展的阶段。

公共关系评估报告书没有固定的结构格式。按照评估的目的与要求，公共关系评估报告的结构可以采用不同的格式，灵活安排结构。结构服从于内容表达的需要。通常，公共关系评估报告书的结构式依次包括：

(1) 封面。封面的主要内容包括评估书或项目的题目、评估时间、评估人(单位名称）以及保密程度、报告书编号。题目要反映出评估的范围和对象。排版应醒目、美观。

(2) 评估成员。这反映哪些人参加了评估工作，负责人是谁。

(3) 目录。目录用来方便阅读报告书的人。

(4) 前言。前言反映评估任务或工作的来源、根据，评估的方法、过程以及其他特别需要说明的问题。也有的评估报告书把评估的方法、过程等写进正文部分。

(5) 正文。正文是评估报告书最重要、最主要的部分，也是评估报告书的主体。它包括评估的原则、方法、范围、分析、结构、存在的问题、建议等。

(6) 附件。附件内容是对正文内容的详细说明和补充，是正文的证明材料。

(7) 后记。主要说明一些相关的问题。比如报告书传播的范围，致谢参加人员及相关单位等。

五、撰写公共关系评估报告应注意的问题

公共关系评估报告书的写作是有相当难度的。在写作过程中，既要求执笔人员客观、公正、全面，又要求报告中可读、简洁、明了。为此，除格式方面的要求外，在写作过程中，还应注意如下问题：

定量与定性相结合。通常，评估结论是定性的，但必须用定量的指标作说明。注意定量与定性的密切结合。

建议与策略具有可操作性。只有切合实际情况的建议才具有可操作性。

语言准确、精练。尽量用最少的文字、篇幅来说明问题，提出建议。切忌太多的学术词汇，让评估报告的阅读者难以理解。

结论客观具体。评估结论要客观，既要看到成绩、效益，又要看到缺点和不

足。在结论中，要避免“可能”、“大概”、“也许”等模糊语言。所有的结论都应该找到相应的材料作证明。

【案例讨论】

长城润滑油护航“神六”

中国石油化工润滑油公司是世界五百强企业——中国石油化工股份有限公司的直属企业，是国内润滑油行业第一、世界排名第四的润滑油知名品牌。2004年销售量达126万吨，占据国内润滑油市场1/3的份额。

由于润滑油市场是我国唯一完全对外开放的石油、石化产品市场，因此形成了国际品牌盘踞高端，国内品牌后起直追的市场格局。近年来，虽然国产品牌知名度有所提升，但却未能改变其低端的品牌形象。作为中国航天专用润滑产品的唯一供应商，从“两弹一星”到长征系列运载火箭、神舟系列飞船，中国石油化工润滑油公司的拳头产品——长城润滑油为中国航天的历次发射提供了高、精、尖端的润滑产品，并且多次得到党中央、国务院和中央军委的表扬和嘉奖。但由于历史原因和体制原因，长城润滑油并未能有效利用这一独占资源，拉动其品牌向高端转变。

为此，如何实现品牌资源的最大化，提升长城润滑油的形象，成为了此次长城润滑油“神六”航天主题传播搞策划项目的最大诉求。这其中，存在着许多现实的挑战：其一，赞助“神六”的企业达13家之多，且消费者对此类赞助权益日益漠视，如何从众多搭车“神六”的厂商中脱颖而出，凸显长城润滑油与“神六”的强关联是一大挑战；其二，如何准确判断“神六”的关注曲线和不同阶段的舆论热点，策划媒体感兴趣的传播主题，进而塑造长城润滑油“高科技、高品质”的高端品牌形象也是一大挑战；其三，如何抢占“神六”发射及返回的第一时间快速反应与联动，将长城润滑油的相关新闻与“神六”飞天的各种关键新闻同步播出，借助央视等重量级媒体实现企业传播的最大关注效应，是需要应对的又一挑战。

1. 项目调研

市场及品牌现状：在中国润滑油市场，20%的高端市场被国外品牌牢牢占据，并产生了80%的利润。因此，高端市场成为了众多润滑油厂商竞争的焦点。长城润滑油虽然具有较高的品牌知名度，但缺乏信任度，且其高科技、高品质的品牌定位也缺少支持。

“神六”关注曲线分析：“神六”定于2005年10月12日发射，根据对媒体信息的分析以及对重大社会事件的判断，在发射前的一个月内，媒体及受众对“神六”的关注开始升温，在“神六”发射当天将达到一个高峰，随后115小时的飞行过程中，会持续保持温度，在10月17日“神六”落地的当天，将再次达到一个新的高峰，然后开始呈现逐渐下降的趋势。

舆论热点分析：在“神六”发射前，媒体关注的热点将是“神六”的整体进展情况、发射时间及人选的确定、百姓的祝福与祈盼等；“神六”选择在国家制订“十一五”规划之际进行航天之旅，“十一五”规划的一个重要内容是“自主创新”，而自主创新又是我国航天科技和航天事业发展的核心动力，因此，在发射及飞行中，结合“神六”的自主创新话题将是舆论的热点；在“神六”落地当天，祖国各地将以各种形式庆祝“神六”发射圆满成功，因此，欢庆的场景、独特的庆祝形式，都将是媒体报道的重点。

消费者媒体接触习惯调查：根据有关资料显示，润滑油产品消费者的信息接收渠道依次排序为：电视（72%）、报纸（25%）、户外（25%）、杂志（21%）、互联网（14%）、终端（19%）、广播（12%）。

2. 项目策划

（1）公共关系目标。①强调长城润滑油与“神六”的紧密关联，塑造长城润滑油“高科技、高品质”的高端品牌形象；②在“神六”发射与落地的时间节点，制造新闻亮点，获得极大的品牌影响力和社会关注度；③结合国家舆论导向，传播长城润滑油自主创新的成绩和获得的各项荣誉，体现长城润滑油强大的科研与技术实力，激发公众的民族自豪感。

（2）公共关系策略。①挖掘长城润滑油与中国航天事业的深层关系，提炼关键信息，形成与诸多搭车“神六”厂商的差异性，实现长城润滑油—神六—高科技、高品质的强关联；②以“神六”重大社会事件不同阶段的舆论热点为划分，将此次公共关系传播规划为三个阶段，通过层层推进，使长城润滑油的航天品质得到强化和认同；③与央视“神六”直播同步，策划一系列环环相扣的公共关系活动，为电视媒体提供大量可供录播与采访的画面内容；④注重点面结合，注重对核心信息传播广度，重点信息的传播深度，以不同角度和不同形式的信息内容强化对媒体的渗透。

（3）传播主题及关键信息。①以“长城润滑油相伴航天40年”为主题，传递长城润滑油是中国航天专用润滑产品的唯一供应商，从中国第一枚运载火箭、第一颗人造卫星到神舟飞船，长城润滑油为中国航天的历次发射提供了高品质的润滑保障，并得到中共中央、国务院和中央军委表扬和嘉奖；②以“先进科技，护航神六”为主题，传递长城润滑油通过自主创新，打破国外技术垄断，成为国际上为数不多的几个能够提供航天润滑产品的企业，并再次成功为“神六”提供润滑保障；③以“航天科技、品质保证”为主题，传递航天飞行对润滑油苛刻的性能要求和100%合格率的质量要求，“神六”的成功，再一次证明了长城润滑油的卓越品质。

(4) 媒体选择。中央及地方电视台、中央和各地主流平面媒体、各大门户网站、汽车类和润滑油类专业网站、长城润滑油各渠道终端。

(5) 传播周期。第一阶段：充分预热、强化关联。从9月中旬至10月12日"神六"发射前，策划长城润滑油"心系神六、祝福航天"全国巡展活动，并以发放航天知识手册、征集签名祝福中国航天等形式，用情感诉求引起受众的共鸣。第二阶段：快速呼应、集中造势。从10月12日"神六"发射及飞行的5天内，结合国家"十一五"规划及自主创新的选题，组织以央视、北京电视台为主的媒体阵营对长城润滑油进行实地采访，实现电视媒体的集中深入报道和平面媒体、网络媒体的广泛报道。第三阶段：扩大影响、深化关联。在"神六"落地时，组织长城润滑油全体干部员工收看央视现场直播，并举办隆重的庆祝活动。当天，策划长城润滑油航天荣誉展廊的揭幕仪式，并启动"长城润滑油成功护航神六媒体开放日活动"，邀请中央及地方主流媒体共同见证长城润滑油40年的辉煌，共同走进神秘的航天特种润滑油。

3. 项目执行

第一阶段：9月10日，主题为"心系神六、祝福航天"的全国巡展活动在北京奥体中心举行了盛大的发车仪式。时任中国石油化工股份公司副总裁的蔡希有在一幅祝福"神六"成功的万人签名长卷上盖上了"心系神六、祝福航天"的主题印章，表达了中国石油化工股份公司全体员工祝愿神舟六号载人飞船发射成功、祝愿祖国航天事业再创辉煌的殷切祝福。在活动启动当天，来自中央及北京的30多家主流媒体共同参与了隆重的发车仪式，并有近10家媒体随车队跟踪采访。在沿途经过的天津、厦门两地举办"长城润滑油相伴航天40年"主题巡展、征集公众签名寄语航天英雄等活动。在其他重点城市进行车队巡游，发放精心策划的航天知识小手册——撼天记。在末站深圳，举行了盛大的闭幕式，同时由深圳当地经销商开展产品展示、产品体验活动。

第二阶段：与央视"神六"直播同步，打造超级眼球效应。为在"神六"发射和飞行过程中，在媒体资源非常稀缺的条件下实现电视媒体的良好报道，前期与央视等核心媒体进行深入沟通，结合国家"十一五"规划、自主创新等热点，以长城润滑油立足自主创新、打破国外技术垄断、相伴中国航天40年、"神六"流淌中国血等核心诉求引起媒体的兴奋点，并积极参与媒体的选题策划。

经过充分沟通和精心准备，在"神六"发射的当天，媒体纷纷走进长城润滑油进行采访。在"神六"发射当天及落地前的4天内，中央电视台、北京电视台和上海东方卫视等中央及地方主流电视媒体、中央及平面主流媒体、各大网站，分别以《神六流淌"中国血"——长城润滑油为神六提供润滑保障》、《长城润滑油提升企业创新力，促进车用油市场》为主题，对长城润滑油进行了集中报道，长城润滑油成功护航"神六"的消息也在极短的时间内传达到全国乃至世界各个角落。

第三阶段：在“神六”返航后集中发力，与普天同庆。在“神六”返航这一重要时间点，精心组织长城润滑油全体干部员工参加“长城润滑油成功护航神六现场观看会”，以独特的庆祝方式和与“神六”的强关联，同样吸引了包括中央电视台在内的众多电视媒体采访和报道。

在落地当日还举办了“庆祝长城润滑油成功护航神六媒体开放日活动”，近40家主流媒体怀着好奇与求知心情，零距离走进长城润滑油航天特种油基地，并共同见证了精心策划和制作的“长城润滑油相伴航天40年荣誉展廊”揭幕仪式。

4. 项目评估

作为长城润滑油航天主题传播中的一个阶段性项目，围绕“神六”的公共关系传播取得了很好的效果，达到了预定的目标。项目紧扣“神六”飞天事件全过程，分别策划“长城润滑油相伴航天40年”、“长城润滑油，先进科技，护航神六”和“航天科技，品质保障”三大主题，通过周密部署和规划，在媒体集中报道“神六”新闻的同时，也使长城润滑油相关信息见诸报端，让长城润滑油自主创新、先进科技、卓越品质的高端品牌形象深入人心。在媒体资源非常稀缺的情况下，电视媒体报道数量分别为中央电视台10条、北京及上海电视台8条，共计34分钟，并集中在“神六”发射及返回的5天内；平面媒体的报道涉及全国范围内的270多家媒体，报道篇数达310多篇，其中中央级媒体占31%，区域媒体占69%；网络媒体转载数量也非常惊人，在百度新闻搜索键入“长城润滑油神六”搜索结果为552篇，同样方法键入“长城润滑油神舟六号”搜索结果为343篇。在所有稿件中，标题提及“长城润滑油成功护航神六”占33%，提及“长城润滑油科技创新”占21%。

（资料来源：www.17pr.com/html/52/t-282852.html）

讨论题：

1. 长城润滑油护航“神六”项目实施有什么特点？
2. 从本案例体会公共关系的“四步工作法”。

【实训项目】

制订本校公共关系宣传活动实施方案

实训目的：

提高本校的知名度、美誉度，扩大本校的影响。

实训时间：

4 学时。

实训地点：

教室。

实训要求：

配合本校的招生宣传，组织一次宣传本校的公共关系活动。以班为单位，可以先通过老师了解学院的基本情况，然后由学生个人设计活动方案，在小组内讨论交流，相互启发，补充修改，最后在全班汇总，形成一个较完整的实施方案。

实训手记：

通过训练，我的收获是：____。

【课后练习】

一、单选题

1. 公关调查对象的确定取决于公关调查（　）。

A. 任务　　B. 范围

C. 目的　　D. 方法

2. 作为公关调查法的一种，资料分析法主要用于了解（　）。

A. 热点问题　　B. 敏感问题

C. 现实问题　　D. 历史性问题

3. 公关调查中使用最广泛的方法是（　）。

A. 公众代表座谈会　　B. 资料分析

C. 民意测验　　D. 利用新闻媒体

4. 公共关系工作的一般程序是（　）。

A. 公关策划—公关实施—公关调查—公关检测

B. 公关调查—公关检测—公关策划—公关实施

C. 公关检测—公关调查—公关策划—公关实施

D. 公关调查—公关策划—公关实施—公关检测

5. 公关调查的最后阶段是（　）。

A. 实施调查　　B. 整理资料

C. 分析资料　　D. 撰写调查报告

二、多选题

1. 公关调查的步骤包括（　）。

A. 确定调查目标和公众对象　　B. 抽样

C. 设计问卷表　　D. 实施调查

E. 整理资料数据并撰写调查报告

2. 访谈调查的缺点是（　　）。

A. 调查对象不理解问卷　　B. 时间短

C. 调查对象容易受访问者的主观影响　　D. 占用时间太长

E. 难于深入

3. 公共关系访谈调查法的特点是（　　）。

A. 结构访谈　　B. 无结构访谈

C. 个别访谈　　D. 集体访谈

E. 追踪访谈

4. 公共关系调查选题的原则有（　　）。

A. 需要性原则　　B. 创新性原则

C. 可行性原则　　D. 科学性原则

E. 时效性原则

5. 活动效果包括的衡量标准有（　　）。

A. 接触率　　B. 单位宣传费用

C. 员工工作业绩　　D. 单位宣传费用效果

E. 政府评价

三、名词解释

1. 公共关系评估报告

2. 公共关系实施

3. 创造性思维

4. 公共关系策划方案

5. 公共关系策划

四、简答题

1. 公关活动条件调查的方式。

2. 简述公共关系调查选题的原则。

3. 街头拦截访问时有哪些注意事项？

4. 公共关系策划的基本原则是什么？

5. 撰写公共关系评估报告应注意的问题？

五、论述题

1. 论述公共关系策划中的“势”的运用。

2. 公共关系评估报告的内容与格式都包括哪些内容？

六、实操题

1. 尝试运用公共关系调查方法，了解某一社区居民对私人轿车的拥有情况以及购买计划，并提交调查报告。

2. 为你所在学校的学生食堂设计一份调查问卷，向全校学生了解对食堂工作的意见和要求。

3. 某日用化妆品公司为开发一款新的护肤用品，拟邀请某商业集团下属三家百货商场护肤用品专柜若干营业员进行一次访谈调查，以深入了解护肤用品市场的变化和消费者的需求。请拟订一份访谈调查提纲。

4. 假如你是一个准备创业的老板，请根据当前市场情况谈谈你的策划方向，如经营范围、产品或服务、经营理念及实施步骤等。

5. 王先生出席公司的营销传播策略头脑风暴会，他刚开始发言，就被主持人打断，并受到了批评。你认为主持人这样做合适吗？为什么？

6. 某企业要召开一次新产品开发策划会议，这项工作由企业公关部来承担。如果你是公关部的负责人，你如何来组织这次策划会并保证会议的效率？

7. 在你所在的机构中，组织一次"'××杯'公共关系基本原理知识竞赛"请写出策划方案，包括：活动主题、活动目的、活动内容、活动安排、活动组织工作、竞赛程序、竞赛规则以及竞赛题目等内容。如果你具体组织实施，请谈谈感受。

8. 某化妆品公司拟通过赞助慈善活动来提升公司形象，活动有关要求如下：

（1）目标：提升公司社会形象的知名度和美誉度。

（2）经费：拟投入费用 50 万美元。

（3）活动范围：某中心城市。

问题：请按上述条件和以下格式撰写一篇简明的公共关系活动策划方案。

（1）题目。

（2）背景分析（调查内容以假设的方式设定）。

（3）策划方案：目的；实践；地点；活动内容；效果预测。

（4）实施计划：实施方案的措施；传播策略；场地布置简述。

（5）费用预算。

（6）评估标准。

9. 某音响公司拟借中华人民共和国成立 50 周年的时机，策划一个公共关系活动，旨在传播该公司形象和产品形象，有关要求如下：

（1）目标。

1）提高公司在音响界的知名度。

2）推出 A 型新产品。

（2）经费：拟投入费用 100 万元。

（3）活动范围：某中心城市。

问题：请按上述条件和以下格式撰写一篇公共关系活动策划方案。

（1）题目。

(2) 背景分析（调查内容以假设的方式设定）。

(3) 策划方案：目的；时间；地点；活动内容；效果预测。

(4) 实施计划：实施方案的措施；传播沟通策略；场地布置概述。

(5) 费用预算。

(6) 评估标准。

七、案例分析

1. 电通广告公司乔迁

日本电通广告公司举行了一次公关活动，以周年和乔迁为契机，目的是向新老朋友致意，表示友好并展示实力。在 1976 年 7 月电通成立 66 周年纪念日这一天，电通公司由银座旧址迁入筑地新楼。当天清晨，2000 名员工在公司总经理的带领下，高举“谢谢银座各界人士过去的照顾”、“欢迎筑地各界人士以后多多赐教”的旗帜，浩浩荡荡地由银座向筑地行进。沿街公众目睹了这一盛况，日本各大报纸和电视台也纷纷报道这一周年纪念庆典和乔迁之喜，使电通公司闻名遐迩，给广大公众留下了美好的回忆。

问题：请结合本案例说明选定媒介进行公关传播的原则。

2. 事与愿违

某大型商场开业在即，为使企业开业伊始便有较高的知名度，企业策划了一个别出心裁的活动，以期引起当地媒体的关注。开业当天，在商场外搞抛发礼券活动，每张礼券 500 元，共抛售 1000 张。活动当天，先后有数万人参加了争抢礼券活动。受活动影响，商场周围交通被迫中断，结果导致市政当局和部分市民的不满。同时，活动本身秩序失控，导致一些人被挤伤。对此，当地几家媒体对活动所带来的问题进行了报导。尽管活动的开展客观上使企业有了知名度，但知名度带给企业的却是企业不希望看到的结果。

问题：

(1) 公共关系实施中应注意哪些问题？

(2) 用所掌握的公共关系知识对该商场的开业活动加以评析。

第六章
公关专题活动

如果公共关系要想影响对于公司的生存和成功必不可少的互惠互利关系，它就必须参与制定行动战略，并且将这种战略与随之而来的传播联系起来。

——引自（美）斯各特·卡特里普、艾伦·森特、格伦·布鲁姆《有效公共关系》

公关活动是建设公共关系中的重要事件，可是处理不好，就会适得其反。

——金正昆

在开展公共关系活动中，除了大量的日常性工作要做外，各公共关系部门还要有计划、有目的地开展一些专项活动，也叫做公共关系专题活动。这些活动内容广泛，形式多样，有许多技术性问题需要把握。

【学习目标】

- 掌握公共关系专题活动的作用、特点与基本要求；
- 了解公共关系专题活动的模式；
- 组织开展庆典活动；
- 组织开展展览会；
- 组织开展赞助会；
- 组织开展开放参观工作。

【案例导入】

百年青啤　盛世庆典

2003 年 8 月 15 日，青岛啤酒股份有限公司将迎来百年华诞。青啤的百年庆典将围绕百年做文章。

零点行动，聚焦百年。14 日 23 时 30 分至 15 日凌晨，青岛啤酒厂把第一个百年内最后生产的一百箱啤酒，装入特制的木桶精装后赠送贵宾；在青岛啤酒二厂，把新百年最先生产的一百桶纯生啤酒装入特制的木桶精装后编号、公证后赠送贵宾，并将新百年生产的第一桶啤酒作为青岛啤酒百年庆典和十三届啤酒节开幕式将开启的第一桶啤酒，象征青啤新百年正式启程。

时间：8 月 15 日上午 9 时；地点：啤酒城门前；内容：青岛啤酒百年华诞庆典仪式与第十三届青岛国际啤酒节开幕式一起举行。

8 月 15 日晚 22 时，五四广场浮山湾海面、畅海园内、第三海水浴场、小青岛、北岭山、啤酒城东区广场。青啤公司投资 240 万元筹备这场以“青岛啤酒点燃激情”为主题的焰火晚会，献给岛城人民。

8 月 15 日~8 月 23 日，青啤公司已投资 100 余万元，设计制作了 10 辆彩车（每辆车代表 10 年，10 辆车共代表 100 年），并且组织了菏泽武术队、陕西腰鼓队和江铃吉普车队、青啤爵士鼓乐队，开幕式之后在啤酒城门前等道路上巡游。节庆期间，利用一周的时间在啤酒城和主要繁华街道陆续进行巡游。

8 月 15 日青岛啤酒博物馆开馆，青啤公司已投资 2000 多万元，请国内外著名设计师设计，建造世界先进、国内一流的啤酒博物馆。

9 月在德国柏林举行建设青啤纪念亭及举行落成剪彩仪式和“百年青岛、百年青啤”图片展。

（资料来源：林兢. 百年青啤逢盛世　万众狂欢庆华诞. http：//wenku.baidu.com/view/3de6035bbe23482fb4da4c45.html，2011-03-09.）

第一节　公关专题活动概述

公共关系专题活动是指有目的策划的、有明确主题的活动，亦称作公共关系的“特殊事件”。它是在确定了一个明确主题的基础上，围绕这一主题而设计一系列具体的活动内容和活动方式。策划公共关系专题活动是富于挑战性和创造性的工作，通过公共人员独具匠心的设计，使之成为日常公关工作的高潮，变“无心插柳”为“有意栽花”，为企业创造有利的公共关系时机。

一、公关专题活动的作用

策划公共关系专题活动主要作用如下：

第一，制造新闻，吸引新闻媒介和社会公众的注意，以扩大组织的社会影响，提高组织的知名度。公共关系意义上所讲的制造新闻，是指在坚持真实性的前提下，举办具有新闻价值的活动，吸引新闻界和社会公众的注意，争取被报道的机会。公共专题活动因具有明确的主题、独特设计的活动内容，因而会成为新闻媒介和社会公共关注的“热点”。当然，策划者更应该主动与新闻媒介联系，使新闻媒介的参与成为整个活动的组成内容之一。

第二，为促销服务。通过公共关系专题活动制造有利的营销气氛，淡化推销色彩，使社会公众从感情上接受一种新产品、新服务，从而为进一步的销售活动开拓道路。

第三，营造喜庆气氛。利用社会上传统的重大节日或企业自身富有意义的纪念日，举办一定的活动来表达企业对社会公众的善意，改善社会舆论和关系环境，改善企业内外部的人际关系。

第四，联络感情。通过策划和举办公共专题活动，与社会各界广泛联络交往，为企业广结善缘，达到“争取有用的朋友”的目的。

第五，挽回影响。当企业形象受到损害时，需要运用各种手段加以纠正。举办公关专题活动即为方法之一。可以通过针对性强的活动设计，改变公众原有的印象，纠正不利的社会舆论，使受到损害的组织形象得以恢复。

二、公共关系专题活动的特点

公共关系专题是社会组织为了加强与特定公众的联系、扩大组织的社会影响，围绕某一确定目标而开展的特殊的公共关系活动。它一般具有以下特征：

1. 主题的明确性

公共关系专题活动是专门为实现某一具体目的而举行的，具有明确的主题，活动的策划与程序的安排都要围绕这一主题进行。只有主题鲜明，才容易引起舆论和公众的关注和兴趣，从而使组织形象在公众的心目中留下深刻印象。明确的主题能让公众更好地知晓组织行为的目的及意义，加深公众对组织的了解和信任。

2. 内容的丰富性

一项专题活动往往是一系列活动的组合。例如，一个庆典活动涉及宴请、仪式、联欢、新闻发布等专项活动。也就是说，一个鲜明主题需要各个活动来展示，专题活动有着丰富复杂的内容。

3. 媒介的多样性

一个专题活动若要达到预期目标，需运用各种媒介，如电子媒介、印刷媒介，通过声、像、光和现场、实物、纪念品以及报告、解说、咨询等各种形式来最大限度地吸引公众的注意力，引导公众参与，并借助各种可能运用的媒体来扩大专题活动的影响。

4. 对象的广泛性

一般说来，组织举办专题活动所邀请或参与的对象比较广泛，具有不同的层次。例如，商场举办一场开张典礼，邀请的对象除了上级主管部门领导之外，也应包括兄弟单位的领导、新闻人士、社区的群众、供货商、顾客代表等。

5. 目标的层次性

组织开展公共关系从根本上是为了宣传组织形象，使组织行为为公众所接纳，这是公关活动的总目标。专题活动作为特定的公关活动是为了塑造组织形象；从近期来看，则是通过活动吸引公众、赢得公众。专题活动目标的这种层次性，要求组织做到近期目标和长远目标的一致和统一。

6. 程序的规范性

专题活动是一个环节、运作复杂的公关活动项目，要求有规范、完整的程序和步骤，讲究组织严密、安排得当。程序的规范化有利于活动按部就班地运作，及时进行监控，有效地协助各环节间的工作，使各项活动循序渐进、井井有条，从而保证活动质量。

三、公关专题活动的基本要求

公共关系专题活动题材广泛，内容颇多。要使公共关系专题活动开展得有特色，有一定的影响面，要做到以下几点：

1. 明确的活动目的

任何公共关系专题活动都要有明确的特定的目的，在活动中要努力促使其目的的实现。比如，通过开展纪念活动，使人们不忘历史人物对今人的影响，从而达到激励、教育人们的目的。美国通用汽车策划的历代汽车“进步大游行”，选在汽车发明周年纪念时举行，车队慢悠悠地开出纽约，连贯“走访”了几个城市，所到之处有上万人的观众，意在让人们了解汽车的发展史，宣传通用汽车公司不朽贡献、可靠信誉、经营宗旨和最新技术成果。再比如，通过发布信息，解疑释惑、消除误会，通过专项服务，联络感情、提高信誉等。

2. 鲜明的活动主题

任何一项专题活动都必须有鲜明的活动主题，它是专题活动目的的具体化，是专题活动的中心。主题要根据组织面临的主要问题，人们共同关心的问题和主客观条件来确定，如理论问题、社会问题，或以纪念某一重大节日、历史事件或历史人物等为主题。

3. 认真策划，周密安排

公共关系专题活动的主题确定之后，就应着手制定活动计划，包括确定活动的时间、地点、形式及规模；确定主持人、报告人、参加人员等。另外，还要安排与专题活动相联系的一些辅助活动。同时，还要组织一支精干的筹备队伍分工明确、密切合作，安排好活动的各项事宜，这是举办专题活动的组织保证。

4. 努力实施，确保成功

公共关系专题活动一般来说影响都是很直接的，效果也是明显的，但是，一项专题活动成功与否，评价是客观的。因此，要求每一项专题活动都必须既认真努力实施，又要慎之又慎，只许成功，不能失败，否则，稍有疏忽将酿成难以弥补的损失。

第二节　公关专题活动的模式

公共关系活动模式是公共关系工作的方法系统，是由一定的公共关系目标和任务以及这种目标和任务所决定的数种具体方法和技巧构成的有机体系。公共关系的工作方法是极为广泛和多样的，但都没有一种包医百病的灵丹妙药。不同类型的组织机构，同一组织的不同发展阶段，或同一阶段中针对不同的公众对象及不同的公共关系任务，需要我们选择不同的公共关系活动模式。

一、宣传型公共关系

宣传型公共关系是借助媒介开展宣传工作的公共关系活动模式。公共关系活动是一种信息传播活动。这种传播尽管与传统的宣传活动不尽一致，然而仍然需要采用一些宣传的手段和方法来达到信息沟通的目的。通过新闻媒介进行公共关系宣传是很多组织从事公共关系活动所不可缺少的工具之一。

1. 宣传型公共关系的特点

作为一种公共关系专题活动的重要模式，宣传型公共关系活动具有如下特点：

（1）目的明确。宣传公共关系的目的就是要宣传组织的方针政策、价值观念、产品服务及有关信息。每次公共关系宣传至少有一个明确的目的，如果有几个目的，必须明确一个主要的。宣传媒介、方式、时间等都是根据目的进行选择的。

（2）时效性强。宣传公共关系活动把有宣传价值的信息及时准确地传递出去，在相应的时间内能起到良好的宣传效果。

（3）传播面广。宣传型公共关系活动必须要借助传播媒介。任何传播媒介的接受公众都不是个别的，而是相应的群体，特别是全国性的报纸、杂志、广播、电视等媒介涉及范围大到全国各地的公众。

2. 宣传型公共关系的方式

根据宣传对象的不同、宣传型公共关系可分为内部宣传和外部宣传两种方式。

（1）内部宣传。内部宣传是公共关系人员最经常进行的工作之一。它的主要对象是内部公众，目的是可以让内部公众及时、准确地了解与组织有关的各方面的信息，如组织的现行方针和政策，组织各部门的工作情况，组织的发展成就、困难和挫折、采取的行动与措施，外界公众对组织的评价以及外部社会环境的变化对组织的影响等，以便鼓舞士气，取得内部谅解和支持。常用的手段有报纸、员工手册、黑板报、宣传栏、闭路电视、演讲会、讨论会等等。例如，北京百货大楼的内部报纸《商海公共关系》、京海计算机公司办的内部刊物《京海纵横》都是内部宣传的形式。

（2）外部宣传。外部宣传的对象包括与组织机构有关的一切外部公众，目的是让他们迅速获得对本组织有利的信息，形成良好的舆论。外部宣传的形式有两种：一种是不借助大众传播媒介的宣传，包括举办展览会、经验或技术交流会等。另一种是借助大众传播媒介的宣传。具体有两种作法：一是花钱利用广告做宣传；二是不必支付费用，又易于为公众所接受的形式，即通过新闻节目播出。必要时还可以抓住公众关注的“热点”，组织相应的活动，吸引新闻媒介前来报道，如前所述的“制造新闻”。

二、交际型公共关系

交际型的公共关系是指不借助其他媒介，只在“人与人”之间的交往中开展公共关系社交活动的方式。交际公共关系借助于人与人之间的直接接触，进行感情上的联络，为组织广结善缘，建立广泛的社会关系网络，形成有利于组织发展的人际关系环境。

1. 交际型公共关系的特点

交际型公共关系实际上是一种通过人际交往进行的传播，特别是注重建立良好的人际关系。其主要特点是：

（1）直接性和双向性强。在实施交际型公共关系时，公共关系人员与特定的公众是面对面的直接地彼此交流。由于其交往对象十分明确、具体，其交流的内容也就更有针对性，同时能立即得到反馈信息，可以据此调整传播的内容和形式，因此容易收到预期的结果。

（2）情感性和信息性并存。采用交际型公共关系时，组织与公众之间交流的不仅是有关信息，更突出的是情感。通过彼此的了解和情感的共同加深，更有利于创造“人和”的公共关系环境。

（3）选择性和稳定性明显。组织为了达到特定的目的，必然要选择具体交际对象和交际方式。一旦与交际对象建立正常的关系后，不会因双方信息与情感交流的时间中断而中断。

（4）以语言类符号为传播工具。交际公共关系往往不需要专门的媒介传播，主要是通过交谈、函、电来进行，使用的主要是言语（口头语言）、文字（书面语言），还有表情、体态、手势、服饰、类语言等。

（5）个性化的色彩极浓。在交际型公共关系中，公共关系人员与公众都是以个人的姿态参与的，就是说“公共关系”的交往却以“私人关系”的形态表现。其优点是可以通过“私交”来实现“公交”的目的，缺点是容易使“庸俗关系”乘虚而入。同时，在交际型公共关系中，传播的内容和形式受交际双方个人特质的影响极大，因此对公共关系人员及有关人员自身素质的要求比较高。

2. 交际型公共关系的方式

交际型公共关系的方式可以依交际对象的特征分为团体交际和个人交际两类。

（1）团体交际。团体交际是指组织与相关组织之间进行的交际活动，主要有联欢会、宴会、茶话会、慰问活动，以组织名义进行的礼仪性函电往来，还有结合记者招待会、座谈会、工作餐进行的交际等。

团体交际的特点主要有：①虽以组织名义进行，却是通过双方组织成员的个体接触来实施；②参加者是各自组织的若干人，容易形成热烈友好的气氛，特别是可以发挥每个参加者的交际才能，以个体才能的互补来促使群体交际收到尽可能好的结果；③活动形式生动活泼，话题范围可宽可窄、灵活多样；④由于时间和场合的限制，不如个体交际深入。

（2）个体交际。个体交际是组织中的公共关系人员或其他员工个人与相关组织或个人之间进行的交际活动，主要是个人拜访、交谈，有个人签名的函电往来，还有结合商品推销、服务进行的交际等。

这里所说的个体交际和一般人际关系中的个人交际最主要的区别就是目标不同，即这里的个人交际以建立良好的公共关系为目标。它的主要特征是：①以个人为重点进行交际，无论从组织还是实施的角度看，都非常方便。②可以多次进行，便于深入地交际，因而也便于取得预期的交际效果。③可以借鉴处理一般交际关系的经验，利于加深已有的“私人关系”。

三、服务型公共关系

随着社会发展，世界经济日益转变为服务型经济。根据公众的需求，社会组织策划各式各样的公共关系服务活动，通过优良、周全的服务活动来赢得公众的好评，塑造社会组织的良好形象，是公共关系工作的又一重要特色。所谓“服务型公共关系”，是一种以提供优质服务为主要手段的公共关系活动模式，目的是以实际行动来获得社会公众的了解和好评，建立自己良好的形象。

1. 服务型公共关系的特点

服务型公共关系既有服务特征，又有浓厚的公共关系色彩，相对于一般意义上的服务与公共关系，其基本特征如下：

（1）道德效应与经济效益的统一。服务型的公共关系活动，从其策划依据、社会背景、与公众的切合点到活动的形式和内容都表现出道德性。从某种角度看，它是一种正义的社会公德活动。有时它表现为社会公德宣传活动。例如，提倡艰苦奋斗，反对铺张浪费；提倡文明、健康、科学的生活方式，反对愚昧、落后的陈规陋习；宣传诚实友爱、尊老爱幼、助人为乐、见义勇为等。有时它表现为开展社会、社区服务，为建设社会安全、环境优美、文体生活健康丰富的社区添砖加瓦。有时它表现为慈善捐助活动。这样的社会、社区性服务，无论其口号还是行为，都会产生一定的道德效应，是社会主义精神文明建设不可缺少的重要组成部分。但是，服务型的公共关系活动又具有经济效益。这主要体现在两个方面：其一，社会组织通过服务创造了良好的营销环境和消费氛围，促进了商品的流通速度，以此赢得眼前的商业经济利润；其二，社会组织借助服务型公共关系活动，塑造了良好的形象，赢得了公众的支持乃至高度评价，为社会组织长期发展准备了消费公众市场，获得了长远的商业经济利润。正因为服务型公共关系活动能够在经济上产生眼前效应与长期效应，因此日益受到有关社会组织的重视，被视为新型的竞争方式。服务型公共关系活动这种融道德效应与经济效益于一体的特征，是其商业价值和道德价值双重效应的基础。它要求我们在实际工作中既不能因其道德性而排除其商业性，只讲付出而不讲利润，又不能因其商业性而排除其道德性，只求利益至上而忽略乃至抹杀道德服务。任何只求其一，漠视另一特征的做法，都不符合服务型公共关系活动的要求。

（2）无形与有形的统一。公共关系中提供的服务产品，既可以是有形的，即实物产品，又可以是无形的，如搬运服务、寄存服务等。从有形性来看，服务型公共关系有时提供给公众的是一种实物形态存在的物质产品，给公众带来明显的实惠感。从无形性来看，服务型公共关系有时并不给公众提供实物产品，而是以“活动”形式提供帮助、协助，对于社会组织而言，无形的服务产品是一种特殊的带有利他色彩的服务劳动过程。因此，公众在接受社会组织服务过程中，如果服务产品是有形的，公众接触较多的是商品或产品；如果服务产品是无形的，公众接触较多的是社会组织的员工。服务型公共关系肩负着塑造社会组织综合形象的重任，既要塑造质量技术形象，又要塑造道德人格形象。因此，在操作上，它必然强调物质产品和服务劳动“活动”的统一运用，既为公众提供优质产品，又为公众提供义务服务，“虚实相接”，有形与无形相辉映，实现公共关系的最优状态。

（3）综合性与专题性的统一。人类对于服务的要求繁多。凡是人类涉足的领域都存在服务需求。服务在人类生活中呈现出繁杂纷纭、种类繁多的色彩。就其形态而言，既有实物产品，又有活动“产品”；既有物质产品，又有精神产品；既有生产技术服务产品，又有生活服务产品……这些不同类型的产品，以其独特的服务“效用”，满足人的某种要求。人类需求的多样性，决定了服务范围的广泛性，使公共关系中服务具有综合性特征。但是，社会组织提供的服务，由于其职能和局限性，不可能充分顾及人类需求的所有方面，往往带有一定的专题性、主题性，即根据公众需求与社会组织的相关程度，组织相应的活动，开展公共关系服务。

（4）长期性与集中性的统一。公众的服务性需求是永恒的，当一种服务性需求得到满足后，又会产生新的服务性需求，而公众又往往概括社会组织最近提供的服务业务来判断社会组织。因此，社会组织应长期坚持开展服务型公共关系活动。公共关系服务的长期性特征要求我们在实际工作中做到：①制订详尽的年度乃至中长期的服务战略和计划，规范社会组织的长远性服务活动。②根据公众的需求，合理安排公共关系服务活动的时间，以便在不同时期均能为公众提供服务。③坚持社会组织为公众服务的传统项目，每年在大致相同的时间里，开展内容相同的服务活动，能够使服务活动具有某种“历史悠远性”，强化它的长期性特征。在具体操作上，服务型公共关系活动具有集中性、短期性的特征，即它要在某个时间内集中为公众服务，持续时间较短，有一个明显的结束时期，而集中开展的公共关系服务活动又体现了服务战略计划的要求。这样，长期性与集中性得到有机统一。

2. 服务型公共关系的方式

服务型公共关系，根据它与社会组织其他工作的关系，可以分为渗透式的服务型公共关系和单纯的服务型公共关系。

（1）渗透式的服务型公共关系。渗透式的服务型公共关系是指社会组织渗透于业务、岗位之中开展的优质服务。渗透式的公共关系服务，对社会组织而言，是最基本的服务型公共关系，它能够把服务与业务结合起来，以服务推动业务工作日趋科学，以业务工作保证服务的真正到位，因此深受公众欢迎。可以说，社会组织所有的业务范围都可以渗入服务，表现出为公众服务的本色。从科研设计到生产、营销都要接受社会组织服务精神的指导，社会组织的领导者、管理者、科研人员、生产人员、营销人员都是为公众提供服务的“仆人”。所以说，渗透式的公共关系服务主要包括售前服务、售中服务和售后服务。

（2）单纯的服务型公共关系。单纯的服务型公共关系是指社会组织离开业务岗位而开展的服务活动。从公共关系角度来看，单纯的服务方式，公众看不到其中的“利己”机动，只表现为为公众提供服务，更加具有公共关系效果。可以说，凡是公众需要的内容，凡是公众涉足的领域，都是社会组织服务的范围。因此，单纯的公共关系服务范围十分宽广，方式方法多种多样，常见的主要有：①提供相关服务，即社会组织根据公众的实际需求，主动向公众提供一些自己没有义务责任但又与自己的经营内容相关的服务项目。例如，商店免费为顾客开设商品寄存业务，摩托车厂家为所有牌号的摩托车提供维修服务。虽然顾客的商品不是在本店购买的，车主的摩托车不是在本厂生产的，但有了这种服务，公众将深受感动，以后容易成为组织的忠实顾客。②组织社会公益服务，即选择符合政策、法律、道德要求的社会热点问题，如环境卫生、社会治安、种植树木等，组织员工义务劳动。这不仅可以树立良好的服务形象，而且可以推动精神文明建设。③开展资助、馈赠服务。当社会公众遇到困难时，社会组织及时组织募捐活动，筹集钱、物，从物质上、精神上帮助公众。这可以完善社会组织的人道主义形象。

四、社会型公共关系

社会型公共关系是指组织利用各种社会性、公益性活动塑造形象的公共关系活动模式。类似普及性的宣传教育、社会福利事业的开拓及开展公益性活动等，都具有社会型公共关系的含意。

1. 社会型公共关系的特点

作为一种公共关系专题活动的重要模式，社会型公共关系活动具有如下特点：

（1）内容的公益性。社会主义市场经济条件下的组织，不仅担负着一定的经济使命，而且要承担一定的社会责任，支持社会公益事业，促进两个文明建设。组织为公益事业做出贡献，就是社会型公共关系。北京肯德基公司曾举行了“为了孩子、为了未来”大型义卖活动，义卖活动利润全部捐献希望工程，就是一种公益性公关活动。

（2）影响面的社会性。社会型公共关系活动的内容是公益性的，因此与社会主义倡导的风尚相一致，往往能得到新闻界的热心支持和宣传报道，这必然在较短的时间内扩大组织的影响。同时，社会型公共关系的形式很多，特别是传播先进科学技术知识、赞助体育事业、举行义演等活动，能够使人产生兴趣、引人入胜，不仅给人以深刻的印象，而且引起人们的相互传播，其结果是提高了组织的知名度和美誉度，增加了社会公众对组织的认识和信任。

（3）利益的长远性。社会型公共关系活动不拘泥于组织眼前的一得一失，而是采取“放水养鱼”的策略，着眼于长远，为组织的发展铺平道路。实践反复证明：经过精心策划的社会型公共关系活动，往往可以在较长时间里发挥效益，具有潜移默化地加深公众对组织印象的作用，是一项战略性的公共关系实践。

2. 社会型公共关系活动的方式

社会型公共关系活动的方式主要有以组织为中心开展的活动和以社区为中心开展的活动两种方式。

（1）以组织为中心展开的活动。这是指以组织的重大活动为契机。例如，利用组织开业、周年店庆、搬迁改建等各种专门性社会活动。由于活动的时机、内容、形式可由组织自行控制和选择，组织的话题与社会性话题结合得较自然、紧密，社会型公关的效果与宣传型公关、交际型公关、服务型公关的效果融为一体。不过，采用这种方式，需要通过各种手段，如邀请社会名流、各界代表、舆论机构参与，才能引起更多公众的注意和收到更大的效果。

（2）以社区为中心展开的活动。这是指主办或参加与社区的安定、繁荣、发展有关的各种社会性、公益性、赞助性活动。采用这种方式，可以由组织发起活动，也可以参与、支持由政府、社会团体、其他组织发起的活动。这主要包括赞助体育事业、赞助文化事业、赞助教育事业、赞助慈善事业、大型酬宾活动、大型赈灾活动等。

五、征询型公共关系

征询型公共关系是一种以采集信息、调查舆论、民意测验、监测环境为主要内容的公共关系活动模式。目的是了解社会舆论和民情民意，为社会组织决策提供依据。征询型公共关系活动方式有：组织市场调查、建立信访制度、设立监督电话、处理举报投诉、与新闻媒介建立联系等。征询型公共关系活动具有长期、细致、多渠道的特点，应当经常化、制度化，特别是要灵活迅速地捕捉有关的重要信息，保证社会组织与环境能协调一致地发展。开展征询型公共关系应把握以下几点：

1. 诚心诚意

组织借助征询型公共关系活动加强与公众的直接沟通，目的是树立和巩固组织的形象。为此，组织必须以诚恳认真的态度，虚心地向公众“请教”。同时要主动向公众敞开心扉，倾听公众的批评、意见和建议。只有真心实意地面对公众，开诚布公地联系公众，才能赢得公众的理解、信任和支持，使组织在公众中的形象得以保持和发展。

2. 畅通渠道

征询型公共关系立足于实现组织与公众的双向沟通，使双方能够借助某种中介充分地进行信息交流，达到彼此了解、相互信任的目的。因而，必须切实注重打通组织与公众之间的联系渠道，保证沟通渠道的畅通。渠道不通，信息传输不灵，沟通必然难以到位。国外不少企业重视“建议箱”的作用，许多公司发现建议制度可以有效地降低成本，这对我们不无启发。实践中，我国企业或其他社会组织也可以灵活运用诸如调查问卷、访谈、座谈、对话、意见箱、来访接待等方式多渠道地开展征询型公共关系活动，争取良好的效果。

3. 决策反馈

开展征询型公共关系活动的目的是改善组织的公共关系状态，为完善组织经营管理活动提供依据。在充分了解了公众的愿望、要求、建议和意见之后，组织要依据公众民意来改进自己的工作，切实解决组织发展中存在的问题，并及时地把重要情况向公众通报。若缺少这一步，公众就会对组织的诚意和做法有看法，产生对组织的不信任，组织在公众中的地位和形象自然也会随之动摇。为此，组织开展公共关系活动时，应认真重视对公众意见信息的反馈，凡是公众有疑问的事情，都应“给一个说法”，不能“装聋作哑”，文过饰非，否则组织就会从根本上失去公众的支持力量。

第三节　公关专题活动的组织

在开展公共关系活动中，除了有大量的日常性工作要做外，公共关系部门还要有计划、有目的地开展一些专项活动，也叫做公共关系专题活动。这些活动内容广泛，形式多样，有许多技术性问题需要把握。

一、庆典活动

庆典活动是指公共关系部门举办的庆贺活动、典礼仪式以及具有特殊文化、社会意义的活动项目。其主要形式有开业典礼、周年纪念、聚会庆典等。

1. 开业典礼

开业典礼是一种重要的庆典活动，通过举办隆重热烈的开业庆典，给社会公众一个良好的第一印象，将为组织公共关系工作奠定坚实的基础。

（1）开业典礼的特点及作用。开业典礼一般是指一个组织开张，一所重要机构成立所举行的仪式。它是公共关系专题活动中比较特殊的一项活动。开业典礼有如下特点：①它是一个组织诞生的标志，是开展某项重大活动的开始，因此它往往具有特别的意义。“良好的开端是成功的一半”，“开张大吉”往往会给公众留下深刻的印象。②开业典礼是一个新的社会组织公共关系活动的开始。随着组织与公众的第一次会面，公共关系也随之形成。对这个组织来说，从此也就拉开了公共关系活动的序幕。③这种专题活动形式比较正规，声势比较大，隆重、热烈、规格高，容易产生轰动效应。

开业典礼作为社会组织展现自身、赢得公众的一种有效的活动形式，对于联系公众扩大组织的影响，提高组织自身的美誉度具有十分重要的作用。因为，任何一个组织的诞生，总希望自己在社会上能占有一定的地位，能对社会做出一定的贡献，在社会上产生一定的影响。当然，要实现这种目的，不能靠举办一两次活动就能办到，而需要组织长期不懈的、持之以恒的努力，在与社会的长期交往中逐步实现。但是，无论如何，交往关系总要有一个开头，而且这个开头往往具有决定成败的关键意义。开业典礼就是一个组织向社会的第一次亮相。通过这样一种形式，既为展示组织自身形象创造了良好的氛围，又为公众了解组织提供了机会。成功的开业典礼能够给公众留下深刻美好的第一印象，也为沟通组织和公众之间的联系，为以后的长期交往打下良好的基础。

（2）开业典礼的组织和安排。开业典礼是一项比较复杂的专题活动，需要公共关系人员精心地组织和安排。一般说来，开业典礼的组织和安排包括以下两个方面：首先，是做好开业典礼的筹备事宜。这主要包括：①撰写典礼的具体程序。包括宣布典礼开始、介绍来宾、致答谢词、剪彩等。②拟定出席典礼的宾客名单。邀请的宾客要具有广泛的代表性，要尽量邀请一些知名人士或新闻记者参加。邀请出席的请柬要尽可能早些发出，以便被邀请者安排时间按时赴会。③确定致词人员名单，并为本单位负责人拟定答谢词、贺词。④确定剪彩人员。参加剪彩的除本单位负责人外，还应在宾客中邀请地位较高且有一定声望的知名人士同时剪彩。⑤落实各项接待事宜。要把典礼仪式的各项服务工作落实到人，明确任务，提出具体要求，保证人员岗位和不出差错。其次，典礼进行中及结束后的工作安排。主要有：①典礼仪式过程中为了活跃气氛，可以适当安排一些助兴节目，如鞭炮、礼花、歌舞表演、舞龙耍狮、游艺活动等。②为了使上级、同行和公众了解组织，适当组织参加典礼的宾客对本组织的工作现场、生产设施、服务条件、商品陈列等进行参观。③典礼活动结束会，要通过座谈会或留言簿等多种形式广泛征求宾客的意见和建议，以检测效果、总结经验。

(3) 举办开业典礼应注意的问题。①准备要充分。开业典礼一般形式比较正规，规模也比较大，举办前尽量要事无巨细、设想周全。只有准备充分，才能有备无患，应付自如。②举止要热情。举办开业典礼是组织的第一次亮相，要求全体人员注意礼仪、礼节，对来宾要热情周到，举止文明、落落大方。③头脑要冷静。开业典礼一般气氛比较热烈，受情绪感染，有时会出现一些意想不到的事情，组织者要始终保持清醒的头脑，善于观察苗头，对可能出现的不测，及时引导，巧妙地予以扭转，切不可意气用事或惊慌失措。④抓住时机，有所创新。当庆典过程中出现一些意想不到的事情时，要善于抓住时机，有所创新。上海一家商厦试营业时，一位顾客不慎摔碎了大型导购灯箱。据说，修复灯箱需要 6000 元费用，可是，这家商厦的经理却提出只需这位顾客赔偿一元人民币，其余部分由商厦承担。这种做法不但使顾客深为感动，而且造成了强烈的社会反响和轰动效应，引得报界、电台等新闻机构纷纷报道和采访。这是抓住时机、有所创新的极好例子。⑤指挥要有序。比较大型的开业庆典活动，人员众多、场面热闹，组织不好，容易乱套。因此，组织者必须周密安排、明确分工、指挥有序。要建立联系系统，使参加者的情绪受感染，不知不觉地予以接纳，这就要求组织者具有敏锐的观察力和高超的鼓动技能，善于根据公众情绪变化，不断把气氛推向高潮，提高传播效果。

2. 周年纪念

组织的周年纪念，也是每年一次开展公共关系的极好时机。因为组织的类型、特点、性质不同，所处的具体环境、所具备的条件以及主观追求的目标不同，因此，同开业庆典一样，组织的周年纪念活动形式也是多种多样的。广州中国大酒店在开业一周年纪念活动中以照一张全酒店 2000 名员工参加的“中”字照，作为公共关系活动主题，并以这张照片为主线制成名信片寄给世界各地曾经住过酒店的宾客和赠予社会各界知名人士，以此来联络感情、扩大影响、吸引公众。

组织周年纪念的形式丰富多彩，但是无论何种形式，都必须注意以下几点：

第一，周年纪念活动必须有明确的主题。例如，中国大酒店开业一周年的庆祝活动公共关系人员设计的主题是：“中外通商之途，殷勤款客之道”。这就突出了酒店特别为来华经商者提供先进、完善服务的特色。

第二，注意介绍本组织的成就。周年纪念活动对内可以增强凝聚力，对外也是宣传自己的极好机会。因此，要注意宣传、介绍本组织的成就、本组织生产经营特色、产品质量、经营方针和宗旨以及所取得的经济效益和社会效益。美国通用汽车公司就是通过具有特色的周年纪念活动向公众宣传该公司对汽车发展所作的贡献。

第三，感谢各界同仁及朋友的支持。组织的发展离不开各界的广泛支持，组织可以利用周年纪念的机会，有的放矢地提出感谢的具体单位及单位的主要领导，以此联络感情。

第四，提出未来的发展计划。要注意说明本组织存在的社会价值以及今后对社会发展的贡献，并表示今后要继续求得社会各界朋友的支持和爱戴。

3. 节日庆典

世界各国、各民族、各地区及组织都有自己的节日，有的是传统节日，有的是具有纪念意义的节日。可以说，所有的节日都值得庆贺，都具有纪念意义，也是开展公共关系活动的大好时机。随着改革开放，我国各地相继举办了一些具有地方特色的节日，如青岛的啤酒节、上海的电影节、潍坊的风筝节和大连的服装节等。这些节日对于塑造地方形象、扩大影响都起着十分重要的作用。

举办节日庆典要注意的问题：

第一，确定举办节庆的时间、地点。节庆的时间应相对固定，不宜朝令夕改。地点的选择应适合节庆的主题。如“桃花节”、“樱花节”一定要选有桃花和樱花盛开的地方。

第二，设计每年节庆的宣传口号和节徽，为了使每年的节庆活动有新意，有些节庆的口号可以一年一换，也可采取社会征集的办法，引起更多人的关注。

第三，周密策划，力求使每一次节庆活动内容和形式都丰富多彩，独具特色。活动方案的形成既可由专家设计，也可采取参加单位提出自己的活动方案后，由总负责部门协调。

第四，具体活动实施，要错落有序，宽松结合起来。节庆活动要在最吸引人的地点、时间举行，同时，要注意交通秩序，保证安全。

第五，要和新闻机构加强联系，准备好宣传、报道方面的材料，加强宣传的力度，使整个活动取得良好的社会效益和理想的经济效益。

二、展览会

组织通过举办展览会，运用真实可见的产品和热情周到的服务，全面透彻的资料、图片介绍和技术人员的现场操作，吸引大量的参观者，使其留下深刻的印象。它是组织重要的公共关系活动之一。

1. 展览会的特点

展览会不同于一般的公共关系专题活动，它具有如下特点：

(1) 形象的传播方式。展览会是一种非常直观、形象、生动的传播方式。展览会通常以展出实物为主，并进行现场示范表演，如在产品展览会上，有专人讲解和示范产品的使用方法。这种直观、形象的活动，容易给参观者留下深刻的印象。

(2) 极好的沟通机会。展览活动给组织提供了与公众直接沟通的极好机会，通常展览会上都有专人解答参观者的问题，并就他们感兴趣的问题进行深入讨论。这样参展单位在让公众了解本组织的同时，还能及时了解公众对本组织传播内容的反映，参展单位可以根据公众反馈的信息进一步做好工作。

(3) 多种传媒的运用。展览会是一种复合的传播方式，是同时使用多种媒介进行交叉混合传播的过程，它集多种传播媒介于一体，有声音媒介，如讲解、交谈和现场广播，又有文字媒介，如印刷的宣传手册、资料，同时还有图像媒介，如各种照片、录像、幻灯等。这种复合性的沟通效果是其他传播媒介无法比拟的。

2. 展览会的组织

举办展览会要精心组织，做好以下细致全面的工作：

(1) 明确展览会的主题。每一次、每种类型的展览会都应有明确的主题和目的。只有主题明确，才能提纲挈领，对所有展品进行有机的排列组合，充分展示展品的风采。否则主题不明，眉毛胡子一把抓，很难把展品、各类资料有机地结合起来，杂乱无章，势必影响展览效果。

(2) 搞好展览整体设计。任何一项展览都是一项系统工程，要求必须有一个详细的整体设计。包括展览场地、标语口号、展览徽志、参展单位及项目、辅助设备、相关服务部门的设置和人员安排、信息的发布与新闻界的联络、对工作人员的培训等，都需要全面设计，周密安排。否则在某一个环节上安排不当都会影响整个展览的效果。

(3) 成立对外新闻发布机构。成立对外新闻发布的专门机构，负责与新闻界进行密切的联系，展览过程中往往会发生许多有新闻价值的东西，这就需要有关人员以敏锐的观察力去挖掘、去分析并写成各种新闻稿件发表，以扩大影响。同时，要组成专门的机构，专门负责新闻发布的计划，如确定发布内容、发布时机、发布形式等，这样效果会更好。

(4) 进行展览的效果测定。展览的效果一般体现在观众对展品的反映，对组织形象的认识以及对整个展览会从内容到形式的总体看法等方面。为了检验展览会大小，检验举办各类展览活动的目的是否达到，必须对展览效果进行检测。测定的方法很多，如设立观众留言簿、召开座谈会听取反映、检验公众对展品的留意程度等。

三、赞助会

赞助是指组织对某一社会事业、事件无偿地给予捐赠和资助，从而扩大组织的知名度与美誉度，树立美好形象的活动。赞助会是某项赞助采用的具体形式。

1. 赞助的意义

赞助对组织的发展具有特殊而重要的意义，具体表现为以下三点：

（1）提高组织知名度。赞助可以使组织的名字伴随所赞助的事件一起传播。如奥运会是举世瞩目的体坛盛会，收看的公众覆盖面非常广，遍布全世界，这样的赞助活动对组织知名度的提高是可想而知的。

（2）提高组织的美誉度。由于赞助活动所赞助的往往是社会大众所关注的、支持的事业，因此赞助可以树立一个组织关心公益事业的良好形象，改变营利性组织“唯利是图”的商人形象。

（3）履行组织的社会责任。救灾扶贫，支持公益事业，对社会每个成员来说，人人有份，赞助活动正体现了组织在建设精神文明、履行社会责任和义务方面的积极态度。

2. 赞助的类型

赞助活动的类型很多，常见的赞助类型有以下几种：

（1）赞助体育事业。赞助体育事业主要包括为体育馆捐资和赞助大型体育比赛，其中以后者居多，因为体育比赛是当今的社会热点之一，对其进行赞助，往往可使本组织迅速扩大影响。

（2）赞助文化活动。主要指赞助电影、电视节目的制作，赞助广播节目、报刊开辟专栏，赞助文艺表演，赞助知识竞赛、艺术节、文化节等大型文化活动。这种赞助活动，不仅有助于社会主义文化事业的发展，有助于全民族文化素质的提高，也有助于培养组织和公众的良好情感，提高知名度。

（3）赞助教育事业。教育的发展是关系国家千秋大业的大事。赞助教育事业，既有利于教育事业的发展，也会使组织从中受益。赞助教育的方式，主要有赞助设立奖学金、赞助学校教学、科研经费、仪器设备、基本建设经费、赞助社会办学等。

（4）赞助社会福利事业。这主要指为贫困地区、残疾人、孤寡老人和荣誉军人等提供帮助活动。这类赞助体现了组织高尚的道德品质，也是组织向社会表明其承担社会义务和责任的手段。

不管赞助对象是谁，赞助单位向单位和个人提供的赞助物品主要有四类：一是金钱，赞助单位以现金或支票的形式，向受赞助者提供赞助；二是实物，赞助单位或个人以一种或数种具有实用性的物资的形式，向受赞助者所提供的赞助；三是义卖，赞助单位或个人将自己所拥有的某件物品进行拍卖，或是划定某段时间将本单位或个人的商品向社会出售，然后将全部所得，以现金的形式，再向受赞助者提供赞助；四是义工，赞助单位或个人派出一定数量的员工，前往受赞助者所在单位或其他场所，进行义务劳动和有偿劳动，然后以劳务的形式或以劳动所得来提供赞助。

3. 赞助会的组织

赞助活动实施之际，往往需要举行一次聚会，将有关的事宜公告于社会。这种以赞助为主题的赞助会，在赞助活动中，尤其是大型赞助中，大都必不可少。赞助会一般由受赞助者操办，也可由赞助者操办。

（1）场地的布置。赞助会的举行地点，一般可选择受赞助者所在单位的会议厅，也可租用社会上的会议厅。会议厅要大小适宜，干净整洁。会议厅内，灯光亮度适宜。在主席台的正上方，需悬挂一条大红横幅，在其上面，应以金色或黑色的楷书书写着“某某单位赞助某某项目大会”，或者“某某赞助仪式”的字样。赞助会会场的布置不可过度豪华张扬，装饰适宜即可。

（2）人员的选择。参加赞助会的人员既要有充分的代表性，又不必在数量上过多。除了赞助单位、受赞助者双方的主要负责人及员工代表之外，赞助会应当重点邀请政府代表、社区代表、群众代表以及新闻界人士参加。所有参加赞助会的人士，与会时都要身着正装，注意仪表，个人动作举止规范，以与赞助会庄严神圣的整体风格相协调。

（3）会议的议程。赞助会的具体会议议程应该周密、紧凑，其全部时间不应超过一小时。其议程是：

第一，宣布会议开始。赞助会的主持人，一般应由受赞助单位的负责人或公关人员担任。在宣布正式开会之前，主持人应恭请全体与会者各就各位，保持肃静，并且邀请贵宾到主席台上就座。

第二，奏国歌。此前，全体与会者须一致起立。在奏国歌之后，还可奏本单位标志性歌曲。

第三，赞助单位正式实施赞助。赞助单位代表首先出场，口头上宣布其赞助的具体方式或具体数额。随后，受赞助单位的代表上场，双方热情握手。接下来，由赞助单位代表正式将标有一定金额的巨型支票或实物清单双手捧交给受赞助单位代表。必要时礼仪小姐要为双方提供帮助。在以上过程中，全体与会者应热烈鼓掌。

第四，双方代表分别发言。首先由赞助单位代表发言，其发言内容重在阐述赞助的目的与动机。与此同时，还可将本单位的概况略做介绍。然后由受赞助单位代表发言，集中表达对赞助单位的感谢。

第五，来宾代表发言。根据惯例可以邀请政府有关部门的负责人讲话。其讲话主要肯定赞助单位的义举，呼吁全社会积极倡导这种互助友爱的美德。该项议程有时也可略去，至此赞助会结束。

会后，双方主要代表及会议的主要来宾应合影留念。此后，宾主双方稍事晤谈，来宾即应告辞。

4. 赞助应注意的问题

首先，进行赞助研究。赞助研究即对赞助对象与本组织的关系以及赞助方式及效果等问题的研究。赞助可以由组织主动选择对象予以支持，也可在接到请示后再做出反应。一般来说，组织要想获得好的信誉投资就应采取第一种主动赞助形式，这就要求对赞助进行认真研究。赞助研究应从组织的政策入手，从需要赞助的事业、事件出发，核算进行赞助的成本以及分析赞助将产生的效果，并且注意防止赞助活动离组织整体赞助主题太远，保证在赞助活动中，组织、公众和社会同时受益。

其次，遵循赞助原则。赞助活动要注意遵循一定的原则，主要包括：影响力原则，即赞助活动的影响面要大、影响力要强，要与所赞助的事件成正比例关系；经济力的原则，即所赞助的经费、物质，必须为本组织所能承担的限度，要合理适当，量力而行；政策许可的原则即赞助的对象、经费的开支等，必须符合国家的政策规定。

第三，制订赞助计划。在进行赞助研究，遵循一定的赞助原则的基础上，制订切实可行的赞助计划。赞助计划包括：赞助对象的范围、数量、赞助经费的预算，采取的赞助方式与步骤以及赞助宗旨等。赞助计划是赞助研究的具体化，可以控制赞助的范围，防止赞助规模超过组织的承受力，节制浪费，做到有的放矢。

第四，审核评定赞助计划。审核评定赞助计划是由领导决策机构的成员或有关方面的专家，对赞助计划或方案进行分析讨论审查评定的过程，是一种可行性的论证。审核评定赞助计划包括对具体的赞助方式、赞助款额以及赞助动机的审核和评定。

第五，赞助计划的具体实施。赞助计划的实施要成立或指定专门机构和人员负责，要与接受赞助的一方签办一定的赞助手续。赞助负责人要组织人员切实落实各项具体的赞助项目并且要监督接受赞助一方合理使用赞助资金，积极实施赞助计划，使赞助与接受双方都获得良好的社会效益和经济效益。

第六，赞助效果的测定。每次赞助活动完成之后，都应对赞助的效果进行调查测定。把赞助结果与计划相对照，看完成了哪些预定的指标，哪些指标没有完成，并找出各自的原因，为今后的赞助活动提供参考资料。

四、开放参观活动

开放参观活动是指一个国家、一个地区、一个组织打开大门让公众来实地走走看看，以加深公众认识和了解的一种活动。一个组织要想使公众更好地认识自己，可以用事实本身证明自己的存在是有利于社会、有利于地区、有利于公众的，敞开门户，让社会各界人士产生对本组织的兴趣和好感，提高美誉度，而且还会收到验证宣传真假、消除怀疑之功效。它对于塑造组织的良好形象、提高声誉都有着十分重要的作用。举办各类开放参观活动要注意以下问题：

1. 明确参观目的，确定开放参观的主题

想通过这次活动达到什么样的效果，要给参观者留下什么印象？首先要明确目的，确定参观的主题。一般说来，组织参观活动的目的主要包括这几个方面：一是为了扩大知名度。由于组织的知名度不是很高，需要拓宽公众对其组织自身的了解程度。二是为了维护和进一步提高组织的美誉度。三是为了密切与社会各界人士和社区公众的关系、广结良缘。四是为了澄清疑点、求得谅解。由于社会公众对组织产生了某些怀疑和误解，希望通过参观澄清事实、消除误解。例如，1990 年，我国政府决定在深圳大亚湾修建一座核电站。但是，此时恰巧核电站经受了 1979 年美国三里岛事件之后，在苏联又发生了 1986 年切尔诺贝利核电站核泄漏事故。消息见诸报端之后，引起世界各国人民广泛关注。香港各界尤其震惊，签名反对中国政府在邻近香港的大亚湾修建核电站。一时间，满城风雨。但是，这场暴风雨很快就平息了，其中一个很重要的原因，就是中国政府组织香港居民选派代表参观大亚湾核电站之地，现场向他们介绍了安全情况。目的就是让他们放心，大亚湾核电站不会危害香港人民的健康与安全，还会为香港人民提供充足的电力。这次参观目的明确，主题鲜明，效果也很明显。

2. 制订切实可行的参观计划

参观活动按其规模来分，有大型参观活动和中小型参观活动。大型参观活动规模比较大，参与人数比较多，档次比较高，经历时间相应也长一些。小型参观活动在规模、人数和时间上小一些、少一些。但是，无论哪一种参观活动事先都必须有充分的准备、周密的安排。在参观的路线、范围、内容方面，在向参加者提供的情报资料、说明书、纪念册方面，在人员安排、产品展示及服务等方面，都应事先制订出详尽的、切实可行的计划。

3. 做好参观的具体组织工作

做好参观的具体组织工作包括：一是确定参观日期，最好安排在特殊节日，如逢年过节、开业庆典、周年纪念等。二是发出邀请并告知参观事项。三是接受服务工作，编写来宾名册、解说词、布置接待室和休息室、印制资料和准备纪念品等。四是向导工作。向导工作是组织参观活动的关键环节，要事先进行培训。参观时，向导要佩戴标志。

4. 处理好开放与保密的关系

参观要遵循公开化的原则，但是，由于多种原因，每个组织往往都有自己所不宜外露的秘密。怎样处理开放和保密的关系，就需要公共关系部门精心设计，既能保证正常的参观秩序和效果，又能防止不宜公开的秘密泄露。参观结束后，还应及时收集反映，分析本次参观活动的收获和不足，以备借鉴和参考。

【案例讨论】

2009 中国汽车第 1000 万辆下线庆典

2009 年，全球汽车工业受到严重冲击，中国汽车市场却一枝独秀，年产量突破千万，中国也成为全球第一大汽车生产国和消费国，进一步确立了中国作为“汽车大国”的地位。中国汽车第 1000 万辆下线是国家事件，是中国力量的辉煌展现。2009 年 9 月，中国汽车工业协会、中国汽车工程学会、中国汽车技术研究中心、中国贸促会汽车行业分会和中国汽车报社共同决策，联合主办“2009 中国汽车第 1000 万辆下线庆典”，创想并铭记这一“国家事件”的辉煌时刻，向世界展现中国力量。

新势整合传播机构具体执行了 2009 中国汽车第 1000 万辆下线庆典活动。

1. 项目调研

营销管理部经与中国汽车工业协会调研发现，作为中国汽车的摇篮与代表，中国一汽对于中国汽车工业发展的推动作用有目共睹。解放卡车的发展历史是中国一汽不断创新探索自主发展道路的历史，也是中国汽车工业的历史，尤其是高端重卡平台解放 J6 以“品质”承载责任，以“技术”创造竞争优势，以“创新”开创未来，使“解放”品牌成为中国卡车市场引领者，解放 J6 走上世界汽车市场竞争的舞台。在中国汽车工业第 1000 万辆下线的重要时间节点上，选择解放 J6 作为载体，既体现了对包括毛泽东主席在内的老一辈无产阶级革命家和千千万万新中国建设者们的由衷敬意，也展示了国人依靠自主创新实现汽车大国向汽车强国跨越的坚定信念。

2. 项目策划

(1) 核心目标。呼应中国汽车工业的发展史，通过展示中国汽车工业的辉煌成就凸显中国力量，让 2009 中国汽车第 1000 万辆下线庆典活动成为推动中国汽车产业发展的新起点。同时通过主题鲜明、衔接顺畅、富有品质的系列化活动，让公众对中国一汽品牌形成良好认知，传播中国一汽企业品牌形象，强化中国一汽作为共和国长子的地位和实力。

庆典活动在项目策划、实施策略与活动创意上与中国汽车工业的发展史相呼应，凸显中国力量。通过回顾中国汽车工业发展史，2009 中国汽车第 1000 万辆下线庆典是中国汽车产业的盛事，是中国汽车人的崭新起点，因此活动主题确定为“辉煌时刻，腾飞起点”。

(2) 形象设计。创意策略上借助视觉元素，为了成功营造庆典气氛，为参与者留下独特体验，从视觉形象入手，高效完成基础视觉及延展系统的设计工作。强化“1000 万”的核心信息，在公众的每一接触中，建立起统一、完整的视觉形象。“1”字是延伸向远方的道路的抽象提炼，三个“0”是艺术化的车轮形象，预示中国卡车汽以“1000”为视觉中心，结合中国传统的水纹元素，形成活动的主体视觉表现，如图 6–1。

图 6–1 庆典视觉形象设计

(3) 活动设计。围绕核心目标，策划了一系列以“下线庆典”为重心的体验式主题活动，包括下线活动文艺晚会、中国汽车工业回顾展、视听音乐会、下线庆典仪式、生产基地参观及新闻发布会，让每一位参与者对中国汽车工业的这一辉煌时刻拥有切身美好的感悟。

(4) 传播策略。重点强调活动的产业贡献，利用平面、网络、杂志、电视台、电台以及通讯社等媒体组合手段，进行最大化的传播。通过重大新闻报道形式，特别是 CCTV 的现场直播，提升中国一汽品牌形象，彰显国家实力，展示中国汽车工业的全新面貌。

(5) 媒介选择。考虑到媒体的发行量、受众人群以及在行业内的影响力等综合因素，选取中央级和行业内权威媒体。以网络媒体进行预热，借助其浏览量大、传播速度快和阅读人群广泛等优势为活动前期造势。下线仪式所选媒体以中央、北京、长春当地为主，以大报道形式覆盖全国。通过中央电视台《新闻联播》、《晚间新闻》及 2 套《交易时间》直播栏目，实现最大化的传播，辐射全国，再配以地方媒体后续报道，加强力度。媒体类别覆盖平面、网络、电台、通讯社以及电视台等全部媒体种类，分频次进行传播，从 2009 年 10 月 9 日一直持续到 12 月底。

3. 项目执行

(1) 活动筹备。通过一个月的精心筹备，先后完成了下线活动相关的组织邀请工作、视觉系统设计与应用、活动流程设计与实施、媒体参访与传播规划等一系列工作。中国一汽利用企业自身优势，协同仪式组织完成对政府、行业协会领导和媒体记者的邀请工作，国家领导人与中国汽车各企业领导以及从中央到地方的各级新闻媒体近400人一起见证了盛况。

在活动前以及现场营造庆典气氛，并对活动流程精心设置，传递活动的历史意义。

2009年10月18日开始，长春市的主要街区、一汽集团企业内外都相继挂起与2009中国汽车第1000万辆下线庆典相关的标识，重要活动区域也布置了大幅的画面墙，喜庆祥和的氛围给所有参与者留下深刻的印象。

10月19日晚，在南湖宾馆小礼堂举办了时长为90分钟的《辉煌时刻，腾飞起点》电影视听音乐会，表演曲目融入中国汽车产业及中国一汽发展历程元素，现场气氛热烈，为下线庆典活动形成铺垫。

10月20日，在庆典活动流程的环节上进行精心设置，选择解放公司卡车装配车间，播放开场主题片"腾飞"，通过感性的文字，精心选择的画面贯穿整个中国汽车工业发展回顾过程，激发起在场所有人的自豪感和使命感。紧接着大屏幕上播放特别制作的60秒倒计时画面，随着心跳的声音节奏，现场4名男鼓手敲击4面大鼓，即刻点燃全场气氛。专题片"辉煌时刻"的播放将庆典仪式带向了高潮。庆典盛况感动了现场每一位嘉宾，庆典的现场直播感动了电视机旁的亿万观众。倒计时中，全新一代解放J6——2009中国第1000万辆车下线，当第一位幸运乘客国资委主任李荣融出现时，全场沸腾；现场的中国老中青三代汽车人、政府及主管部门领导、行业协会领导与媒体记者，很多人都是激动得热泪盈眶。中国汽车取得的辉煌成就也让包括中国汽车人在内的每一位国人深感自豪。

(2) 活动管理。2009中国汽车1000万辆下线庆典准备期不到30天，时间短、难度大。与关联单位共同协作，创新应用了P2P Management（点对点活动管理）系统，"一对一，点对点"的细节管理支持使活动中的每一个细节都在全局把控之中，实现了活动执行过程中的有效管理，为庆典活动的顺利完成提供了有力保障。

同时，还编制了运营手册，有效保障了活动执行的效率与成果。

(3) 媒体执行。

首先，预热阶段传播内容。2009年10月20日，中国汽车第1000万辆将在长春下线。在全球金融危机下，中国汽车业逆市而上，成为继日、美之后第三个年产销超千万辆的国家。汽车行业机构与企业将举办隆重的盛典仪式，届时网络媒体将直播盛况。

其次，活动阶段传播内容。祖国60华诞之际，中国汽车业敬献厚礼，2009年中国第1000万辆汽车隆重下线，中国汽车工业协会等单位共同举办庆典仪式。展望未来，第1000万辆汽车下线是辉煌的时刻，也是中国汽车业再次腾飞的起点。以中国一汽为代表的中国汽车人将以新的高度树立新的目标，开始新的挑战，为中国的崛起作出表率。长春作为第1000万辆汽车的诞生地同样意义深远。经过一汽人的努力拼搏，长春已成为中国最重要的汽车产业基地；作为中国汽车工业的长子，中国一汽为汽车工业的发展起到了支柱作用。

最后，深入阶段传播内容。中国汽车工业经历了一个辉煌的时期。2009年年初，汽车产业调整和振兴规划的颁布与实施后，一汽把自己的目标锁定在争做有国际竞争力的大企业集团，成为世界重要汽车制造商上面。

4. 效果评估

作为2009年中国汽车工业的最大盛事和中国经济领域备受瞩目的标志性事件，庆典呈现超级媒体影响力。CCTV-2《交易时间》进行了现场直播，《新闻联播》、《晚间新闻》等栏目则在当天进行了重点报道。《人民日报》、《经济日报》、《中国汽车报》等媒体进行专题报道，至11月下旬，媒体报道达75万字。BBC、CNN等境外媒体也纷纷关注，让辉煌时刻呈现出了超级媒体影响力。

2009中国汽车1000万辆下线庆典大型活动从准备开始，一系列的体验式主题活动，无论从整体还是从细节都融入了中国汽车产业的发展历程元素，成功地营造了庆典的氛围，让到场的嘉宾充分体验到中国汽车辉煌时刻的喜悦和获得切身美好的感悟。这是推动中国汽车产业发展的盛事，是中国汽车人的庆功大典，是向祖国60华诞的献礼。庆典盛况感动了现场每一位嘉宾，庆典的现场直播感动了电视机旁的亿万观众。活动的社会影响力巨大，形成行业聚焦，充分展示了中国力量。

（资料来源：中国国际公共关系协会. 最佳公共关系案例［M］. 北京：企业管理出版社，2010.）

讨论题：

1. 2009中国汽车第1000万辆下线庆典活动有何特点？

2. 请从现代企业的公共关系活动的策划与创意要考虑的因素分析此次活动的成功之处。

【实训项目】

举办模拟展览会

实训目标：

通过模拟训练让学生掌握展览会的组织和相关礼仪。

实训学时：

1学时。

实训地点：

实训室。

实训准备：

企业标识、展板、实物、文字说明等。

实训方法：

5~6人为一组，分组进行准备。经过一周的准备后，进行展示，每组一块展板，安排一名学生进行讲解。要求：

(1) 尽可能多收集一些企业的标识；

(2) 设计布置展台；

(3) 设置签到席。

实训手记：

通过训练，我的收获是：

【课后练习】

一、单选题

1. 开业庆典的目的是（　）。

A. 讨个吉利　　B. 为销售做准备

C. 提高知名度，扩大影响　　D. 激励内部员工

2. 适于在室内进行展销的是（　）。

A. 花卉　　B. 服装

C. 农产品　　D. 工业品

3. 以下关于新闻发布会的说法中，错误的是（　）。

A. 个人不能举行　　B. 是一种积极的宣传活动

C. 又称记者招待会　　D. 借助媒体的专题公关活动

4. 通过赞助的手段证明组织的经济实力，属于（　）。

A. 扩大知名度　　B. 增强信任度

C. 提高美誉度　　D. 增加满意度

5. （　）不属于开放参观日的目的。

A. 扩大组织知名度　　B. 促进业务的拓展

C. 提高组织生产效率　　D. 塑造组织的形象

二、名词解释

1. 公共关系专题活动

2. 公共关系活动模式

3. 服务型公共关系

4. 社会型公共关系

5. 征询型公共关系

三、简答题

1. 公共关系专题活动的特点。

2. 公关专题活动的基本要求。

3. 举办各类开放参观活动要注意的问题。

4. 举办开业典礼应注意的问题。

5. 社会型公共关系活动的方式。

四、论述题

1. 试述开业典礼的组织方法和要求。

2. 组织赞助会的内容是什么?

五、实操题

1. 就你身边值得纪念的日子模拟举办一次庆典活动。

2. 力士有限责任公司为了推广自己的新产品，与一家百货商场达成协议，拟定在该商场门前广场举办新产品展示会。在活动方案拟定后，由公司的公关部承担本次活动实施的筹备工作。请问，应该从哪些方面入手?

3. 请发动同学收集一些不同产品的商标，组织一次商标展览会。

4. 清泉饮品股份有限公司一直热衷于社会公益事业。最近，公司董事会决议赞助 2006 年在德国举办的“世界杯”足球邀请赛，请结合本次活动说明组织社会赞助活动应注意哪些问题。

5. 大华商贸有限公司为答谢新老商业伙伴对公司的厚爱，决定在友谊宾馆举行一场公司与客户的联谊活动。请你帮助确定本次公关联谊活动的内容和步骤。

六、案例分析

1. 别开生面的庆典活动

一天，美国某连锁店的公司总部办公楼前，鲜艳的彩旗在微风中轻柔地飘拂，争奇斗艳的鲜花传递着温馨的情意。络绎不绝的人群纷纷涌向这里，里里外外挤得水泄不通，记者的镁光灯不停地闪烁，一场别开生面的庆典活动在一种情趣盎然的氛围中拉开了序幕。

那一天，是该公司开业三十周年的纪念日。为了使这次纪念日的庆典活动在公众心目中产生轰动效应，培养员工对本公司的认同感、归属感，进一步增强凝聚力和向心力，公司总裁和有关人员经过精心谋划，确定这次庆典活动以“内求团结、外求发展、提高知名度、管理上台阶”为基本宗旨。

这场庆典活动奇就奇在亮相的第一个节目：公司总裁将为一位在公司连锁店门口擦了二十五年皮鞋的老黑人举办一次活动。在有色人种遭歧视、受凌辱的美国，这无疑是一个颇具影响的事件，引起了新闻界和广大公众的好奇心，尤其是黑人们更是普遍予以并注。

华丽的大厅响起了一阵阵美妙的鼓乐声，总裁恭恭敬敬地端起酒杯说:

“女士们、先生们，承蒙诸位莅临本公司开业三十周年庆典活动，敝公司不胜荣幸。请允许我代表本公司的全体员工及我们的‘上帝’，向这位在商店门口擦了二十五年皮鞋的老人表达我们最诚挚的敬意和衷心的感谢，愿老人家健康长寿。然而，今天仅仅为老人举杯祝福仍难以溢表我们的心愿。”说着，总裁在众目睽睽之下蹲下身子，请老人坐下，亲自为他擦亮脚下的皮鞋。这突如其来的举动顿时令这位含辛茹苦、饱经风霜的老人老泪纵横，来宾们群情沸腾，欢声四起。翌日，美国的各种大众传播媒介多角度、多层次地将这一庆典活动辐射到全国各地，轰动了整个美国。

这家公司颇具特色的开业三十周年庆典活动，不仅进一步提高了该公司的知名度，树立起良好的社会形象，还极大地调动了公司员工们的积极性，增强了凝聚力、向心力。此后，该公司的营业额扶摇直上，利润成倍增加。

问题：请说明该案例反映了组织者什么样的公关意识？该案例属于什么样的公关模式？该模式的特点是什么？

2. 密云踩踏事件

某年春节刚过，北京密云灯展就拉开了序幕。元宵节前，灯展每天有游人为3000人左右，但元宵节当天游人突破3万人，公园中十分拥挤，而公园中的彩虹桥既长又窄，最窄处不过3~4米。不幸的事情发生了，19时45分，彩虹桥上发生了严重的游人踩踏事件，这起恶性事故造成了37人死亡，15人受伤。事故原因并不复杂：元宵节观灯游人骤升造成公园人员拥挤，一游人在彩虹桥上不慎摔倒，引起身后游人拥挤踩踏而造成人员伤亡。

问题：请用所学的公关知识来分析：在组织公共关系活动时应如何预防此类事故的发生。

第七章

公关危机管理

每一次危机既包括导致失败的根源，又孕育着成功的种子。发现、培育，以便收获这个潜在的成功机会，就是危机管理的精髓。

——【美】诺曼·奥古斯丁

虽然所有组织都认为，做好事前预防是最重要的保险措施，但是无论怎样，危机管理还是成为了公共关系实务中最受人重视的技能。各种各样的组织，早晚都会遇到危机。

——【美】弗雷泽·P.西泰尔

【学习目标】

- 科学地认识公共关系危机；
- 能够积极地进行公共关系危机的预防；
- 正确地处理公共关系危机；
- 科学地开展公共关系危机传播。

【案例导入】

善解危机的“公关之父”

1903年，艾维·李（Ivy-Lee）和同伴创立了“宣传顾问事务所”，专职为企业或社会组织提供传播和宣传服务，协助客户建立和维持与公众的正常联系。艾维·李认为，解决企业的形象危机最好的办法是把事实的真相告诉新闻界，采取信息公开的政策，“公众必须迅速被告知”，对公众“讲真话”，这样不仅可以消除误会，还可以促进企业完善自己。艾维·李坚持自己的信念开展公众工作，使他的公司成为公共关系公司的前身，公共关系从此进入了职业化时期。艾维·李也被誉为公共关系学之父。艾维·李的早期客户有洛克菲勒集团、无烟煤业的业主、宾夕法尼亚州铁路公司和美国电报电话公司等。

当时，洛克菲勒因公然下令在科罗拉多残杀罢工的工人而一度声名狼藉，被称为“强盗大王”，与公众之间的矛盾十分尖锐。为平息工人的罢工怒潮，改变自身的形象，洛克菲勒聘请艾维处理劳资纠纷及其与新闻媒介的关系。艾维·李果敢地采取了一系列的措施，聘请有威望的劳资关系专家来核实与确定导致这次事故的具体原因，并公布于众；邀请劳工领袖参与解决这次劳资纠纷；建议洛克菲勒广泛进行慈善捐赠；增加工资、方便儿童度假、救贫济困。这就使工人对洛克菲勒的看法有了微妙的改变，为洛克菲勒集团在内外公众中树立了较好的形象。

1906年，无烟煤业的业主们竭尽全能仍无法诱迫罢工的工人们复工，同时他们受到新闻界舆论的猛烈攻击，便相互指责，推诿责任，致使整个无烟煤业陷入一片混乱。后来他们聘请名声大噪的艾维·李来解决这些问题，协调好劳资、业主内部、业主与新闻界之间的关系。他们被迫接受了艾维·李提出的两个先决条件，即他有权与该行业的最高管理者接触并影响最高层的决策过程；有权在他认为必要时向全社会公开全部事实真相。于是，艾维·李积极协助记者了解罢工情况，安排劳资双方接受记者采访，记者写出报道的内容真实且丰富，这使劳资双方通过报纸了解了对方的态度和立场、社会舆论对整个事件的看法等。最后，双方在互相理解的基础上，同时做出让步，解决了若干具体问题，企业又恢复了正常生产。

同年，艾维·李又应邀协助宾夕法尼亚州铁路公司处理一起意外事故的善后工作。他要求保护现场，然后派车接记者们前来采访，让他们了解事故的真实原因，目睹铁路公司为处理事故做出的种种努力，如向死难者家属提供赔偿、为受伤者支付医疗费、向社会各方诚恳道歉等；安排有关人员诚实地回答记者的提问，向记者们作技术性解释，为实地采访提供种种方便。当首批有关该事故的专稿公开见报后，公司的董事们惊喜地发现，这家公司得到了有史以来最公正、最善意的评价，大大改善了公司的形象。

（资料来源：《国际公关》编辑部. 艾维·李和他的时代［J］. 国际公关，2012（1）.）

组织形象都会受到各方面因素的影响，并非总是处于理想的稳步发展状态，有时会因为某种非常性因素而造成公关危机。特别是当今社会，由于影响因素复杂多样，组织所处的社会环境变化加剧，各种组织出现形象危机的可能性也在不断增大。正如英国著名公共关系专家弗兰克·杰夫金斯所说："今天我们生活在化学、核能、电气外加恐怖危机之中，必须承认，如不采取措施防止最大可能的危机，任何事情都可能发生。"公关危机会给组织造成危害，轻则影响企业正常运营，重则危及企业的发展甚至生存，或给相关公众带来极大的损失，给社会环境造成极大的破坏，因此，公关危机的预防和处理就成为企业经营管理工作最重要的一个方面，任何企业必须引起高度重视。

第一节　公关危机和危机管理

公共关系危机管理是组织的一项十分重要的公共关系工作。明确公共关系危机和公共关系危机管理的含义，是进行公共关系危机管理的前提。

一、何为公关危机

什么是组织公关危机呢？请让我们先看一下"家乐福的'抵制门'"案例。

2008 年 4 月 7 日，北京奥运会圣火在巴黎的传递遭到"藏独"分子的破坏，而法国当地媒体的报道，更让国内外华人感到"不友好"。于是网友发起了抵制法国企业的号召。之后有消息称，由于路易威登·莫特轩尼诗集团涉嫌曾予以"藏独"资金支持，而该集团刚刚成为家乐福的最大股东，家乐福一时间成为千夫所指，遭到网友的广泛抵制。

有帖子和短信号召道："所有人都不要去家乐福购物，我们现在就来抵制一下家乐福，为期与北京奥运会同长，前后 17 天，请将短信转发给你所有的手机、msn 等的联络人，并且让他们的家人一起参与，让家乐福门可罗雀 17 天。”这条短信通过手机、msn、qq、bbs 等渠道迅速传播。短短 3 天之间，呼吁“五一期间不要光顾家乐福”、“抵制法国货”的帖子开始在网络传播，跟帖者越来越多。随即，在北京、上海、青岛、昆明、重庆等地的部分家乐福门店前，陆续有人拉起“抵制家乐福”的横幅标语，聚集了少量人群。

抵制家乐福的帖子在网上流传了好几天，家乐福对此却茫然不知。直到 4 月 16 日，家乐福的第一份声明才在网站上登出。声明中否认家乐福支持“藏独”的说法，称这些传闻“完全是无中生有和没有任何依据的，家乐福将保持对恶意制造和传播上述谣言的组织和个人采取法律行动的权利。”并表示“家乐福集团始终积极支持北京 2008 奥运会”，但声明中并没有提及其最大的股东路易威登·莫特轩尼诗集团。声明发出后，很长一段时间内，风波未见有平息的迹象。

随后，时任法国家乐福集团总裁的迪朗 22 日在接受中国媒体联合采访时表示，家乐福不愿在政治中扮演任何角色，也坚决否认了家乐福是记者无国界组织合作伙伴的传闻。但是他的声明并没有得到广大中国网民的认可。同时，还有消息传出，家乐福要在“五一”期间展开降价促销活动。事态被进一步扩大，最终演变为中法政府的对话。在“五一”前后五天，家乐福共有五个不同版本的广告投放在上海《新民晚报》、《南华早报》和《东方早报》，主题是“祝福北京，支持奥运”。之后，四川汶川爆发了“5·12”大地震，家乐福国际基金会当晚宣布向中国受灾地区捐赠人民币 200 万元。当然他们也在新闻稿中注明了曾在今年 1 月中国南方遭受灾害时捐赠人民币 200 万元。5 月 23 日，家乐福全球总裁杜哲瑞直面网友，宣布追加 2000 万元，成为捐款最多的法国企业。在与网友的对话中，杜哲瑞表示理解民众的抵制情绪，重申支持奥运，特别提出成都投资计划未受影响，“家乐福计划三年内通过增加新的门店，加大在当地的采购，把在成都的投资规模扩大一倍”，最终，家乐福平息了大众的情绪。

我们通常所说的危机，往往是指由非常性因素所引起的某种非常事态，其外延非常广泛，如经济危机、商务危机、管理危机、人力资源危机等。企业公关危机是各种危机中的一种特殊类型，它是由企业内外的某种非常性因素所引发的组织形象非常事态和失常事态，也是一种特殊的组织形象状态。从一般意义上来说，所谓企业公关危机乃是指企业与其公众之间因某种非常性因素引起的表现出某种危险的非常态联系状态，它是组织形象严重失常的反映。企业公关危机可导致企业与公众关系发生变化、企业的正常业务受到影响、生存和发展受到威胁、组织形象遭受严重损害等。

企业公关危机的出现总是以一定的企业公关危机事件为标志的。所谓企业公关危机事件，一般系指企业内外环境中突然发生的恶性事件，故又有突发性事件之称。各种突发性事件，依其强度不同，可分为一般突发性事件和重大突发性事件两种。一般突发性事件主要指企业经营管理活动中的各种纠纷，包括企业内部纠纷，企业同消费者的纠纷，企业同其他社会组织或其他社会公众的纠纷等。重大突发性事件主要是指重大的工伤事故、重大的经营管理决策失误、天灾人祸造成的严重人身财产损失、假冒伪劣商品给企业和公众带来的严重危害等。无论是一般性突发事件，还是重大突发事件，它们都是企业公关危机存在的表征，是看得见、感受得到的企业公关危机的表现。

二、何为危机管理

危机管理是一门科学，更是一门艺术，因为在危机处理过程中始终需要人的主观能动性的发挥与创造。但是对于危机管理的科学界定，国内外并没有一致的意见。比较典型的一种看法是美国公关专家罗伯特·希斯提出的。他认为，危机管理包含对危机事前、事中、事后的管理，有效的危机管理需要做到如下方面：通过寻找危机根源、本质及表现形式，并分析它们所造成的冲击，以及可以通过缓冲管理来更好地进行转移或缩减危机的来源、范围和影响，提高危机初始管理的地位，改进对危机冲击的反应管理，完善修复管理以能迅速有效地减轻危机造成的损害。

危机管理是指为了预防危机的发生，应对各种企业可能出现的危机情境，减轻危机损害，使企业尽早从危机中恢复过来，所进行的信息收集与分析、问题决策与预防、计划制订与责任落实、危机化解处理、经验总结与企业调整的管理过程。危机管理的目的在于在危机未发生时预防危机的发生，而在危机真正发生时，采取措施减少危机所造成的损害，并使企业尽早从危机中恢复过来。由此而言，危机管理是个系统概念，包含的内容广泛，涵盖了危机发生前的预防与预警，危机发生后的危机处理与善后、危机过后的总结分析与改进。

危机管理是一种应急性的公共关系，是立足于应对企业突发的危机。当意外事件发生时，企业陷于困境，便可以通过有计划的专业危机处理系统将危机的损失降到最低，同时还能利用危机带来的反弹机会，使企业在危机过后树立更优秀的形象。越是在危机时刻，才越能昭示出一个优秀企业的整体素质和综合实力，危机管理做得好，往往可以使危机变为商机，公众将会对企业有更深的了解、更大的认同，优秀的企业也因此脱颖而出。因此，在危机面前，发现、培育，进而收获潜在的成功机会，就是危机管理的精髓；而错误地估计形势，并令事态进一步恶化，则是不良危机管理的典型特征。危机管理，是全方位的，是系统的，是为企业更长远发展而进行的战略思考，而不是仅针对于某一次的单一危机。

第二节　公关危机的预防

公关危机预防管理是企业危机管理的基本工作内容之一，是企业为预防和平息危机，对自身危机隐患及其发展趋势进行监测、诊断与预控的一种特殊的管理活动。其目的在于防止和消除企业危机隐患，保证企业经营管理系统处于良好的运行状态。“其手段是在企业中一种对危机能加以预警和预控的自组织免疫机制”。企业公关危机预防的意义对树立企业员工的危机意识、减少公关危机的发生概率、提高公关危机的处理水平都具有重要意义。

一、企业弱点分析

很多企业尽管可能是行业的翘楚，但是或多或少地会存在薄弱的地方，善于发现自身的弱点是现代企业的必修功夫，连微软都声称离破产只有 18 个月，我们的企业呢？企业需要反思，哪些薄弱问题可能会导致企业陷入危机？企业可以从企业内外部，如企业董事会成员、离职或退休的员工、政府官员、社区居民、新闻媒体、行业分析人士等处获得相关信息，这样，企业就可以准备两张表格，第一张格表包括那些最有可能发生的弱点/潜在危机，各项目按先后顺序排列，以红色、黄色和绿色三部分加以区别。

1. 编制分析表

(1) 编制“潜在危机发生可能性”表，具体见表 7-1。

表 7-1　潜在危机/“发生可能性”

最有可能发生（红色）：
①
②
③
④
⑤
能够发生，但在近期内不会发生（黄色）：
①
②
③
④
⑤

续表

不可能发生（绿色）：
①
②
③
④
⑤

（2）按“对企业的严重损害”的顺序排列的弱点/潜在危机，见表 7–2。

表 7–2　潜在危机/“对企业的损害”

会造成严重损害（红色）：
①
②
③
④
⑤
会造成损害，但是能够加以管理（黄色）：
①
②
③
④
⑤
会造成很轻微的损害，并且可以很容易地加以管理（绿色）：
①
②
③
④
⑤

在分析这两个表的基础上编制第三张组合表，要特别注意那些被认为是既可能发生又会对企业造成最大损害的弱点/潜在危机。首先从前两张表中同时被列为“红色”的弱点/潜在危机开始归纳，接着是在一张表中被列为“红色”而在另一张表中被列为“黄色”的弱点/潜在危机。下一步，记下前两张表中同时列为“黄色”的弱点/潜在危机，然后是“黄色”和“绿色”的弱点/潜在危机，最后归纳在前两张表中同时被列为“绿色”的弱点/潜在危机。这样就把所有可能的薄弱方面按先后顺序排列出来，企业会直观地看到哪些薄弱环节应该进一步加以明确、防范。

（3）可能发生的严重损害，见表 7–3。

表 7-3 可能发生的严重损害

最有可能发生，会造成严重损害（红—红）：
①
②
③
④
⑤
最有可能发生，会造成损害，但可以管理（红—黄）：
①
②
③
④
⑤
会发生，但在近期不可能发生，会造成严重损害（黄—红）：
①
②
③
④
⑤
在短期内发生可能性很小，会造成损害，但可以管理（黄—黄）：
①
②
③
④
⑤

弱点分析会帮助企业识别出应该多加关注以防止它们变成主要问题的薄弱环节，同时也为企业将来的危机计划活动提供了需要注意的方面，这是其最大的效用，进行危机预防首先要重视弱点分析。

2. 弱点分析范例

下面我们看一下某玻璃生产商是怎样进行弱点分析、寻找自身的薄弱之处、拟订潜在危机的。

某国际性日用玻璃产品生产商是世界上最大的生产商之一，在 15 个国家拥有生产厂。为使企业知道哪些危机最应该进行有效管理，企业决定按照正式的方式来明确最有可能发生的、潜在的能够造成最严重损害的危机。

公司用了 3 个月的时间，在全世界范围内选择了一个包括高级经理、总部员工、美国国内工厂员工以及位于其他 14 个国家的工厂员工的合理的员工样本进行调查，还聘请了一家调查公司对北美、欧洲及亚太地区国家的400家主要分销商和1500名消费者进行了电话调查。此外，公司还对每个市场中的一些政治家和主管官员以及行业媒体记者、编辑进行了走访。在这些调查数据分析的基础上，帮助识别企业最脆弱的方面，为企业缩小了应该进行良好防范和管理的危机范围。

下面就是该公司进行弱点分析的结果。

（一）潜在危机/“发生可能性”

最有可能发生（红色）：

1. 玻璃碴或碎片伤害消费者。

2. 关于产品质量的不好传闻，会使销售受到损失。

3. 生产缓慢，产品产量不足，严重伤害同分销商的关系。

4. 某位高级官员离开公司，加入到竞争对手的行列。

5. 消极的媒体报道，造成销售滑坡。

能够发生，但在近期内不会发生（黄色）：

1. 主席/CEO的突然死亡（现年72岁）。

2. 某家生产工厂发生死亡事故。

3. 对公司和行业造成严重损害的政治行动。

4. 现有或以前的员工由于有不满情绪而在公司内造成他人严重伤害或死亡。

5. 严重损害企业声誉的主要诉讼。

不可能发生（绿色）：

1. 工厂突然关闭。

2. 大量解雇工人。

3. 产品造成消费者死亡。

4. 缺少矿石和其他原料，影响生产能力，无法达到预期产量。

5. 主席/CEO意外辞职。

（二）潜在危机/“对企业的损害”

会造成严重损害（红色）：

1. 产品造成消费者死亡。

2. 严重损害企业声誉的主要诉讼。

3. 消极的媒体报道，造成销售滑坡。

4. 主席/CEO意外辞职。

5. 玻璃碴或碎片伤害消费者。

会造成损害，但是能够加以管理（黄色）：

1. 关于产品质量不好的传闻，会使销售受到损失。

2. 主席/CEO的突然死亡。

3. 工厂突然关闭。

4. 某家生产工厂发生死亡事故。

5. 现在或以前的员工由于有不满情绪而在公司内造成他人严重伤害或死亡。

会造成很轻微的伤害，并且可以很容易地加以管理（绿色）：

1. 缺少矿石或其他原料，影响生产能力，无法达到预期产量。

2. 对公司或行业造成严重损害的政治活动。

3. 大量解雇员工。

4. 生产缓慢，产品质量不好，严重伤害同分销商的关系。

5. 某位高级官员离开公司，加入到竞争对手行列。

（三）最可能发生的严重损害

1. 最有可能发生，造成严重损害（红—红）：

（1）玻璃碴或碎片伤害消费者。

（2）消极的媒体报道，造成销售滑坡。

2. 最有可能发生，会造成损害，但可以管理（红—黄）：

关于产品质量的不好传闻，会使销售受到损失。

3. 会发生，但在近期不可能发生，会造成严重损害（黄—红）

严重损害企业声誉的主要诉讼。

4. 在短期内发生可能性很小，会造成伤害，但可以管理（黄—黄）：

（1）某家生产工厂发生死亡事故。

（2）现在或以前的员工由于有不满情绪而在公司内造成他人严重伤害或死亡。

（3）主席/CEO的突然死亡。

（资料来源：[美] 杰弗里·R·卡波尼格罗. 危机顾问 [M]. 杭建平译，中国三峡出版社，2001.）

二、进行预警分析

公关危机预警分析，是对企业危机风险进行监测、识别、诊断与评价，并由此作出警示的管理活动。在企业组织内部，预警对象包括企业的领导者、管理人员和全体员工，预警的目的是引起他们对危机的了解和重视，以便于他们做好必要的应对准备。在社会组织外部，预警的对象是与可能出现的与危机密切相关的公众，预警的目的是通告他们危机信息，以便于他们及时离开危机险境，有效避开危机危害。

1. 危机风险监测

危机风险监测是指对社会组织系统中已经或可能出现的危机风险进行监视和预测，收集各种反映危机风险的信息、信号，这是一项非常重要的工作。进行企业危机风险监测，要根据不同企业的具体情况，把最可能引发危机的影响因素或最可能出现危机的实践领域作为重点对象。要采取有效的监测手段，对监测对象的活动过程进行全过程的关系状态监视，对大量的监测信息进行整理、分类、存储，建立监测信息档案，形成系统有序的监测信息成果。

2. 危机风险识别

危机风险识别是指根据危机风险监测收集的危机风险的有关信息，在比较分析的基础上，判断危机风险实际存在状态。危机风险识别必须在把握通用的状态识别指标和专用的危机状态识别指标的基础上，进行综合分析，反复研究，多方判断，对危机迹象识别进行方向和数量方面准确有效的描述，以达到对危机全面而深入的把握。

3. 危机风险诊断

危机风险诊断是指对已被识别的危机风险进行基本成因分析和发展趋势预测，为危机预控提供根据。这是危机预防的十分重要的环节。由于危机风险发展趋势是建立在准确的危机风险成因分析的基础上的，因此必须深入、具体、客观地分析危机产生的原因，运用科学的方法，以保证预测结论符合逻辑，准确有效。

4. 危机风险评估

危机风险评估就是对危机发生的可能性的大小和危机造成的潜在影响进行衡量，使危机管理者能更全面、更准确地预测和管理危机风险。其核心是进行危机的损失性评价，即可能的危机对企业的公共关系、经营管理、相关公众、社会环境将造成的危害。坚持定量评估方法与定性评估方法相结合是开展危机风险评估的关键。

三、实施预控对策

公关危机预控是指根据预警分析的活动结果，对企业组织可能出现的危机事态进行早期矫正与控制的管理活动。发出危机警示并不是危机预防管理的根本目的，对危机进行有效的预控才是危机预防管理的根本目的。预控对策的活动内容包括：

1. 思想准备

企业的每一个员工都要从思想上做好应对各种危机的准备。这就是我们通常所说的要具有“防火”意识。在日常工作中，企业员工尤其是管理者、领导者要在高度警觉的“防火意识”支配下，尽力协助、指导有关部门科学地设计生产工艺、科学配方，把好原料质量关，搞好生产调度安排，加强企业的安全保卫工作和财务管理，完善售后服务制度等。要使组织的员工具有应对各种危机的思想准备，关键是要开展各种危机教育，让全体员工都了解危机的特征和危害，使全体员工都具有一种危机感，并由此增强他们的危机意识，帮助他们形成优化自身行为、预防各种危机的思想。

2. 组织准备

这是指为预控对策行动开展的组织保障活动，具体体现在：

第一，设置危机管理机构。危机预防管理与特定的危机处理不同，特定的危机处理是一次性的，而危机预防管理是日常性的，这是由于危机在现代社会组织中广泛存在的特性所致的。危机预防管理的日常性，决定了危机预防管理不能只是应急，而应该不断地长期进行。因此，在企业中，设置危机日常管理机构是非常必要的。危机日常管理机构的设置，不仅可以由其承担危机风险的日常监测、识别、诊断、评估和预警、预控工作，而且可以向组织内外公众表明企业组织认真负责的管理态度。危机管理机构一般由职位较高的组织者、公共关系部门负责人组成，他们必须具备市场推销、业务推广、售后服务，人事、管理、技术以及善于与人沟通等方面的特长，彼此之间应该配合默契，成员组成的原则是领导主持，专家依据需要参与，优势互补。

第二，建立危机管理制度，约束组织成员的公共关系行为，保证组织危机管理方针、政策、措施的有效实施。建立危机管理制度很重要的一个方面是确定危机发生时共同遵守的准则，如危机发生时尽量不要混淆事实真相；不要做无谓的争论；不要小题大做；不要在事情未弄清之前随便归罪于别人；不要在实施沟通计划时偏离企业的政策；等等。

第三，训练危机应急队伍。一般应抓好以下几件事：一是进行旨在提高应对危机事件能力的培训；二是进行危机事件的应对策略的培训；三是进行各种企业危机处理案例库的建设，让企业从中吸取经验教训；四是进行综合性的预防演习，这种演习不但可以检验危机管理预案的可行性程度，修正不足，还可以提高企业组织的反应速度，强化企业组织自身的行为。

3. 条件准备

危机的预防和危机事件的处理都离不开必要的物质条件。准备好各种物质条件，为危机的预防和处理提供必要的物质保证，是危机预防管理阶段的一项重要的基础工作。在危机管理中，一般需要准备的条件大致可以分为三类：①危机管理经费的准备。危机管理离不开充足的经费支持。②危机管理设施的准备。预防管理阶段，一般应有开展危机监测的各种工具和危机信息处理的各种工具。在危机事件处理中，所需的硬件设施也是比较多的，这些硬件设施同样平时就要有所准备，并要安排有关人员学会其使用操作，这些硬件设施主要包括：复印机、传真机、能收发电子邮件的电脑、连通内线和外线的多部电话机、移动电话、数码摄像机等。③危机管理信息资料的准备。每一个企业需要有重要的内外公众的基本情况、企业基本状况等能随时取用的书面材料，这些资料要归类存档，以便于查询，使企业尽快地解决危机。

4. 基础工作

预防企业危机的基础工作十分重要。危机“病毒”是普遍存在的，它环绕在企业周围，每时每刻对企业都构成威胁，任何企业想战胜危机，超越危机，就必须努力增强自身的“免疫力”，苦练内功，夯实基础，正所谓要打造转危为安的方舟，就必须有厚积薄发的底蕴，企业只有做好各项基础性工作，才能保证企业的效率高、质量优、服务好、效益大，才能增强企业对环境的适应能力和竞争能力，使企业管理系统有序地进行，减少和消除企业所存在的“危机”。为此企业要不断强化危机意识，全面提高员工素质，加强与各类公众沟通，建立“揭短露丑”的信息反馈系统，严格执行科学的管理制度，保证良好的产品质量和服务质量，及时理顺公众情绪，防止因一些枝节问题引发企业危机。

四、制订危机管理计划

制订危机管理计划是危机管理的一个重要方面，它对企业预防和减少危机的发生，从容应对各类危机，将危机的危害减少到最低限度，维护企业的声誉和形象都具有重要的作用。

危机管理计划是给管理者提供应对危机的“通用”方法，而不是处理所有危机细节的完全手册，因为企业不可能写一个危机管理计划来处理每一个危机，何况几乎没有一样的危机。一个好的危机管理计划能够让危机管理小组在面对特定危机时，知道如何采取特定的方法处理危机，危机管理计划规定了危机中各个危机管理小组成员和企业各部门之间的分工，一旦发生危机，每个部门和每个人就能很快地根据危机管理计划的要求承担自己的职责。危机管理计划指明了危机所需资源的最佳配置，危机管理所需的资源可以以最佳的方式获得，可以减少危机事件管理中出现的不合理行为和违背全局观念的行为，使危机管理行为更加科学化、合理化。一份完整的公关危机管理计划，一般由以下要素所组成：

1. 标题

危机管理计划的标题比较简单，一般只要写明某某社会组织的“危机管理计划”即可。需要提醒的是：标题下面应表明这一计划制定的时间和版本，如“2008 年 8 月·第一版”。从常规情况看，一个组织的危机管理计划，一般每过两三年就应该修订一次。所以，注明时间和版本就是必须的。否则，不同的版本混淆在一起，执行时就有可能引起某种不必要的混乱。

2. 前言

危机管理计划的前言，主要是说明这一计划制订和执行的有关事项，包括：本组织制订危机管理计划的目的和出发点；这一危机管理计划的使用范围以及执行的起始日期；这一危机管理计划的发放（阅读）范围和保密原则；员工对这一危机管理计划提出修订意见的反馈渠道；其他需要特别提示的事项。从文字上说，前言部分应力求简单扼要，把要说明的事宜交代清楚即可，不必过分展开，以免显得累赘。

3. 危机管理政策

所谓“危机管理政策”，表明的是一个社会组织（尤其是组织的高层领导）对危机管理的基本态度。当危机发生时，是从维护组织的良好形象和声誉出发，坚持把公众利益、社会责任放在第一位，还是只考虑控制眼前的经济损失，文过饰非，一味护短，隐瞒真相，推诿责任？诸如此类，均应在“危机管理政策”中有一清楚的阐述，并将其化为这一组织所有干部员工的共识。显然，只有指导思想和基本态度明确了，危机管理计划中的许多具体措施才能真正落到实处。

4. 危机定义和分级标准

在危机管理计划中，有必要从制订这一计划的社会组织的实际情况出发，对危机有较为确定的定义，并对可能遭遇的各种危机事件进行分级，从而保证实际操作中的有效管理。应该注意这样两点：一是凡这一组织有可能预见的重要危机事件，应尽可能列入其中，不留空白点；二是危机事件的分级应力求层次分明，界限清晰，彼此不发生交叉。否则，一旦危机发生，当事者将无法进行判断。

5. 危机管理机构及其职责

危机管理作为社会组织的一项特殊管理功能，需要有相应的管理机构来负责具体运作和执行。在危机管理计划中，对此必须有所明确，并应单独列为一个部分加以阐述。危机管理机构的设置，不同的社会组织亦有不同的做法，如有的社会组织成立危机管理委员会，下设危机管理办公室或危机管理工作小组，并配备至少一名专职人员。有的社会组织则只有一个危机管理领导小组，不设专门的危机管理执行机构，具体工作交由公共关系部门负责处理。有的社会组织甚至就以公共关系部门代行危机管理机构职责，负责危机管理的全部事务。对这些不同的做法，难以简单地判断其优劣，要本着精简、高效、合理等原则予以确立。

6. 危机预警工作程序

危机管理的要义并不仅在于对已发生的危机事件的处理，而首先在于对可能发生的各类危机事件的防范和预警，争取让它不发生或尽可能缩小其影响范围，减弱其对组织有可能造成的损害。即便这一事件最后不可避免地发生了，组织也因为事先把握了其先兆，做到了心中有数，并做好了各种准备，从而可以从容应对，使这一危机事件的负面影响得到有效控制。这就需要开展危机的预警工作，设计一个可操作的预警工作程序。危机预警的核心工作，实质就是对各种危机信息的检测和分析。所以，在撰写“危机预警工作程序”时，应按照逻辑顺序，分别阐明这样三方面内容：一是所需监测的危机信息的范围；二是由谁来监测这些信息，并进行整理和分析；三是所监测到的危机信息如何处理。其中，最为关键的是第一条，即把哪些信息作为危机预警系统的监测重点。监测方面如果发生了偏差，则预警系统也就失去了应有的效用。

7. 危机事件处理程序和实施细则

当各种突发性的危机事件一旦发生，组织方面采取什么样的对策，通过什么程序进行有效处理，就是社会组织在实施危机管理时必须重点考虑的问题。“危机事件处理程序和实施细则”这一部分，所要阐明的正是这一问题。在实际撰写中，这一部分内容的表述，必须同时具备这样几个特性：一是全面，即所拟写的危机处理的程序和实施细则，必须包括这一组织所有可能发生的危机事件，并根据各类危机事件的不同性质、不同程度，分别拟出具体对策。二是细致，即所拟写的危机处理的程序和实施细则，必须力求细化，设计出危机事件发生后所应采取的每一个步骤和每一个操作环节，从而使这一企业的所有领导员工都清楚地知道，遇到什么样的危机应该按照什么样的程序和实施方法一步步正确应对。三是可行，即所拟写的危机处理的程序和实施细则，必须在实践中具有可操作性。这要求撰写者十分了解这一组织的运作情况，熟悉企业管理的一般流程，并具有一定的危机事件处理的实务经验，从而能够真正从实际出发，来设计和拟写每一个操作细节。四是明确，即所拟写的危机处理的程序和实施细则，必须在用词上非常准确和明确，避免出现某些模棱两可或容易产生歧义的词语，让人在执行时无所适从。在有的危机管理文案中，人们也许可以看到这样的规定性文字：“一旦发生××危机事件，××部门人员应立即向公司危机管理办公室报告”。细细琢磨，这段文字所要表述的意思其实很不明确。首先，“立即”是一个很含糊的时间概念。究竟什么才算是“立即”？是半小时内，还是两小时内，抑或是6小时、12小时内？其次，即使明确了这里的“立即”是指两小时之内，还有一个从什么时间开始计时的问题：是从危机发生之时开始起算，还是从有关人员获知危机发生的消息后开始起算？如不加以明确，在实际操作中就很难掌握。又如，许多人撰文时喜欢使用“原则上”、“一般情况下”之类的词语，而在拟写危机处理的程序和实施细则时，这类词语应尽可能不用或少用。因为用这样的词语来陈述某种管理制度和规定，就意味着默认了许多例外的、不在这些制度和规定使用范围内的情况，也给人们不按这些制度和规定执行留出了相应的空间。这在需要快速反应的危机事件处理中，往往容易产生各种弊端。在特定情况下，如果考虑到毕竟可能存在某些规定不能涵盖的例外情况而不得不使用“原则上”、“一般情况下”这一类词语时，则请注意：在如此陈述某一规定的时候，必须明确例外情况的认定部门，即只有经过什么部门的认定和统一，有关人员才可以对例外的情况进行变通和处理。诸如此类的例子还有很多，撰写者在下笔时当千万谨慎。

8. 危机信息控制和新闻发言人制度

危机事件发生后的信息控制和信息发布（危机传播管理）被视为危机管理的重头戏，甚至把它等同于危机管理。这一看法不是没有道理。正如我们所了解的，一些能够很好地化解某一危机事件的社会组织，往往就是因为在危机事件发生后的信息控制和信息发布方面采取了正确的策略和步骤，从而保证了组织形象和信誉未受到大的损害。为此，在危机管理计划中，有必要对危机事件发生后的信息控制和信息发布工作拟订一份专门的实施方案。这也就是某些专家所说的“危机传播计划”。这一方案的主要内容包括：

（1）危机期间的信息控制。即规定：一旦发生危机事件，什么部门和个人才能代表组织对外发布信息，并回答外界的询问，以及除此以外的成员应该如何应对外界的询问。其目的是保证组织始终以一个声音对外说话，防止信息的交叉、混乱和无序传播。这其实也是平时公关关系传播所应遵循的原则，只是在危机期间尤须严格控制每一细节。

（2）危机期间的信息发布。即规定：一旦发生危机事件，如何根据危机的不同情况，选择合适的实际方式向社会公众发布有关信息、发布什么样的信息，以及如何与新闻媒介进行沟通，如何做好事先准备和事后监控工作，等等。危机期间的信息发布，包括召开新闻发布会、向新闻媒介供稿、接受新闻记者采访，以及在有关媒介上刊登公告、启事、声明等，其一般操作流程与平时的信息发布并无大的区别。但危机期间组织必须做出的快速反应，使这一信息发布工作不可能像平时那样有从容的准备时间。如果简单地套用平时的操作流程，则难免误事。所以，必须根据快速反应的要求，设计一套信息发布的应急程序，并事先准备好有关文本（如公告、声明）的样本，一有需要，即可发布。

应该说明的是：并不是所有的危机事件都必须在信息发布方面做出快速反应的。有的危机事件只发生在一个很小的范围内，事态并不严重，且经过严格的信息控制，不至于发生信息无序扩散的现象。如此，组织方面就没有必要急于向外发布有关信息。否则，不啻是自己给自己做负面宣传，制造舆论危机。只有在下列情况下，组织在信息发布方面做出快速反应才是必要的：

事件发生在公众场合，知晓者较多，信息已无法有序控制。如果组织不尽快出面发布正式信息，表明态度，各种对组织形象不利的留言、猜测和议论将在社会上进一步蔓延，乃至事态本身亦有可能进一步扩大。

某些新闻媒介已经从非正规渠道得知了解事情真相。如果组织不尽快出面发布正式信息，提供有关情况和资料，马上会招来这些新闻媒介的公开质疑和批评，个别新闻媒介还有可能凭着道听途说和主观臆断而产生失实报道。

某些竞争对手可能挑起事端，暗中散布流言，给组织加上莫须有的“罪”名，对组织进行舆论攻击；或者，同类企业发生某些问题，可能累及本组织的社会形象和声誉。如果组织不尽快出面发布正式信息，澄清事实，社会公众中会出现大范围的对组织不利的联想和猜测。

对于这些事宜，在危机管理计划中均应一一明白地做出规定，以便执行。

（3）危机期间的新闻发言人。危机期间，为保证信息的有序传播，重视危机管理工作的社会组织，一般都指派专门的新闻发言人，以统一的口径对外发布信息。如果这一组织平时已设立新闻发言人制度，则可以由这位新闻发言人负责危机期间的信息发布事务，也可以因情况特殊而另行指定更高职务（或更有经验）的人员。如果这一组织平时未设立新闻发言人制度，则届时应指定专门人员来承担这一工作。无论如何，这一人选均应事先确定下来，并有所训练和准备。另外，危机期间的新闻发言人具体承担什么工作职责，新闻发言人与组织各部门之间如何协调，都应事先有所计划，并在计划中体现出来。

9. 危机管理工作的奖惩条例及其他

危机管理计划贵在落实，尤其是危机的预警、危机事件的处理以及危机期间的信息控制和信息发布工作，政策性和操作性都很强。而要保证计划中这些实施细则的真正落实，还必须有一定的配套措施，包括监督检查、奖惩条例和必要的演习工作。作为一份完整的危机管理计划，在这方面亦应做出相应的规定。要强调的是：有关规定应尽可能明确，如各项危机管理措施的监督检查由哪一部门负责，具体标准如何掌握；危机管理的演习如何通知、如何组织，各部门又如何配合实施，均应有相应的条文说明。尤其是奖惩条例的拟写，更应力求细化，什么情况下惩罚，什么情况下奖励，奖惩的尺度如何把握，必须做出明确规定，切忌含糊其辞。这样，执行起来才不至于产生异议。

10. 危机管理基本守则

在不少社会组织中，这一守则，一般以“几要几不要”的格式加以表述，有的是“八要八不要”，有的是“十要十不要”，也有的是“十二要十二不要”，没有成规，可视组织的具体情况和需要而自行酌定。惟应强调的是：无论是“几要”还是“几不要”，每一条都应文字简明、指令明确、便于记忆和执行，切忌搞文字游戏，让人不得要领。

这里列举某企业危机管理的“十要”和“十不要”

公司危机管理“十要”

1. 要经常提高警惕，随时准备面对各类突发事件。
2. 要事先确定和各类公众相处的策略，处理好各方面关系。
3. 一旦发生危机事件，要尽可能快速作出反应，冷静应付。
4. 在处理突发事件时，要把自己的一举一动看成是公司的形象代表。
5. 要假设你对记者说的每一句话都将被报道出去。
6. 要及时和公司危机管理部门进行沟通，请求指导。
7. 如接到电话，要在记录所有询问的同时，记下对方的名字、电话和来电时间。
8. 要想方设法从各种渠道搜集和掌握第一手材料。

9. 即使对方怒气冲冲，也要尽可能谦逊、礼貌和友好。

10. 要把事件发展的每一过程记录在案，以备查考。

公司危机管理“十不要”

1. 一旦发生突发事件，不要犹豫不决而耽误了处理的最佳时间。
2. 在没有充分了解事情真相，不要对事件本身作任何推测和判断。
3. 不要向任何人提供未经公司危机管理部门认可的信息。
4. 不要未经请示就擅自行动，破坏公司的整体计划。
5. 在没有确切把握的情况下，不要轻率地回答任何问题。
6. 在责任未明的情况下，不要随便向任何人表示道歉。
7. 不要强求新闻媒介一定刊登什么或者不刊登什么。
8. 对初识者，不要轻易展示你在公司的真实身份。
9. 如公司方面确有过失，不要强词夺理，导致矛盾进一步激化。
10. 在任何突发事件中，都不要丧失你的冷静和勇气。

第三节　公关危机处理

由非常性因素引发的企业公关危机，是企业的一种严重不良的公共关系状态。面对这种公共关系状态，企业决不能置之不理，任其自流，而应采取一切有效措施做出妥善处理。

一、公共关系危机处理“三部曲”

企业危机的突发性、破坏性、急迫性表明，企业公关危机处理必须以及时的反应、最大的努力严格控制局势，迅速查清原因，积极采取措施，尽力挽回影响。因此必须首先制定出一个反应迅速、正确有效的企业公共关系危机处理程序，以避免急迫过程中的盲目性和随意性，使企业公关危机处理有序进行。企业公关危机处理的通用程序包括以下三个方面：

1. 采取紧急行动

企业公关危机一旦出现，企业就应对其做出反应。具体的工作内容有：

（1）成立临时专门机构。企业公关危机爆发后，企业应立即成立临时的应急小组，即成立临时的形象危机处理专门机构。临时的专门机构是危机处理的领导部门和办事机构，一般由企业的主要领导负责，公关人员和有关部门负责人参加。成立这样一个机构，对于保证危机事态能够顺利和有效地进行处理是十分必要的。危机处理的专门机构 PREHQ（The public relations emergency head quarters）

主要有三方面作用：一是内外联络；二是为媒介准备材料；三是加强对外界公众的传播沟通。

（2）迅速隔离危机险境。当出现严重的恶性事件和重大事故时，为了确保企业及其公众的生命财产不受损失或少受损失，要采取各种果断措施，迅速隔离险境，力求使各种恶性事件和重大事故所造成的损失降低到最低程度，为恢复企业的良好公共关系状态提供保证。在公共关系工作中，危机险境的隔离应重点做好公众的隔离和财产的隔离，对于伤员更是要进行无条件的隔离救治，这也是危机过后有可能迅速恢复组织形象的基础。

（3）控制危机蔓延态势。在严重的恶性事件爆发后的一段时间内，危机不会自行消失；相反，它还可能进一步恶化，迅速蔓延开来，甚至还要引起其他危机的出现。因此必须采取措施，控制危机范围的扩大，使其不致影响别的事物。

2. 积极处理危机

经过第一阶段采取紧急行动，控制了危机损失，尽力做到危机损失最小化之后，企业要从危机反应状态进入积极处理状态。在这一阶段关键是要遵循正确的工作程序，融积极性与规范性于一体，确保有效地处理危机。

（1）调查情况，收集信息。企业出现危机事件后，应及时组织人员，深入公众，了解危机事件的各个方面，收集关于危机事件的综合信息，并形成基本的调查报告，为处理危机提供基本依据。公关危机调查在方法上强调灵活性和快速性。一般主要运用公众座谈法、观察法、访谈法等方法进行调查。在内容上，公关危机调查强调针对性和相关性，一般侧重调查下列内容：①迅速收集现场信息，以便准确分析事故的原因。②详细收集危机事件的信息，包括危机发生的时间、地点、原因、人员伤亡情况、财产损失情况、事态发展情况、控制措施以及公众在事件中的反应情况。③根据危机事件提供的线索，了解危机事件出现的企业组织背景情况，公众背景情况，找出企业、公众与危机事件的关节点。④调查受害公众、政府公众、新闻媒介及其他相关公众在危机事件中的要求。

要注意从事件本身、亲历者、目击者和有关方面人士那里广泛全面地搜集本次企业公关危机的信息，无论是现场观察还是事后调查，都应详细地作好记录，除一般文字记录外，最好利用录音、录像、拍照等进行更为客观的记录，为进行危机处理提供充分的信息基础。危机事件的专案人员在全面收集危机各方面资料的基础上，应认真分析、形成危机事件调查报告，提交企业的有关部门。

（2）分析研究，确定对策。企业危机处理人员提交危机事件的专题调查报告之后，应及时会同有关职能部门，进行分析、决策，针对不同公众确立相应的对策，制定消除危机事件影响的公关方案。在这个环节中，最重要的工作就是对危机影响到的各方面公众采取相应的对策。对策如何，直接影响着公关方案的运作和效果。

（3）分工协作，实施方案。企业制定出危机处理的对策后，就要积极组织力量，实施初步既定的消除危机方案。这是工作的中心环节，在实施过程中应注意：调整心态，以友善的精神风貌赢得公众的好感；工作中力求果断、精练，以高效率的工作风格赢得公众的信任；认真领会公关活动方案的精神，做到既忠于方案又能及时调整，使原则性与灵活性均得到充分的体现；在接触公众的过程中，注意观察、了解公众的反应和新的要求，并作好劝服工作。

（4）评估总结，改进工作。企业在平息危机事件后，一方面，要注意从社会效应、经济效应、心理效应和形象效应诸方面，评估消除危机的有关措施的合理性和有效性，并实事求是地撰写出详尽的公关危机处理报告，为以后处理类似的危机提供参照性文献依据。另一方面，要认真分析危机事件发生的深刻原因，切实改进工作，从根本上杜绝公关危机事件的发生。

3. 重塑组织形象

即使企业采取积极有效的措施处理危机，企业的形象和销售额都不可能完全恢复到危机发生前的水平。公共关系危机对组织形象造成了损害，其不利影响会在今后企业的生产经营中日益显露出来。因此，企业公关危机得到处置，并不等于企业公关危机处理结束，企业公关危机处理还要进入重建企业良好形象的阶段，只有当组织形象重建，才谈得上转“危”为“安”。

（1）树立重建企业良好形象的强烈意识。在危机处理中，企业除了平时要有强烈的公关意识外，还必须树立强烈的重建良好公关形象的意识，要有重振旗鼓的勇气，要有再造辉煌的决心，而不能“破罐破摔”，须知，只有当企业的形象得到重建，才谈得上良好的公共关系状态，企业公关危机处理才谈得上真正完结。

（2）确立重建企业良好形象的明确目标。在重建良好组织形象的过程中，确立重建良好形象的目标是必不可少的一个步骤。总的来说，重建良好形象的目标是消除危机带来的形象后果，恢复或重新建立企业的良好声誉，再度赢得社会公众的理解、支持与合作。具体来讲，大致可以分为四个方面：①使企业公关危机事件的受害者或其家属得到最大的安慰；②使利益受损者重新获得作为支持者的信心；③使观望怀疑者重新成为真诚的合作者；④更多地获得新的支持者。只有达到上述目标，公关危机的处理才算是全面的和完善的。

（3）采取建立良好组织形象的有效措施。企业在确立了重建良好公关形象的明确目标之后，关键是采取有效措施进行实施，达到这些目标。这些措施包括对内和对外两个方面。对内，一是要以诚实和坦率的态度安排各种交流活动，以形成企业与其员工之间的上情下达、下情上达、横向连通的双向交流，保证信息畅通无阻，增强组织管理的透明度和员工对企业组织的信任感；二是要以积极和主动的态度，动员企业组织全体员工参与决策，作出组织在新的环境中的生存与发展计划，让全体员工形成“乌云已经散去，曙光就在前头”的新感受；三是要进一步完善企业组织管理的各项制度和措施，有效地规范组织行为。对外，一是要同平时与企业息息相关的公众保持联络，及时告诉他们危机后的新局面和新进展；二是要针对企业组织公关形象受损的内容与程度，重点开展某些有益于弥补形象缺损、恢复公关状态的公共关系活动；三是要设法提高企业组织的美誉度，争取拿出一定的过硬的服务项目和产品在社会中公开亮相，从本质上改变公众对企业组织的不良印象。

二、公关危机处理的总体策略

在企业公关危机处理的过程中，策略是针对公众心态、需求的不同而进行的决策定位，它要为维护、恢复和发展组织形象服务，同时要适应公众的心理特征、个性背景。企业公关危机的处理必须按照一定的程序进行外，还必须重视讲究有关的策略。企业公关危机处理的策略是指具体进行企业危机处理所须采取的对策与方式及其相应的原则规范。重视讲究企业公关危机处理的策略，对于尽快平息企业公关危机，有效重塑企业的形象，迅速恢复改善公关状态，具有十分重要的意义。企业公关危机处理的总体策略实际上就是企业公关危机处理的原则规范，主要包括如下内容：

1. 积极主动

在企业公关危机处理时，无论面对的是何种性质、何种类型、何种起因的危机事件，企业都应主动承担义务，积极进行处理，即使起因在受害者一方，也应首先消除危机事件所造成的直接危害，以积极的态度去赢得时间，以正确的措施去赢得公众，创造妥善处理危机的良好氛围，而不应一开始就采取消极、被动的态度，追究责任，埋怨对方，推诿搪塞，从而贻误处理危机的时机，造成危机处理的被动局面，引发更大的危机。

国外有一个“35 次紧急电话”的公关案例。美国女记者基泰斯到东京探亲，她在东京的奥达克余百货公司买了一台“索尼牌”电唱机，准备送给东京的亲戚，回到住处后她发现该机未装内件，是一台空心唱机。当她第二天准备到公司进行交涉时，该公司打来紧急电话，在一连串的道歉之后，说该公司副经理将登门拜访。50 分钟后，百货公司副经理和一名职员匆匆赶到，送上一台新唱机，并外加一盒蛋糕、一条毛巾和一张著名唱片，在谢罪的同时，他们讲述了公司自行发觉并尽快纠正这一错误的经过：当天下午 4 点 32 分，售货员发现售出一台空心唱机后，即报告警卫人员迅速寻找这位美国顾客，但为时已晚，遂报告监理员，他又向监督和副经理汇报。经分析，决定从顾客留下的“美国快递公司”的名片这一线索出发，当晚连续打了 32 次紧急电话向东京周围的旅馆询问联系。另外还派专员用长途电话向“美国快递公司”总部打听，结果从快递公司回电中知悉这位顾客在纽约母亲家中的电话，随即再打电话了解到这位顾客在东京亲戚家的电话，结果终于在她离开之前，打通了电话，找到了空心唱机的买主，更换了唱机，取得了这位美国顾客的充分谅解和信任。此事曾被美国公共关系协会推举为世界性公共关系范例，可以看出日本公司是靠着积极主动避免一场危机的。

积极主动还表现在维护公众利益上，公众之所以反抗企业组织，“制造”出危机事件来，最根本的原因就是公众感到在利益上受到了一定程度的损害，他们要运用新闻、法律武器，保护自己的合法利益。因此，企业要以公众利益代言人的身份出现，主动弥补公众的实际利益和精神损失。

2. 情谊联络

在危机事件中，公众除了利益抗争外，还存在强烈的心理怨怒，因此在处理中企业不仅要解决直接的表面的利益问题，而且要根据人的心理活动特点，采取恰当的心理情谊策略，解决深层次的心理、情感问题。

情谊联络策略，主要是为了强化企业组织与公众的情感关系。有的因生疏造成的危机事件，直接利用情谊联络的方式，就可以达到消除危机、增进友谊、发展感情的目的。公众都是有感情需要的人。公众情感是在对企业组织的评价和情感体验的基础上形成的，具有重要的行为驱动作用，是公众理解和支持企业组织的动力源泉之一。在大量的危机处理过程中，有意识地施加情感影响，可以大大强化其他措施的影响力，树立组织的良好形象。例如，沙松电冰箱厂在处理沙松爆炸事件中，渗透了浓烈的情感影响，取得了很好的效果。

3. 如实宣传

企业公关危机处理的一个重要原则就是如实宣传，实事求是。危机发生后要如实地与公众沟通，并主动地与新闻媒介取得联系，公开事实真相。对于新闻媒介记者和广大公众，都不能因为他们不在现场、不知底细，或不懂某一专门行业对其弄虚作假，更不能对其采访和打探情况设置障碍。总之，对各方面公众都要如实宣传，这也是危机处理的基本要求。1993 年 8 月 5 日，深圳发生大爆炸事件后，市政府立即作出决定：“要抢先境外传媒，作出报道”。市政府马上向国内传媒提供了第一手资料，避免小道消息流传，以讹传讹。新华社、中新社都在同一时间发布消息，包括死伤人数、地点及爆炸性质，由于沟通及时，避免了公众的过分恐慌，使公众和新闻界不去“估计”和作出缺乏现场感的“分析”。

4. 超前行动

企业公关危机尽管具有潜伏性的特征，但许多事情还是可以预测的，只是不知道什么时间、什么地点爆发罢了。超前行动策略就是指企业要通过经常的调查分析，及早发现引发危机的线索和原因，预测出将要遇到的问题以及事件发生后的基本发展方向和程度，从而制订多种可供选择的应变计划。对一切有显露的问题要积极采取措施，及早作出处理，将危机扼杀在萌芽状态。对没有显露的问题也要细心观察，作好防御，以便在问题显露时作出快速反应，努力减少危机造成的损失。

5. 富有创意

公关工作的最大特点是创造性，处理形象危机更要发挥创造性，渗透着创造性的危机处理，其结果往往是“旧貌换新颜”，有时甚至还会出现一个出乎人们预料的美好结局。其实，所谓创造性策略就是在设计危机处理方案时，在充分考虑各方面的条件和因素的前提下，因人、因地、因事制宜，争取对公众、社会、企业都有益处。

6. 注重后效

企业公关危机处理要注重后效。这是指既要着眼于当前企业公关危机事件本身的处理，又要着眼于企业组织良好公关形象的塑造。不能采取头痛医头、脚痛医脚的权宜之计和视野狭窄、鼠目寸光的短期行为，而应从全面的、整体的、未来的、创新的高度进行企业公关危机事件的处理。因为危机与机遇并存，所以，形象危机的处理必须努力取得多重效果和长期效益。

三、公关危机处理中的传播沟通

传播沟通在管理的任何时候都十分重要，缺乏良好的沟通，任何的管理行为都无法有效地实施。企业公关危机发生后更离不开传播沟通，它是迅速处理企业公关危机的关键。

1. 危机处理中的传播沟通策略

企业在危机事件出现后，为了求得公众的准确了解、深入理解、全面谅解，很有必要向广大公众传播有关信息。因此，在形象危机的处理中，为了增强信息传播的有效性，策划者必须提出一定的传播对策，以确保企业公关危机处理的顺利进行，取得良好的危机处理效果。

（1）迅速开放信息传播通道。企业公关危机事件的出现，往往会引起新闻媒介和广大公众的关注和瞩目，这时企业必须做到迅速开放信息渠道，把必要的信息公之于众，让公众及时了解危机事态和企业正在尽职尽责地加以处理的情况。面对新闻界的竞相报道和社会公众的有意打探，如果企业组织在这时隐瞒事实，封锁消息，不仅不会给企业带来什么好处，反而会引起新闻界公众的猜疑和反感，促使他们千方百计地从各种渠道收集材料，挖掘信息，这就很容易出现失实和不利的报道，从而更有可能给该企业的危机处理带来麻烦，产生新的形象危机。这时的社会公众也是最容易产生猜疑、误传或者轻信不良信息的，这更会给企业造成不利的社会影响。因此明智的做法是，开放信息传播渠道，公布事实真相，填补公众的信息空白，让新闻界传播客观真实的信息，让广大社会公众接受客观真实的信息。当然，开放信息传播渠道并不是让公关危机事件及其处理情况的有关信息放任自流，而是要让其有秩序地传播。这样，就要求企业要做好信息传播的基础工作。

第一，准备好要传播的信息。这主要包括信息的搜集、整理、分析、加工等内容。一是信息的搜集，信息的搜集一定要全面，要通过有关途径取得完整的企业公关危机事件及其处理情况的一切信息。二是信息的整理，其关键的问题是对已搜集的信息进行分类存档，以备查用，或为新闻界提供原始材料。三是信息的分析，即分析各种信息的真实性、可靠性，以及由这些信息反映的企业公关危机事件及其处理过程的发展情况，此外还要对这些信息中哪些应尽早传播，哪些应稍缓传播，哪些应大范围传播，哪些应控制范围传播等作出具体分析，拿出具体意见。四是信息的加工，即对需要的信息进行内容和形式的加工，其目的是确保信息传播的真实性和准确性，帮助新闻界作出正确的报道。

第二，确定信息的发布者。即确定企业公关危机事件及其处理情况的正式发言人。发言人最好由危机处理专门机构正式确定，也可以临时委任。发言人的人选应视危机事件的性质和严重程度而定。发生重大危机事件的情况下，一般由总经理担任。发生一般危机事件的情况下，一般由公关部经理担任。确定发言人的目的是确保对外传播信息的准确性和权威性，因此，在企业公关危机处理的过程中，危机处理专门机构的信息要全部汇向指定的发言人，发言人要完全了解和明白企业将要发布的信息。

第三，设立信息中心（PIC）。在企业公关危机事件，尤其是重大的危机事件发生后，前来采访的记者会很多，前来咨询的公众也会川流不息。这时必须考虑设立一个信息中心。信息中心的任务是负责接待前来采访的记者和前来咨询的公众；负责为新闻记者指引采访的路径，并为其提供通讯、休息乃至食宿的方便；负责向公众解答有关的咨询问题，并将公众的意见做好记录；在危机处理专门机构的统一部署、统一指挥下负责公布危机处理的进程。信息中心的负责人一般由危机处理专门机构委派的发言人担任，也可以由企业公关部经理担任。

第四，始终坚持两个原则。在企业公关危机处理的过程中，整个传播过程都要贯彻两个基本原则：一是统一口径原则（A one-voice principle），二是充分显露原则（A full-disclosure principle）。危机处理的传播工作很重要，因为“一言既出”，事关全局，影响甚大，传播出去，“驷马难追”，所以必须注意统一口径，避免企业人员的言辞差异。坚持统一口径原则还能给公众留下企业是团结战斗的整体，企业领导人有能力、有决心、有诚意处理好这一公关危机事件的美好印象；还要坚持充分显露原则，对有关危机事件及其处理的信息知道多少要传播多少，不要有所取舍，更不要隐瞒或歪曲。

(2) 有效控制新闻传播走向。开放的信息传播通道有利于避免新闻记者和广大公众的猜疑、误传，为人们提供了可靠的信息来源。但是，由于新闻记者和广大公众对于企业公关危机事件所持的态度不同，看问题的角度不一，因而也有可能使信息传播朝着不利于企业公关危机顺利处理、组织形象恢复重建的方向发展。所以，在开放了信息传播通道后，还必须有效控制信息传播的走向。

第一，尽力进行事前控制。这是指在新闻媒介发布有关信息之前所进行的新闻传播走向控制，它是新闻传播走向控制的最为主动的办法和最为有效的措施。具体办法有：请权威人士发布信息；以书面形式发布信息；制作完整的新闻稿件，聘请权威新闻机构的新闻记者担任新闻代理人；邀请政府官员出面发表见解等。企业若能做好事前控制，对尽快摆脱危机、恢复正常的公共关系状态是十分有利的。

第二，适当进行即时控制。这是指新闻媒介即将发布有关信息之时进行的新闻传播走向控制。这种控制一般难度较大，因为记者如何写的报道一般不容易知道。一般地，主要要掌握前来采访记者的情况，如有哪些记者曾前来采访过，他们是哪些新闻机构的记者。在此基础上，向新闻机构及时传达信息，并通过原来与新闻机构建立的各种联系，借助于内线人物及时纠偏。

第三，设法进行事后控制。这是指新闻界在发布了有偏向信息之后所进行的新闻传播走向控制。这方面的办法主要有：当新闻记者发表了不符合事实真相的报道时，可尽快与新闻机构接洽，向其指明失实之处，提出更正要求；当新闻记者或新闻机构对更正要求有异议时，可派遣重要发言人，如当事人或受害者本人接受采访，反映真实情况，争取更正机会；当新闻记者或新闻机构固执己见，拒不更正时，可用积极的方式在有关权威媒介上发表证明正面申明，表明立场，要求公正处理，必要时可借助法律手段，但要慎重采用。

第四，消除危机处理中的谣言。谣言是毁坏组织形象、涣散企业组织的恶魔，企业在形象危机处理过程中，应注意预见谣言产生的可能性，一旦谣言产生要沉着应战，遇事不慌。危机事件中产生谣言的主要因素有：公众缺乏可靠的来自正常信息渠道的信息，人们得不到正常渠道的消息，就会向非正常渠道获取，就难免谣传纷起；公众缺乏完整的信息，信息不完整就会给人留下想象或捏造的空隙，从而产生谣言；危机形势紧迫，公众担忧和恐惧，感到形势无法控制，对前景丧失信心，悲观失望，任由事态发展，也会产生各种谣言；传闻失实，小道消息流传，使公众对正常渠道的信息产生怀疑，这种怀疑使一些人信谣言、传谣言；从企业传出的信息有出入，不是统一口径，公众从企业听到不同的声音，自然会产生思想疑虑，这种疑虑是导致谣言产生和流传的基础。

企业消除谣言首先要消除产生谣言的气候和土壤。在企业公关危机处理中，要认真研究以上因素，仔细分析和观察事态的发展，保证信息渠道的通畅，积极沟通，这样，就能在一定程度上防止谣言的产生，一旦谣言产生，企业要以积极郑重的态度应对谣言。辟谣的对策包括：首先，要分析谣言传播的范围、造谣者的意图和背景、谣言的起因以及谣言造成的影响，在分析的基础上寻求阻止谣言流传的最佳方案。其次，要选择恰当的媒介，及时提供全面的、确凿的事件真相，让事实讲话，让行动证明，动员一切可以动员的力量（包括企业员工和本地区的行政首脑、知名人士、舆论界权威和一切有社会影响的人），通过多种渠道、多层次地宣传，防止谣言的流传。最后，在企业内部广泛地开展谈心活动，进行各种形式的信息发布，让企业全体人员体会到企业辟谣的决心，加强企业的凝聚力。辟谣方案实施前，应召开基层人员座谈会，听取意见，保证辟谣工作的实施。

2. 危机处理中的内部沟通

真正做好危机管理工作，需要企业高度重视内部人力资源的利用与潜力挖掘，在内求团结的基础上才会使得员工为企业的转危为安贡献才智。企业内部沟通对于危机中的企业来说至关重要。

（1）内部沟通的作用。首先，通过沟通，员工可以详细了解危机状况，容易焕发出员工对企业处境的同情并增强责任感。如在 PPA 风波中，中美史克公司向员工传递了危机相关信息，通报了企业举措和进展，企业的推心置腹、坦诚相见和诚挚果断打动了员工，在企业内部赢得了积极公众，员工空前团结一致，员工与企业同患难共命运。但如果企业没有事先与员工作深入沟通，他们是不会表现出忠诚的，往往会在企业危机最需要员工支持时却找不到合适的、值得依赖的人。其次，避免谣言从内向外传播。企业进行了有效沟通之后，员工会减少对企业的胡乱猜测，避免去做任何他们认为可能伤害到企业的事情。最后，通过沟通，使员工安心于本职工作，保持工作的积极态度。危机中的企业很容易人心涣散，各种问题会接踵而来，增加危机的破坏程度。通过内部沟通，让员工充分了解危机情况与企业进展状况，这样员工很少会被危机分散注意力和压垮，更可能对于危机解决持积极乐观的态度，并自觉地充当企业危机管理的宣传者，有助于说服顾客、供应商和其他公众产生同感。

（2）危机中如何与员工进行沟通。首先，尽快和员工沟通。对于危机中的内部沟通，很多危机管理专家都强调一个“快”字。在危机发生之后，员工们应该得到在通过其他途径了解危机情况之前获知危机真相的权利，让他们成为企业喜怒哀乐的分享者。企业应该就危机形势与所有员工开诚布公地进行沟通，让员工清楚地知道企业可以公开的信息，如果有可能，可以采纳员工对危机的建议。如果危机比较严重，发生员工伤亡损失事故，要尽快通知员工家属，做好慰问及善后处理工作，并争取把这些坏消息毫不隐瞒地告诉其他员工。其次，尽可能多地向员工传达有关信息。在危机中，员工希望知道尽可能多的危机情况，尤其是一些核心信息，谁也不希望被隐瞒。如果员工觉得自己能够以一种真实的不被操纵的方式了解整个情况，他们可能会更支持企业，但如果企业认为员工想要知道的是机密的事，要注意向员工解释为什么现在不能告诉他们。此时，企业可以根据需要细分员工，根据不同级别采取不同的沟通方式。再次，设身处地地为员工着想，确保所有的员工基本上能同时得知所有重要的信息。以员工的立场考虑，企业有义务说明什么，员工会希望通过什么途径知道这些信息，时间间隔会是多长？同时，将消息传达给所有的员工可以使被传达的信息保持一致性，可以减少员工通过其他的途径得知这些信息而出现信息偏差的机会，有利于企业沟通工作的开展。再次，要为员工提供更多的机会来表达个人意见。在危机中，员工需要有机会来提问题，探究问题的根源以及发泄不满。企业要通过诸如领导个别接见、部门或员工大会等途径给员工提供充分的提问机会，收集和了解员工的建议和意见，做好说明解释工作，让员工知道在出现新的信息和事情有所改变时，企业会及时与他们进行沟通，确保员工对于危机变化的情况都能及时了解，让员工随着企业的行动而行动。最后，选择合适的发言人。企业要确定需要传达的信息以及企业中最适合的、能够最有效传达此类信息的人员，保持内部沟通的良好效果。谁是发布这一信息最可信的人？是应该由企业高管理者宣布，还是由直接涉及此信息的决策人宣布更合适呢？这些问题要切实考虑好。

(3) 企业内部沟通的途径。在危机中，企业要考虑选择效果最好的沟通工具来传递信息，向员工告知事故真相和企业采取的措施，使员工同心协力，共渡难关。下面是一些企业可能会采用的沟通途径。

第一，员工大会与部门会议。召开员工大会与部门会议是企业说明重要问题的惯常作法，也是最权威、最正式的内部沟通方法之一。当企业员工人数比较少或者员工分散在许多地方但可以实现电视、电话会议时，所宣布的事会对企业产生很大冲击，需要一个人同时向所有的人传达同一个信息时，员工大会这种形式是很实用的，通常效果也最好。要注意的是，应该留有大量的时间用于回答员工的问题，倾听他们的评论和建议。如果所宣布的事并不是很紧急或者企业太庞大以至于无法召开员工大会时，所传达的信息对某些部门的影响要超过对其他部门，部门层次的会议就是最合适和有效的了。在企业高层官员简要传达后，各部门的经理可以根据自己的领域进行发言，以表达他们对企业所采取行动的支持和信任，也要注意留出足够的时间来回答问题或听取员工的意见和评论。

第二，企业简报、公告牌或企业报纸。在危机中，企业简报、公告牌或企业报纸是强化关键信息和提醒员工有关企业的信息和行为的便利工具，可以承担起内部沟通的媒介作用，尽可能真实反映危机的真实情况以及危机管理的措施。只是由于企业报纸的出版周期会长一些，不利于危机的快速反应。一般来说，企业多采用企业简报、公告牌在企业内部随时发布信息，及时向员工通报企业的行动趋向。

第三，单独会见。单独会见是企业领导经常采用的内部沟通措施，可以很直接、随意地交流看法。当所传达的信息只会影响少数员工，并且需要他们理解企业决策以及对他们产生的影响非常重要时，或者传达的信息特别敏感和重要时，单独会见是最有效的。

第四，电话与电话会议。电话作为便捷的沟通工具，在企业里应用最为广泛，危机管理中很多信息的传递都会涉及电话。当企业需要快速传达所要沟通的消息，并且不会因为这样做过于私人化而让员工反感时，可以考虑打电话。当只向很少的人传达信息，并且在传达的时候不需要同时联系多个员工时，电话是最有效的。而当处在不同位置的几组员工需要迅速知道信息而且能有机会提出问题并给予反馈时，电话会议也是一种有效的沟通方式。

第五，互联网。互联网是现代社会沟通的便捷手段，很多企业通过内部局域网的建设，构筑了企业的网上世界。企业可以采用电子邮件、网络寻呼与电子公告牌等方式随时向员工发布最新的重要信息，提供最新的管理策略，以及寻求员工们的建议与支持。

第六，非正式传播渠道。员工在工作中形成的一些人际关系构成了企业内部非正式传播的交流网络，传播形式多表现为“小道消息”。这种小道消息往往传播速度快，不受时间、地点限制，容易使双方产生亲切感，能够立即得到信息反馈并可根据信息反馈及时调整谈话内容，能够获得正式传播达不到的效果。“小道消息”具有两面性，公关人员如能善加利用，通过员工在生活中形成的一定人际关系所构成的非正式传播交流网络传递正式传播所无法传送或不愿传送的信息，可以达到理想的传播效果。

3. 危机处理中的新闻发布

在危机中，企业可以通过什么途径进行沟通，如何保证效果，是危机传播管理工作应该考虑的核心问题。一般说来，企业与新闻媒体接洽、沟通，争取其公正客观的报道，可以利用的形式主要有：

（1）新闻稿。新闻稿是一个由企业自己拟订的、用来宣布有关企业信息和官方立场的新闻报道，是妥善发布危机情况的“明确”的新闻信息。新闻稿可以是企业声明，可以是企业新闻，也可以根据情况和需要决定其具体形式。通常，新闻稿篇幅短小精悍，当危机具有新闻价值时，企业可以及时分发给有关新闻媒体。实际上，许多在企业都备有新闻稿，以便紧急情况下派发。大多数公关专家都认为，在危机中，新闻稿很难成为企业的惟一声明，但有助于说清事实真相，提供详细的背景信息，在企业希望把同样的信息同时传递给多家媒体的时候，采用新闻稿是最有效的。

（2）新闻发布会。如果危机引起了较大的关注，企业应该考虑召开新闻发布会，本书第三章对新闻发布会已经做了介绍，这里着重介绍一下企业危机发生时如何接受媒体采访。接受新闻媒体采访是危机中企业领导和新闻发言人的必修课，因为记者总是渴望知道得更多，而企业领导和新闻发言人无疑是最佳采访对象，这时企业就要考虑如何面对新闻媒体的专访问题了。一般来说，当企业要给媒体提供特定的线索或消息时，最好是采用一对一的媒体专访，这也是与个别媒体联系的最好方法。不过，在记者的采访过程中，很容易遇到记者提出的一些难题。记者为了获取更多的新闻素材，往往会采用职业技巧来让被采访者自动地落入记者的圈套中，甚至是采用欺骗的手段，特别是对那些不能够给予媒体很好素材的企业，记者会竭尽全力地挖掘企业的新闻价值。此时，企业领导和新闻发言人就迫切需要提高个人能力，掌握应对记者的基本技巧，下面结合中美史克公司新闻发言人杨伟强就《中国经济时报》记者的专访，描述记者"算计"的技巧以及应对建议。

第一，错误前提。记者故意以一个声明作为问题的开端，测试企业是否会更正这个声明。真正的问题也许跟这个前提毫无关系，但记者会用它来判断企业的反应。要是没有反应，记者就会据此推断企业对于这个前提的某些看法。

对策：如果该前提不正确，在回答问题之前应立即说明实际情况，进行纠正，绝对不要接受一个错误的前提。

记者：有人认为，国家药监局的政策有点仓促，中美史克是否承担了不该承担的损失？

杨伟强：药监局作为国家药品安全管理部门，肯定要对全国老百姓的健康负责。回到我刚才说的，这就是大我与小我的关系。我是相信药监局既想保护企业，也想保护老百姓的健康，一旦两者发生冲突时，政府自然要把12亿人口的利益放在第一位，小我要服从大我。

第二，假设情况。记者想要企业来谈论某些企业也许会回避的事情的时候，最常用的方式之一就是通过对某些可能发生或者根本不会发生的事提问，希望企业能够谈谈这件事，从而使企业透露某些具有新闻价值的信息。

对策：告诉记者企业不会就假设的情形发表看法，而且要管住自己不这么做。

记者：根据你个人以及企业所知道的专家意见，你认为康泰克到底有没有问题？

杨伟强：一个人或者几个人的看法不足为据，要想得出一个权威的结论，必须有一个专家群的统一意见。

第三，以我听到一个谣言开始。有些记者为了对企业内部信息了解更深入，也许会看一看企业对他们事先捏造的事情有何反应，从而在无意中从一个有趣的角度涉及关键主题。

对策：如果谣言不是真的，就应该立刻加以否定，还要注意给出企业合理的理由，最好随时准备好一些有利于企业申辩的材料，以便更有说服力地答复这些问题。

记者：PPA 事情出来后，就有消费者给我们打电话说，他吃康泰克有副作用，康泰克早就应该被禁。对这一问题，你如何看待？

杨伟强：康泰克在中国销售了 12 年，之所以能在市场上发展这么多年，不是靠我们打广告能做到的，靠的是这种药在大多数人那里是安全的，有疗效的。从销售开始，如果平均每次服用 4~6 粒，那么全中国就有 8 亿多人次服用过这种药，如果没有疗效，恐怕早就被扔到臭水沟里了，怎么会生存 12 年呢？但药的副作用是客观存在的，有些人副作用可能会大些，有些人可能会小些。

第四，对竞争做出评论。很多时候，记者会要求企业对竞争对手进行评论，这些问题可能很自然地涉及竞争对手的新的广告活动、企业领导或转移到新目标市场的决策，但是企业要知道这有可能会引起企业与同行之间的争执。

对策：把不谈论竞争对手作为企业的行为准则，尤其是在危机中，向记者说明企业的处境并争取其理解。需要注意的是，企业不可能完全了解竞争对手所做出的决策，而且任何企业也不会愿意让竞争对手来剖析自己，所以，企业最好不要对此抱有什么幻想。

记者：你们的竞争对手在 PPA 事件发生后，利用这一市场空隙，你怎么理解？

杨伟强：在事情发生以后，我们的一些竞争对手必然会利用这个机会多占些市场份额，也有和我们代理商接触的，这很容易理解。但在这个问题上，我们的代理商始终和我们站在一起，这令我非常感动。

第五，固执的记者。有时候，有些记者为了获取独家新闻，会试图要挟企业提供他们正在寻找的信息，要是企业不愿配合，他们就会以报道不利的新闻或从其他地方查找信息来威胁，给企业造成压力。

对策：企业冷静地向记者表明记者可以做任何他们想做的事，但企业不会背离自己的原则和判断，同时简要地解释企业为什么不愿深入提供信息的原因。

记者：康泰克在中国感冒药市场上占的市场份额有多少？

杨伟强：说不清楚。你们知道，现在各种对市场份额的统计很难说是准确的。

记者：你们的产量有多少，是否可以透露一下全年的销售额？

杨伟强：这不可以说。药品是有季节性的，冬天和春天季节，一般是感冒高发季节，感冒药的市场需求就大，是感冒药销售的黄金季节，这段时间产量就会相对大一些；反过来，夏季的产量就小一些。

第六，对新闻媒体说“无可奉告”。很多经验表明，企业“无可奉告”只会显得企业本身不可信或者在试图逃避问题。

对策：在回答记者的提问时，尽可能不说“无可奉告”，只要企业有所准备，就应该多披露一些内情。为了避免说“不利的事无法直接回答”的问题，可以采取多种方法予以转移话题而不要总是说“无可奉告”。

记者：康泰克的停产给企业造成了多大的经济损失？

杨伟强：暂停使用康泰克确实给企业带来了经济损失，但是这里边有一个大我和小我的关系。从大我的角度来看，我们认为，政府做出这样的决定，是对消费者负责，是有道理的。

【案例讨论】

北京三元应对乳业危机

“三聚氰胺”事件几乎是一夜之间摧毁了中国乳业快速发展的神话，截至2008年9月21日，因使用婴幼儿奶粉而接受门诊治疗咨询且已康复的婴幼儿累计39965人。中国国家质检总局公布对国内的乳制品厂家生产的婴幼儿奶粉的三聚氰胺检验报告后，事件迅速恶化，包括伊利、蒙牛、光明、圣元及雅士利等在内的22个厂家69批次产品中都检出三聚氰胺。消费者对国内乳品品牌失去了信任，中国乳业陷入前所未有的危机。北京三元食品股份有限公司（以下简称三元）成为国内几大乳品品牌中的硕果仅存者，在奶粉及液态奶的多次抽查中，均未查出含有“三聚氰胺”。

普纳营销传播机构成功运作了这一公关项目。

1. 项目调研

调研显示，消费者在事件后有暂停饮用的趋势，其中转换品牌或品类的消费者占多数，这预示着三元有品牌突破的机会，单从消费者的角度，三元应快速抓住这短暂的时机，突破三大品牌束缚，重新梳理消费者心智中的品牌排序，圈下自己的品牌占位。

行业及舆论环境调研发现，“三聚氰胺”是全行业危机，三元不可能独善其身，三元面临机遇，更存在风险。但面临全行业的危局，仅仅考虑消费者是远远不够的。从行业及当时面临的复杂的舆论环境看，任何沾沾自喜或者“落井下石”的行动来高调表明自己的“独善其身”都可能遭来灾难性的结果。在中国乳业面临风雨飘摇的时刻，保持行业的稳定，不仅对企业甚至对全社会而言是更重要的选择。

如何通过合理的公关策略、有效的危机管理措施和对外传播口径，平稳度过行业危机，并树立良好的行业形象及社会形象，重塑消费者购买信心，成为三元必须面对的课题。

2. 项目策划

危机来临之时，是一个敏感的时期，政府态度并不明朗，消费者处于一种普遍的迷茫和信心缺失的状态。三元危机项目组果断意识到，这时候三元并不能脱离开危机本身独善其身，更不可能以高调的姿态张扬，作为一个高度负责任的国有企业，应该在风口浪尖站在全行业的角度去审视问题，共同去正视困难，呼唤全行业的道德自律。

(1) 公关策略。首先确定核心公关原则及目标。谨慎面对机会，更多考虑风险，平稳度过危机，树立品牌信任。明确对外统一口径，第一时间召开以“质量立市，诚信为本”为主题的新闻发布会，提出“皮之不存，毛将焉附”，对外宣布三元将与各大乳品企业共渡难关，并向全行业发出了诚信自律的倡议书。此后，将策略瞄准积极跟随政府导向，不盲目擅自行动。2008 年 12 月，在国家七部委联合举行的“百家食品企业道德承诺践行”活动中，三元作为第一家企业代表全国乳品甚至食品企业做出道德承诺，并在联名倡议书上首个签字。

(2) 传播计划。围绕两大行动，三元在传播中予以正面传播的积极配合，传播策略上侧重与主流媒体的深度合作，包括新华社、《人民日报》、中央电视台等，传递政府及行业倡导，导入三元的正面声音，同时平面媒体传播囊括中央、都市、行业等类，网络媒体覆盖所有门户网站，实现了传播渠道最大化。稿件内容注重深度挖掘，避免平铺直叙，更多促成行业及社会对危机的反思，并成功传递出“三元模式”的概念，传播上注重掌握节奏，将整体分为三个阶段，时间节点清晰，保证传播有序进行。

3. 项目执行

(1) 行动篇。事件迅速爆发并升级后，在了解消费者和行业现状后，三元处在一个非常敏感但却倍受关注的阶段。这个时间，三元可以选择沉默，也可以选择高调宣传，综合考虑各方面情况后，三元启动了紧急预案，在第一时间召开主题为“质量立市，诚信为本”的新闻发布会，三元对外传递出行业面临危机，三元愿与各大乳品企业共渡难关，呼唤中国乳品企业道德自律的概念。同时向恐慌迷茫的消费者传递中国乳业的真实现状，告诉消费者：“中国大多数乳品企业都是有责任心的，中国的乳品企业也能生产出好奶!”三元全局性的危机应对策略在媒体和业内迅速产生反响，并进一步在政府相关部门中树立了良好形象。

正是因为在事件中的优异表现，国家七部委联合举办的“百家食品企业道德承诺践行活动”于 2009 年 12 月在三元举行了启动仪式。不仅仅在乳品行业，也在整个食品行业起到了标杆型的示范作用。在大会上，三元庄重面向全行业做出道德承诺，并首先签署了企业道德自律倡议书。

(2) 传播篇。活动树立了品牌高度，如果让老百姓认识到三元乳品的优异品质，这就需要传播的覆盖。在传播过程中，一共划分为三个阶段。

第一阶段：低调回应战略布局

事件集中爆发期，消费者普遍处于恐慌中，尤其在网络上，一片骂声，对中国的乳品普遍失去了信心。在这样一个众多品牌纷纷倒塌的敏感阶段，包括中宣部对严禁扩大事件传播的指示，三元的传播基本原则是回避事件及企业自身，配合新闻发布会，站在全行业角度审视危机，并提出行业道德自律。在传播中，重点与新华社、《人民日报》等最权威的中央媒体沟通，进行政府层面的正面引导，不做企业主导的“泛传播”，不多说话，不乱说话。包括新华社、《人民日报》在内的中央主流媒体都予以了专题性的报道，其中，《人民日报》专版撰文《“放心奶”源自“良心话”》。

第二阶段：平面传播深入人心

事件逐步平缓，人们开始反思的阶段，逐渐导入企业正面传播，提出“三元模式”，展示三元在盲目扩张的乳业环境中，遵循客观规律，坚持注重奶源建设的科学发展模式，同时强调长期秉承的企业责任心，三元以行业正面榜样的姿态出现。在传播中，从一个负责任的良心企业到一个遵循乳业科学发展模式的企业，双重角度构建新闻选题，引导出中国乳业良性发展的正确方向，引领危机事件背后的普遍思考，通过多渠道的广泛传播，在行业内引起强烈反响。“三元模式”更成为业内标杆。不少全国核心媒体以大版面来进行相关报道，对迷茫期的消费者产生深远影响。结合“百家食品企业道德承诺践行”活动，包括央视《焦点访谈》在内的核心媒体深入报道三元事迹，将这一阶段传播推上了高潮。

第三阶段：结合事件再度推动

事件后续期，结合全新的《食品安全法》的颁布实施，以及三元成功收购三鹿等一系列重大事件，在巩固已形成的品牌印象基础上通过针对性的事件传播使三元的品牌形象快速提升，特别是媒体予以积极评价，三元成为有力推动中国乳业消费者信心恢复的积极力量。

4. 项目评估

回顾从危机爆发到乳业消费者信心恢复，在长达9个月的时间过程中，三元与中国乳品行业一起，经历了历练，得到了成长。三元的卓越表现在政府、行业圈、消费者、企业内部等多个层面，都赢得了一致好评。三元也成功达到了借势实现品牌全面提升的目标，距离重新回归中国乳业第一阵营的目标已经指日可待。三元坚守的道德底线以及遵循的以自建奶源基地为主的科学产业链发展模式，被冠以“三元模式”，成为危机后业内反思的重要参考。三元并购三鹿布局全国，重新成为乳制品行业舆论关注的焦点。

根据最新的统计数字，2009年1~11月，全国规模以上乳制品企业总产值已达1498亿元，同比增长12.08%。而同期，三元增长达到了惊人的84%，不仅远远高于行业增长，还创历史新高。数据表明，中国乳制品行业的信心正在逐步恢复，而在这样一个春天比预想来得要早的过程中，在重塑国人对乳业的信心的过程中，三元通过有效的危机管理贡献了一份公关的力量。同时，三元通过正确的策略大大抓住了危机事件中的机遇大踏步的成长，在收购三鹿布局全国的稳健战略中重新回归到中国乳业第一阵营的行列。

（资料来源：中国国际公共关系协会. 最佳公共关系案例［M］. 北京：企业管理出版社，2010.）

讨论题：

1. 作为国内乳业未受“三聚氰胺”侵蚀的幸存者的北京三元是如何应对乳业危机的，体现了其怎样的公共关系思想？

2. 作为一家行业企业应该怎样应对整个行业性的危机，北京三元的做法对我们有哪些启示？

【实训项目】

公共关系危机处理模拟训练

实训目的：

提高公共关系危机处理能力。

实训课时：

2 学时。

实训地点：

教室或模拟实训室。

实训背景：

某高校连续几天陆续有同学因拉肚子到校医室输液，当地媒体闻讯到该校采访，因沟通不畅，导致媒体报道夸大其词，造成不良影响。学生对学校意见较大；家长及学校上级相关管理部门纷纷致电询问。针对此情景，该校应如何进行危机公共关系，澄清事实，化解危机，重塑形象？

实训步骤：

(1) 指导教师将本班同学分为 4~5 组，每组指定一个组长。

(2) 各组分别认真分析讨论学校面临的危机的原因是什么。

(3) 在此基础上制定出各组认为能化解此次危机的处理方案。

(4) 由各组选代表轮流展示自己的方案，组内其他同学补充。

(5) 各组对本次实训进行总结，指导教师进行点评。

实训成果：

选择有典型性的方案提交讨论，方案可以是较佳的方案，也可以是存在不足的方案。

实训手记：

通过训练，我的收获是：＿＿＿＿＿＿＿＿＿＿＿＿＿＿＿＿＿＿＿＿。

【课后练习】

一、单选题

1. 发生突发性危机事件后，应该（　　）。

A. 立即保持沉默，回避新闻界

B. 立即安置公众，不必做任何解答

C. 由专人向公众发布信息，集中处理与事件有关的新闻采访

D. 以“无可奉告”为由，鼓励新闻界自主报道与采访

2. 当危机正在发生时，组织在没有得到人员伤亡报告的情况下，公共关系危机处理的第一件大事是（　　）。

A. 保护现场　　B. 召开新闻发布会

C. 慰问受害公众　　D. 成立危机事故处理组织机构

3. 肯德基餐厅将座椅设计得座垫很舒服，座背却又矮又硬是为了（　　）。

A. 方便危机发生时抢救受害者　　B. 不让顾客久坐以预防危机发生

C. 方便指挥处理危机　　D. 预备危机发生时便于招待记者

4. 公共关系危机应以（　　）。

A. 预防为主　　B. 补救为主

C. 处理为主　　D. 善后为主

5. 公共关系的突发事件中，绑架、劫持、人为破坏属于（　　）。

A. 形象危机　　B. 商誉危机

C. 重大突发事件　　D. 一般性突发事件

二、多选题

1. 公关危机预警分析包括（　　）。

A. 危机风险监测

B. 危机风险识别

C. 危机风险诊断

D. 危机风险评估

E. 危机风险认知

2. 积极处理公关危机的内容是（　　）。

A. 发布信息，寻求支持

B. 调查情况，收集信息

C. 分析研究，确定对策

D. 分工协作，实施方案

E. 评估总结，改进工作

3. 公关危机处理的总体策略（　　）。

A. 积极主动

B. 情谊联络

C. 如实宣传

D. 超前行动

E. 富有创意

4. 有效控制新闻传播走向的方法（　　）。

A. 尽力进行事前控制

B. 适当进行即时控制

C. 积极推进内部控制

D. 设法进行事后控制

E. 认真进行新闻控制

5. 企业内部沟通的途径有（　　）。

A. 员工大会与部门会议

B. 企业简报、公告牌或企业报纸

C. 单独会见

D. 电话与电话会议

E. 互联网络

三、名词解释

1. 企业公关危机事件

2. 危机管理

3. 公关危机预防

4. 公关危机预控

5. 企业公关危机处理的策略

四、简答题

1. 何为危机管理?

2. 如何进行企业弱点分析?

3. 简述公共关系危机处理“三部曲”。

4. 公关危机处理的总体策略是什么?

5. 危机处理中的传播沟通策略有哪些?

五、论述题

1. 试论述危机处理中的新闻发布。

2. 危机处理中的传播沟通策略。

3. 如何制订危机管理计划。

六、实操题

1. 一家大型生产企业突发重大生产性事故，该企业公共关系部的小王被公关部经理指派去接待蜂拥而至的记者们，面对记者们铺天盖地的提问，小王反复强调“在调查没有完成之前，我们不做任何评论”或“无可奉告”，结果引起了记者们的强烈不满。你认为小王的回答合适吗？危机期间到底该如何回答来自媒介的询问？

2. 某商场近年来公关危机出现的几率明显增加，为了保证公共关系系统的良性运转，总经理专门外聘了公共关系专家对企业公关人员进行了培训，在培训课上，专家着重强调了危机管理过程中的沟通协调要点和技巧，你作为一名学员，听了之后认为应掌握哪些内容？

3. 一家经营食品的公司因为产品变质而出现中毒事件引发了危机。该公司采取了许多办法和措施来挽救公司面临的危机局面，取得初步成效。但是，公司领导宣布，危机已经基本结束，要求抓紧时间组织生产，夺回经济损失。请问，公司领导的行为是否正确？他还需要做哪些工作？

4. 著名化妆品集团生产的一种名牌摩丝多次在国内化妆品评比中获奖，得到了广大消费者的认可。可是，近期却以外地出现了数宗该品牌摩丝在居民家中自爆的事件，新闻媒介对此进行报道后，引起不少消费者的恐慌，商家纷纷要求退货，这个大型跨国企业正在被变成了“定时炸弹”的产品推向崩溃的边缘。请问企业应如何处理这一危机事件？

5. 国内一家很有名的企业生产出一种新型的玻璃钢燃气灶，投放市场后受到消费者的欢迎，销售业绩不错。可是，由于多种因素所致，出现了几起燃气灶表层玻璃钢爆炸的情况。有的家庭主妇还受了轻伤。为此，受害者到当地消费者协会投诉的同时，还直接找到了厂家，提出种种要求，如果得不到满意的答复和处理，他们还将向新闻界呼吁。请你根据该企业面临的危机，为解决这一事件找到合适的办法与对策。

七、案例分析

1. 危机之中的新闻媒体应对

某律师在消费当地一家颇有影响的食品企业所生产的食品时，发现产品存在严重的质量问题。于是，他与企业进行了交涉。企业接待人员同意研究后给其一个答复，但此后便没了下文。无奈，律师将有质量问题的食品拿到当地一家颇有影响的报社，将情况反映给记者，该报社遂派记者到企业进行现场采访。记者们在企业拍摄到了许多违反国家食品生产规定的现场画面。企业领导发现后强行索要记者所拍资料，不成后，将记者扣留。在当地公安人员的解救下，记者们在被困 1 个多小时后得以安全返回。事后，该报以系列报道的形式将消费者反映的有关该企业的问题，以及记者在企业中所拍摄的材料、经历公之于众，企业经营一时陷入困境。

问题：该企业经营陷入困境的原因是什么？如果你是该企业的负责人，你如何处理此事？

2. 化工厂二氧化硫泄露

20个世纪90年代初，辽东某城市郊外的一家化工厂里，工人们正在等待着接卸液态二氧化硫。运送槽车一到，工人们开始接卸。突然，意外事故发生了，连接槽车的接管发生泄露。事态迅速扩大，泄露发生后仅仅30分钟就有200多人中毒，160多人被送进了医院。事故发生后，群众意见很大，在当地引起了极大震动。此事也引起了上级领导的重视，要求严肃处理此事。

问题：请你运用所学的公共关系学知识，为该市妥善处理该事件提出建议。

3. 山西毒酒案

某年1月26日，山西朔州毒酒假酒案发，27人丧命。一时间，全国震惊，谈山西酒色变。

从听到毒酒闹出人命的那一瞬间起，高玉文（山西汾阳杏花村汾酒集团董事长）就开始担心，他感到事件对汾酒的伤害。果然，在公众舆论的推波助澜下，一场查封"山西酒"的运动波及福建、广东、内蒙古、上海等地。而且，令高玉文最不愿意看到的事情也发生了：跟假酒案本无关系的十大名酒之一的汾酒受到牵连，在许多地方也成了查封的对象。

每年春节至元宵节是白酒销售的高峰，往年汾酒能销售1500吨以上，而今年仅400吨；二月份，汾酒只卖了1200吨，而往年是3000吨，直接经济损失达800万~1000万元。

2月28日，《经济日报》头版刊登了广告"古井贡酒致全国消费者的一封公开信。"远在千里之外的古井贡酒人不甘为配角，他们振臂高呼：白酒当立法。并倡议：以中国老八大酒厂的名义设立"中国打击假酒专项基金"，又伸出仁爱之手：向死难家属无偿捐助20万元抚恤金。

问题：

（1）山西汾阳杏花村汾酒集团和古井贡集团遭遇的危机有哪些特点？

（2）山西汾阳杏花村汾酒集团是否有效处理了危机带来的不利影响？应该进一步采取哪些措施？

（3）对古井贡集团的广告和广大消费者，山西汾阳杏花村汾酒集团可以采取哪些对策？

4. "小家伙"的危机公关

2000年3月13日中午，河北省河间市西梁庄村民黎国庆的两个孩子因为误食鼠药，家长以为是饮用"小家伙"果奶引起的，遂向河间市防疫站报了案。

3月14日下午，河间市政府召开紧急会议，会议决定：①电视通告停止销售饮用“小家伙”果奶；②在全市范围就地封存“小家伙”果奶；③公安部门注意事件动态并及时向部门反馈，卫生部门应防止类似事件的发生。当天晚上，河间市组织21名公安民警和卫生监督员封存“小家伙”果奶4569瓶。

3月16日，河北省卫生厅发生《关于查封浙江小家伙食品有限公司生产的“小家伙”果奶的紧急知道》（以下简称“通知”），要求全省各市卫生局接到《通知》后立即对“小家伙”果奶予以查封，并将《通知》抄报国家卫生部，抄送浙江省卫生厅。江苏南京、江西南昌、浙江宁波市场也相继查封了“小家伙”果奶。不少新闻媒体开始转载河北的有关报道及“小家伙”遭查封的消息，事态继续扩大。

3月20日，卫生部发出特急内部传真电报，要求各地封存“小家伙”果奶。事情发展到如此地步，看来“小家伙”似乎“死定”了。

3月15日，正在成都参加全国糖酒交易会的“小家伙”老总获悉了河北省的有关情况之后，感到事态严重，决定迎难而上，采取危机公关，制定相应公关措施：当晚即派市场部经理赶赴河北调查了解此事，请示公司所在地浙江省乐清市政府出面紧急协调；卫生部门申请对“小家伙”进行新的质量检查。

3月21日，乐清市人民政府特派员赶到卫生部。卫生部有关同志了解情况后，经请示于当天向全国各省市自治区卫生厅（局）电话通知：①封存产品仅限为1月22日生产的“小家伙”果奶；②3月20日下发的内部电传通知不准转发；③暂不要向各新闻媒体通报。

3月21日下午，浙江省卫生厅紧急报告卫生部对“小家伙”果奶的检验结果，排除了浙江小家伙食品有限公司产品受污染的可能性。

3月22日，“小家伙”公司再次向卫生总局报告，请求及早下达文件，解封全国各地市场。

3月25日，卫生总局发出解封“小家伙”果奶的紧急通知。指出，经过对北京、山东、河北等省样品严格抽检，未发现“小家伙”果奶受鼠药污染，为维护正常的食品生产经营秩序，要求各地对“小家伙”果奶予以解封。卫生部的文件在很大程度上缓解了“小家伙”果奶的市场冲击波。

与此同时，事情真相逐步揭开。4月初，黎国庆偶然发现家中的鼠药水不见了，经询问得知小孩子误将鼠药水倒入果奶里了，经过卫生部门的检验也确认两个孩子系误食鼠药引起的鼠药中毒，而非“小家伙”果奶本身受到污染的缘故，与“小家伙”果奶本身毫无关系。浙江小家伙食品有限公司对于这场因为误告引发的差点使企业覆亡的危机，表现出大度的企业风范，表示无意追究孩子家长黎国庆的法律责任，与黎国庆达成谅解，只是要求黎国庆在当地《燕越都市报》上发布大幅道歉声明。

至此，轰动一时的“小家伙”果奶事件才冤情大白。《中国青年报》、《北京经济报》等媒体纷纷予以报道，对“小家伙”果奶的成功形象危机处理加以肯定。“小家伙”的不良影响正逐步消减，市场逐步恢复。

问题：请运用公共关系危机处理相关理论分析此案例。

主要参考文献

书籍

1. 弗雷泽·西泰尔. 公共关系实务［M］. 北京：机械工业出版社，2004.

2. 张岩松. 公共关系案例精选精析［M］. 北京：中国社会科学出版社，2006.

3. 张岩松. 企业公共关系危机管理［M］. 北京：经济管理出版社，2000.

4. 时莉. 公共关系经理手册［M］. 北京：企业管理出版社，2000.

5. 李兴国. 公共关系实用教程［M］. 北京：高等教育出版社，2000.

6. 郭文臣等. 公共关系原理与实务［M］. 大连：大连理工大学出版社，2000.

7. 廖为健.公共关系学［M］. 北京：高等教育出版社，2000.

8. 赵晓兰等. 最新公共关系学教程［M］. 北京：经济管理出版社，2004.

9. 李健荣，邱伟光. 现代公共关系［M］. 上海：东方出版社，2002.

10. 张百章，何伟祥. 公共关系原理与实务［M］. 大连：东北财经大学出版社，2002.

11. 李道平.公共关系学［M］. 北京：经济科学出版社，2002.

12. 劳动和社会保障部教材办公室. 公共关系员：初级、中级、高级［M］. 北京：中国劳动社会保障出版社，2004.

13. 陈靖.公共关系操作实务［M］. 北京：高等教育出版社，2000.

14. (美) 斯各特·卡特里普，艾伦·森特，格伦·布鲁姆.公共关系教程［M］. 北京：华夏出版社，2001.

15. 黄昌年. 公共关系学教程［M］. 杭州：浙江大学出版社，2007 .

16. 张岩松. 公共关系学［M］. 青岛：青岛出版社，2002.

17. 曾琳智. 新编公关案例教程［M］. 上海：复旦大学出版社，2006.

18. 朱权. 公共关系基础与实务［M］. 北京：机械工业出版社，2008.

19. 王银平. 现代公共关系［M］. 北京：高等教育出版社，2007.

20. 蒋楠. 公共关系原理与实务［M］. 北京：中国人民大学出版社，2006.

21. 熊越强. 公共关系实务［M］. 北京：清华大学出版社，2006.

22. 李祚. 张东主编. 公共关系学［M］. 北京：中国劳动社会保障出版社，2007.

23. 杨俊. 新型实用公共关系教程［M］. 北京：高等教育出版社，2008.

24. 杜创国. 公共关系实用教程［M］. 北京：清华大学出版社，2007.

25. 沈杰. 方四平. 公共关系与礼仪［M］. 北京：清华大学出版社，2006.

26. 任焕琴.商务公共关系学［M］. 北京：清华大学出版社，2007.

27. 中国国际公共关系协会. 最佳公共关系案例［M］. 北京：清华大学出版社，2007.

28. 杨丽萍. 公共关系原理与实务［M］. 北京：高等教育出版社，2001.

29. 蔺洪杰. 公共关系原理与实务［M］. 北京：人民大学出版社，2009.

30. 居延安. 公共关系学［M］. 上海：复旦大学出版社，2006.

31. 杨明刚. 市场营销策划［M］. 北京：高等教育出版社，2002.

32. http：//www.wzvtc.cn/jp/zzx/main/feedback.asp？Page = 5.

33. http：//www.gdfs.edu.cn/pr/file/kcjs2.html.

34. http：//61.183.207.201/lyx/index.html.

35. 纪华强. 公共关系的基本原理与实务［M］. 北京：高等教育出版社，2006 年.

36. 何伟祥. 公共关系原理与实务［M］. 大连：东北财经大学，2009.

37. 杨丽萍. 公共关系原理与实务［M］. 北京：高等教育出版社，2001.

38. 陆季春，田玉军. 公共关系实务教程［M］. 北京：经济科学出版社，2008.

39. 居延安. 公共关系学［M］. 上海：复旦大学出版社，2006.

40. 杨明刚. 市场营销策划［M］. 北京：高等教育出版社，2002.

41. 黄寰，谢敏. 对网络公共关系的几点思考［J］. 商业研究，2005（18）.

42. 王世胜. 企业网络公共关系的实践与应用［J］. 河南机电高等专科学校学报，2005（3）.

43.段文杰. 公共关系实例与运作［J］. 北京：高等教育出版社，2008.

44. 王芬. 秘书礼仪实务［M］. 北京：电子工业出版社，2009.

45. 叶茂康. 公共关系写作教程［M］. 上海：复旦大学出版社，2003.

46. 谭昆智. 公关原理与案例剖析［M］. 北京：清华大学出版社，2008.

47. 董明. 公共关系实务［M］. 杭州：浙江大学出版社，2009.

48. 何修猛. 公共关系实务教程［M］. 上海：复旦大学出版社，2000.

49. 王冬杰. 博客行销公关之道［J］. 首席市场官，2006（6）.

50. 徐彦. 浅析博客公关的立足之本［J］. 商场现代化，2007（8）.

51. 方兴东，王俊秀.博客：e 时代的盗火者［M］. 北京：中国方正出版社，2003.

52. 李由·沃尔玛. 启动博客公关大战［J］. 经营者，2006（9）.

53. 徐彦. 浅析博客公关的立足之本［J］. 商场现代化，2007（23）.

54. 谢金余. 博客公关初探［J］. 东南传播，2006（9）.

55. 赵亿，徐可. 博客及在企业公关中的应用［J］. 理论界，2007（4）.

56. 赵莹.博客公关应用价值浅析［J］. 东南传播，2008（8）.

57. 张静. 网络 2.0 时代的博客公关［J］. 今传媒，2009（3）.

58. 郑红，张振业. 企业博客公关传播模式与运作机理探析［J］. 现代商业，2007（27）.

59. 中国国际公共关系协会. 最佳公共关系案例［M］. 北京：企业管理出版社，2010.

60. 中国国际公共关系协会. 最佳公共关系案例［M］. 北京：中国市场出版社，2009.

61. 杜子建.微力无边［M］. 北京：万卷出版公司，2011.

62. 文武赵. 微博营销手册：企业和个人微博营销全攻略［M］. 合肥：黄山书社，2011.

63. 刘东明. 微博营销：微时代营销大革命［M］. 北京：清华大学出版社，2012.

公共关系相关网站

1. 中国公关网 http：//www.chinapr.com.cn
2. 中国国际公共关系协会：http：//www.cipra.org.cn
3. 上海公关网：http：//www.chspra.com
4. 中国公共关系协会：http：//www.cpra.org.cn
5. 管理人网：http：//prm.manaren.com
6. 新闻发言人与危机公关培训网：http：//www.fayanren.com
7. 国际公关网：http：//public.iader.com
8. 新闻公关网：http：//www.easypr.com.cn
9. 第一调查网：http：//www.1diaocha.com
10. 中国营销传播网 http：//www.emkt.com.cn
11. 中国网络营销网：http：//www.1mkt.net
12. 中国危机公关网：http：//www.fbi8341.com
13. 中国策划网 http：//www.chinachw.cn
14. 中国营销策划网 http：//www.plan-china.com
15. 中国企业形象管理网：http：//www.chinaci.org.cn
16. 中国企划网：http：//www.cnqhw.com
17. 中国国家企业网 http：//www.chinabbc.net
18. 传媒学术网：http：//academic_old.mediachina.net

19. 中华传媒网：http：/chinese.mediachina.net
20. 中国公关人才网：http：//www.959g.cn
21. 公关世界：http：//www.ggsjvip.cn
22. 中国网络公关新闻网：http：//www.tomups.com/gongguanwang
23. 21 世纪品牌网：http：//www.21cnpp.com
24. 内刊网：http：//www.neikanwang.com
25. 中国企业内刊网：http：//www.neikan.net
26. 香港地区公共关系专业人员协会网：http：//www.prpa.com.hk
27. 易基网络公关、危机公关、网络营销专业公司：http：//www.xxmw.cn/